田园五镇

长三角一体化中的乡村振兴

李宽◎著

上海人民出版社

▲ "田园五镇"是"毗邻党建"的重要萌发地，肩负着推进基层党建创新的使命

◀ 廊下镇是上海唯一的国家级农业产业园，拥有首个开园的郊野公园

▶ 广陈镇创新农业发展思路，以建设"农业硅谷 农创高地"为目标，打造现代农业园区

◀ 吕巷镇中运河延伸段（白龙湖）位于吕巷水果公园核心区，湖区以文塑旅、以旅彰文，着力打造综合性产业社区

▶ 新仓镇锚定"共同富裕标杆镇"发展总目标，加快建设"现代化融沪新城、数字化科创新区、合作化富美新镇"

◀ 张堰镇是中国历史文化名镇，张堰历史人文风情馆生动呈现了这座千年古镇的过去、现在和未来

▶ "一桥两山塘。"打造"明月山塘"景区，是南北山塘村奔向新时代的共同期待

▲ 沪浙共同举办的"乡村半程马拉松赛"联通了两地文体活动，
打造了首个跨省乡村马拉松赛道的文旅 IP

▲ 龙舟斗牛赛是"田园五镇"端午民俗文化系列活动的一项保留节目

目录

06 "田园五镇"开新局

07 结　论

附　录

序言

2017年，党的十九大提出了实施乡村振兴战略。为了更好地落实乡村振兴战略，上海坚持稳中求进工作总基调，坚持促进共同富裕，坚持农业农村优先发展，对标最高标准、最好水平，准确把握超大城市乡村振兴特点，充分彰显都市乡村的经济价值、生态价值、社会价值、文化价值，坚持不懈推进美丽家园、绿色田园、幸福乐园工程建设，探索使乡村成为城市核心功能重要承载地、提升城市能级和核心竞争力战略空间的有效实现形式和路径，让农民有更多的获得感、幸福感、安全感。

2018年，在首届中国国际进口博览会开幕式上，习近平主席宣布将支持长江三角洲区域一体化发展并上升为国家战略。在长三角一体化发展中，上海积极发挥龙头带动作用，始终坚持服务为本、功能为要、平台为用，不断提高为长三角各地服务、为全国发展大局服务的能级和水平。

在落实两大国家战略的背景下，上海市金山区和浙江省平湖市打造了长三角"田园五镇"乡村振兴先行区，在一片充满希望的绿色田野里探索乡村振兴一体化发展之路。

这片 255 平方公里的土地拥有强大的红色基因。1955 年，毛泽东同志对新仓供销合作社与农业生产合作社的经验，作出"应当普遍推行"的重要批示；2004 年 3 月 23 日至 26 日，习近平同志在浙江工作期间到嘉兴进行蹲点调研，嘱托"嘉兴完全有条件成为全省乃至全国统筹城乡发展的典范"。2007 年 6 月 12 日，习近平同志在上海工作期间对金山作出"三个百里"重要指示。党的两代领导人的重要指示和要求，为"田园五镇"干部群众不断前行提供了思想引领。

这里也是"毗邻党建"的重要萌发地。2016 年初，金山区在总结提炼多年跨省毗邻区域协同治理经验做法的基础上，首次提出了"毗邻党建"概念。2016 年 9 月，廊下镇、广陈镇围绕党建开展共建活动。2019 年 6 月，廊下镇和广陈镇成立"毗邻党建"十村联盟。2019 年 12 月，在全国城市基层党建创新论坛暨创新案例活动中，"'毗邻党建'引领沪浙跨界协同治理的探索与实践"被评为全国城市基层党建创新最佳案例。2022 年 6 月，上海市第十二次党代会报告提出，不断深化楼宇党建、园区党建、互联网党建、滨江党建、"毗邻党建"等实践探索。以"田园五镇"为代表的"毗邻党建"不仅写进了上海市委文件，而且其实践价值也在不断凸显。

这里还是绿色发展的实践区。金山区廊下镇是全国农业旅游示范点，拥有上海首个开园的郊野公园；"中国蟠桃之乡"吕巷镇，是上海乃至长三角区域内首个国家级生态原产地产品保护示范区；张堰镇是国家级历史文化名镇，林、水、文化资源集聚。平湖市广陈镇于 2017 年启动建设浙江全省首个农业经济开发区；新仓镇是全国印刷名镇和中国三大童车生产基地之一。五镇"抱团建群"，各扬所长，产生了"1+1 > 2"的整体效果。

这里正在进行一体化发展的上下求索。"田园五镇"的探索是自下而上的，既响应国家战略，更见诸自觉行动，这一点尤其难能可贵。"田园五镇"一体化试验没有上级政府的指令，没有硬性任务的要求，做出来的都是成绩，展示出来的都是惊喜。

一个人无论多么优秀、多么强大，也大不过团队的力量。在长三角一体化发展上升为国家战略的大背景下，浙沪毗邻的"田园五镇"创新思路、迈开新步，以抱团组队的方式，携手打造乡村振兴先行区，实属区域联动发展的一项创举。从各自为政到抱团合唱，可以说"田园五镇"在全国范围内开创了毗邻地区协同发展的新模式。组队容易，但真正发挥出团队力量不易，更何况五镇分属浙沪两地，政策、制度、规划等方面存在诸多差别。"田园五镇"不是简单的五个镇相加，而是要通过大田园规划擘画蓝图，推动五镇体制机制上的优势聚合、产业功能上的优势互补、政策措施上的优势叠加，实现五镇整体优势和溢出效应的最大化，成为长三角乡村振兴一体化发展的"棋眼"，也成为长三角一体化发展的一道亮丽风景线。

让我们共同期待"田园五镇"在长三角一体化国家战略的浩荡春风里尽情绽放，结出硕果！

阮　青

2023 年 3 月

01

导　论

　　党的十九大报告首次提出乡村振兴战略，并将它列为决胜全面建成小康社会需要坚定实施的七大战略之一。实施乡村振兴战略，是解决新时代我国社会主要矛盾、实现"两个一百年"奋斗目标和中华民族伟大复兴中国梦的必然要求，是加快破解"三农"问题、加速推动我国由农业大国向农业强国迈进的重大战略举措。

　　2018年11月，习近平主席在首届中国国际进口博览会上宣布，支持长江三角洲区域一体化发展并上升为国家战略。这意味着长三角这片我国经济发展最活跃、开放程度最高、创新能力最强的区域，从此将承载起非同寻常的国家使命。

　　落实国家战略，对于长三角地区的乡村来说是一项重要责任和任务。国家战略任务的叠加是重要的机遇，将会产生极大的乘数效应，也极具探索和借鉴意义。当然，在此过程中，长三角地区也会面临很多的困难和挑战，给地方政府带来很大的压力。这就需要发扬开拓创新精神，整合各种人才、资源和优势，拉长板、补短板、强弱项，进行整体协作和创造性转化，书写长三角乡村地区发展的新传奇。

　　为了更好地落实国家战略，2019年3月25日，金山嘉兴长三角"田园五镇"乡村振兴先行区建设全面启动。位于沪浙毗邻地区的金山廊下、吕巷、张堰与嘉兴广陈、新仓五镇"抱团建群",这片面积总计255平方公里的田野共同组成了探索乡村振兴一体化发展的"试验田",推动毗邻地区农业协同发展由单座"盆景"向整体"风景"转变。

长三角"田园五镇"签署共建协议

在启动仪式上,五镇签署《长三角"田园五镇"乡村振兴先行区五镇联盟共建协议》。协议明确规定,"田园五镇"共同组成"五镇联盟",以"联盟"激发五镇共襄"乡村振兴"盛举的内生动力。同时,建立"田园五镇"乡镇振兴先行区联盟联席会议机制,以镇为前台,市(区)为后台,负责先行区建设过程中统筹基础设施配套、重大事项协调、政策支持等工作,每年至少召开两次联席会议。为了更好地推进这项工作,还建立了日常联络机构,建立常态化、长效化的对接联络制度。[1]

两地共同打造的"长三角乡村振兴协同发展研究中心"和"乡村振兴农

---

① 曹佳慧:《沪浙打造长三角"田园五镇"乡村振兴先行区》,《东方城乡报》2019年3月28日。

创学院"也一并亮相。中心和学院致力于对外辐射金山、嘉兴现代农业发展的成熟经验，并为全国各地的农业条线干部和农业"创客"提供一站式培训服务，培养更多热爱农村、喜爱农业、扎根农村的创业青年。

长三角"田园五镇"在一体化协同发展过程中，实行一二三产联合发展，使田园变公园、劳动变运动、农房变客房，逐步走上了一条以"Governance（善治），Garden（花园式），Group（组团式），Green-Gold（以绿生金）"为内涵的生态"G5+"绿色发展之路，把绿水青山建得更美，把金山银山做得更大。

"田园五镇"设立的目的是希望通过做出先行区这个"棋眼"，做活长三角乡村振兴一体化发展"一盘棋"。先行区建设不是五镇区域的简单叠加，而是文化、资源、产业、空间、政策等多层次、多维度的错位发展、互补发展。通过党建联心、文化联姻、发展联动、民生联建、平安联防、人才联育的"六联"合作机制，探索形成一批可复制、可推广的经验做法和制度成果，逐步放大"田园五镇"的整体优势和溢出效应，最终实现体制机制上的优势聚合、产业功能上的优势互补、政策措施上的优势叠加。

2019年，五镇成功举办首届"山塘论坛"，共话长三角"田园五镇"乡村振兴；举办首届长三角"田园五镇"农业农村创业创新大赛，吸引了大量创新创业人才投身长三角"田园五镇"的乡村振兴。同时，"明月山塘""长三角农民丰收节""沪浙半程马拉松"等项目和活动也顺利开展或启动建设。在长三角区域合作办公室印发的《2019年长三角一体化发展重点合作事项清单》中，长三角"田园五镇"乡村振兴先行区作为乡村振兴板块唯一重点工作被纳入清单。

2020年，五镇编制完成《长三角"田园五镇"乡村振兴先行区协同规划（纲要）》，成功举办2020年长三角田园乡村骑游大会暨"田园五镇"骑游嘉年华、第三届浙沪乡村田园马拉松赛、第二届长三角"田园五镇"农业农村创业创新大赛、第二届"山塘论坛"等活动，发布了廊下蘑菇、吕巷蟠桃、张堰树莓、广陈西瓜、新仓芦笋等"田园五镇"区域公用品牌。与此同时，"田园五镇"相互间横向交流频繁，在公共设施建设、环境治理和乡村振兴方面都取得了很好的效果。

2021年，五镇主要围绕"一个纲要、三个联合体"开展工作。"一个纲要"，就是结合五镇现有的产业布局和发展，编制《长三角"田园五镇"乡村旅游联动发展规划纲要》。五镇在乡村旅游方面都有比较好的基础，也有联动发展的内在要求，通过编制专业规划，能够形成互联互动的产业发展机制。"三个联合体"即发起成立了"田园五镇"乡村旅游发展联合体、特色果蔬产业发展联合体、红色基因党建联合体，深化区域联动发展，助推长三角"田园五镇"乡村振兴先行区建设。同时，继续开展在这两年中形成的项目和活动，推动其不断发展，成为"田园五镇"品牌项目，不断提升"田园五镇"的影响力、示范作用并扩大其溢出效应，进一步促进长三角高质量一体化发展。

2021年，在《上海市贯彻〈长江三角洲区域一体化发展规划纲要〉实施方案》中，长三角"田园五镇"元素频频出现。同时，长三角"田园五镇"乡村振兴先行区案例入围浙江省推进长三角一体化发展第一批"最佳实践"名单。

2022年，上海市人民政府、江苏省人民政府和浙江省人民政府联合编制并印发了《上海大都市圈空间协同规划》。"田园五镇"作为松金嘉平协作示范区的重要承载地，将打造长三角智慧魅力城镇圈。"田园五镇"小镇联盟和"田园五镇"乡村联盟被作为共建江南韵味的镇村联盟入选。其中，"田园五镇"小镇联盟是被首批认定的三个示范型小镇联盟之一，"田园五镇"乡村联盟则是被首批认定的五个乡村联盟之一。①

---

① 《上海大都市圈空间协同规划（发布版）》，上海市人民政府、江苏省人民政府、浙江省人民政府2022年9月发布。

经过不断努力，"田园五镇"在区域规划、产业协同、合作项目、民生服务和休闲文旅一体化上取得了长足进步，逐步实现了五个"一"：

一是五镇规划一张图。沪浙两地不断加强五镇规划衔接，积极推进"多规融合"。委托上海城策行建筑规划设计咨询有限公司、上海市城市规划设计研究院编制完成《沪浙毗邻地区"大田园"乡村振兴协同发展规划（廊下—吕巷—张堰—新仓—广陈）》，明确了"浙沪毗邻地区大田园""国家生态农业公园"的目标定位，并形成"1+3"成果体系。完成长三角现代农业园区建设研究，形成长三角现代农业园区发展战略规划，对五镇进行了"两轴两带六区一环十二园区"的功能区划。

二是产业协同一盘棋。以廊下镇和广陈镇为核心区域，根据"产业协同对接、错位互补发展"原则，建立新型农业项目共招共享信息库，推动区域内产业发展从竞争走向竞合，着力打造"农业硅谷　农创高地"。核心区已集聚科技型、总部型、创新型农业企业23家，长三角区域内的龙头带动企业正逐渐集聚。如无人机飞防实验服务基地项目，该基地拥有80台植保飞防无人机，每年可培训300个植保飞防无人机操作员，服务面积达到20万亩，可辐射五镇及周边地区；另有国际植物新品种研究院，这是国内首个与发达国家保持同步商用的高规格种苗繁育基地项目，将为上海、浙江、江苏等长三角农业区提供更加高端的种源和品种改良技术及基因检测服务。[①]

三是合作项目一个库。共同建立合作项目库，三年来共发布涵盖产业振兴、人才振兴、生态振兴、文化振兴、组织振兴等"五个振兴"合作项目165个，总投资180亿元，通过项目化管理将两地资源互补、共建共享的合作动能转化为发展成果。建成了上海市外蔬菜供应基地项目，年产各类蔬菜200多万公斤，实现了与上海食用农产品流通安全信息追溯系统对接，基地的蔬

---

① 程艳：《沪浙探索"毗邻党建"　引领"田园五镇"乡村振兴》，《上海农村经济》2022年第5期。

菜可凭二维码追溯信息直接进入上海市场；建成了长三角农业公共服务中心，以农业大数据服务、技术服务等为核心，辐射服务五镇农业发展；建成了"三个百里"乡村振兴学院、新仓1955创新学院，引进海外高端农业工程师5名，成立高校乡村振兴工作站1个，开展"乡村振兴培训班"，促进基层"土专家"和高校"洋博士"资源深度融合。

四是民生服务一张网。打破跨省区域间服务不连通、政策不一致现状，深化简政放权和"最多跑一次"改革，在广陈设立"长三角一体化"跨区域行政通办绿色通道，为平湖、金山市民异地办理营业执照提供便利服务。加快交通、医疗、教育、卫生、文化等一体化发展。平朱公路、翁金公路、吕青公路、利新公路等连沪农村公路全部打破边界，五镇之间全部开通省际公交线路，平湖市公交卡、市民卡也与上海公共交通实现互联互通。五镇之间以非遗民俗交流等形式开展"文化走亲"累计200余次。同时，联动推进社会基层治理，率先成立长三角首个"水事议事堂"，交换界河河长名单，建立联合微信、QQ工作群，实现一体化治理工作模式；率先开展环保联动执法，通过月度联合督查、季度联合采样、半年例会等工作，实现交界区域空气质量24小时自动监测值守，有效缓解交界区域环境矛盾。

五是休闲文旅一条线。全面提升人居环境品质，五镇联合加快小城镇环境综合整治、美丽乡村建设和全域旅游发展，建成了全国首条跨省马拉松赛道，沿途10个村共同组成"十村联盟"，共同打造马拉松赛道风景线，将美丽乡村景观节点建设融入红色党建元素，打造了党建公园、毗邻党建展示馆、党建示范路等红色风景。连续三年共同举办跨省田园半程马拉松大赛、"长三角农民丰收节"和长三角"田园五镇"青年农创大赛、"山塘论坛"等区域性大型活动。广陈和廊下的南北山塘携手打造集古镇风韵、田园风光、文化体验、休闲生态、旅游度假于一体的"明月山塘"跨省景区，2021年5月1日，山塘老街举办复市活动，拥有300多年历史的老街再现繁华，吸引了一批批长三角游客前来"打卡"。

经过 4 年多的发展,"田园五镇"以毗连党建为引领,将红色基因植入绿色发展,共同将毗邻地区协同发展的"盆景"逐步转化成为长三角一体化发展的亮丽风景。"田园五镇"经过共同努力,实现了农创品牌跨区域共建、乡村旅游跨区域共赢、文化传承跨区域共享,在深化合作机制、共造区域品牌、实现共建共享、促进合作共赢、联动外宣展示等五个方面取得了丰硕成果。在此过程中,"田园五镇"充分发挥了各自的优势,克服了诸多的困难和障碍,逐步将毗邻地区发展为区域协作的典范。因此,在这个时间点上对其进行系统的梳理和总结,具有重要的理论和实践意义。

国家战略:"田园五镇"的发起背景

"田园五镇"的面积不大,做的都是让老百姓看得见、摸得着的小事,但处处体现着国家战略。

这里是乡村振兴的先行区。2017 年 10 月,党的十九大报告首次提出乡村振兴战略,并将它列为决胜全面建成小康社会需要坚定实施的七大战略之一。乡村振兴战略是中国特色社会主义进入新时代"三农"工作的总抓手。乡村振兴是包括产业振兴、人才振兴、文化振兴、生态振兴、组织振兴的全面振兴,要按照产业兴旺、生态宜居、乡风文明、治理有效、生活富裕的总体要求,坚持农业农村优先发展、融合发展、绿色发展、共享发展、创新发展,加强顶层政策设计,完善城乡融合发展体制机制和政策体系,在深化城乡融合中加快推进农业农村现代化。

廊下、张堰和吕巷处于上海的西南边缘,新仓、广陈处于浙江的东北边缘,在区位因素的影响下,这五个镇都是农业大镇。它们基本上是纯农地区,连城郊都称不上,自然就成为实现乡村振兴的重要实践地。作为纯农地区,农业拥有举足轻重的地位。在发展的过程中，五镇立足于农业，并且不断做强、做大农业。在发展农业的过程中，五镇一直坚持走农业现代化的道路，不断增强科技含量。比如，廊下的金山现代农业园区是国家级的农业园区，广陈的农业开发区也是浙江唯一的农业经济开发区。吕巷的水果公园闻名遐迩，新仓、张堰的农业优势突出。作为纯农地区，这里有丰富的传统文化资源。传统文化在一代代的传承中，浸润着人们的心灵，美化着人们的生活，表达着人们的热爱，体现着人们的智慧。它们既是文明的结果，也是实现文明的手段。

这里是长三角一体化的桥头堡。2018 年 11 月，习近平主席在首届中国国际进口博览会上宣布，支持长江三角洲区域一体化发展并上升为国家战略。2019 年 12 月，《长江三角洲区域一体化发展规划纲要》发布，正式提出发挥上海龙头带动作用，苏浙皖各扬所长，加强跨区域协调互动，提升都市圈一体化水平，推动城乡融合发展，构建区域联动协作、城乡融合发展、优势充分发挥的协调发展新格局。在新的战略框架下，长江三角洲区域的对内开放与对外开放互为条件又相互促进，其核心机制在于通过制度的一体化，促进投资与贸易的自由化。

根据中央赋予长三角的"一极三区一高地"战略定位，"一极"指全国发展的强劲活跃增长极，"三区"指全国高质量发展样板区、率先基本实现现代化引领区、区域一体化发展示范区，"一高地"指新时代改革开放新高地，长三角要紧扣"一体化"和"高质量"两个关键，带动整个长江经济带和华东地区发展，形成高质量发展的区域集群。长三角一体化不仅要发挥出区域社会经济的综合效能，而且要成为我国区域经济协调发展的引擎。

当前，长三角一体化、长江经济带建设、粤港澳大湾区建设、京津冀协同发展、黄河流域的保护和发展构成了我国区域发展的战略。在这些区域发展战略中，每个地区承担的任务又有所不同。长三角一体化内含着打破行政区划壁垒的意图，要在不改变行政区划的条件下，实现要素的自由流动，实现资源的优化配置，促进经济社会的高质量发展。这也是"田园五镇"努力实现的目标之一。五镇虽然属于两个省级行政单位，但抱团发展，形成联盟，实现信息互通、资源共享、活动共办，有效防止了同质化的低效竞争，各自贡献长板，从而实现整体的高质量发展。

这里不单是国家战略的承载地，还承担着所在行政区的重要功能。2018年5月，时任上海市委书记李强同志到金山调研，他对金山良好的发展势头、发展潜力和干部精神状态表示肯定。要求金山要结合实际，充分发挥自身优势，以习近平新时代中国特色社会主义思想为指导，认真贯彻落实党的十九大重大决策部署，努力成为打响"上海制造"品牌的重要承载区、实施乡村振兴战略的先行区、长三角高质量一体化发展的桥头堡，以更加奋发有为的精神状态为全市发展作出更大贡献。①

围绕上海市委对金山提出的"两区一堡"战略定位，金山更明确了实施路径：一是强化创新引领、提振品牌形象、发挥自身优势、服务企业发展等四个方面，提升产业优势，打响自身品牌，追求卓越，努力成为打响"上海制造"品牌的重要承载区。二是注重乡村规划引领、促进产业融合发展、弘扬乡村传统文化、强化人才振兴支持等四个方面，让金山124个村落积极成为美丽乡村的建设者，对标先进，成为实施乡村振兴战略的先行区。三是做好地方政府间广泛合作的加法，做好破除行政壁垒的减法，做好集聚各方智慧和资源推进发展的乘法。区域联动，努力成为长三角高质量一体化发展的桥头堡，利用并放大金山区位优势，在长三角一体化发展格局中争取更重要的地位，发挥更大作用。

2004年2月5日，时任浙江省委书记习近平同志在嘉兴调研时，要求嘉兴当好浙江接轨上海的桥头堡、承接上海辐射的门户。3月23日至26日，习

---

① 张骏：《上海要把功能做强，体现集聚辐射效应》，《解放日报》2018年5月8日。

近平同志又在嘉兴进行了蹲点调研，并作了城乡一体化发展、统筹城乡发展的重要讲话。他在调研后得出这样一个结论：嘉兴完全有条件成为全省乃至全国统筹城乡发展的典范。[1]这些年来，嘉兴始终牢记这一殷殷嘱托，在长三角一体化发展上坚持把接轨上海、融入长三角摆在突出位置，在交通互联互通，科技创新协同，产业互助发展，生态共治联保，公共服务共建共享等方面取得了显著的成效。特别是嘉兴与金山的交流更加频繁，合作更加紧密。两地合作之路越走越宽，友谊之花越开越盛，为推动一体化发展创造了很多先行先试的鲜活经验。

2018年11月5日，习近平主席在首届中国国际进口博览会上宣布支持长三角区域一体化发展，并上升为国家战略。嘉兴与金山进入了国家战略的核心，嘉兴全市上下深感责任重大，决心把全面融入长三角一体化发展作为首位战略，并结合自身实际特色和优势，提出了在一体化发展中的四大定位，争当乡村振兴长三角一体化发展的先锋，努力建设新时代接轨上海的桥头堡。

嘉兴在长三角一体化发展过程中有四个明确定位。第一个定位是发挥嘉兴区位优势，加快推进城际铁路、高速铁路、机场港口的重大交通基础设施建设，构建通勤化、一体化、立体化的交通格局，着力打造长三角核心区枢纽型的中心城市。

第二个定位是发挥嘉兴实体经济扎实、世界互联网大会永久落户、浙北唯一深水良港的优势，积极打造浙江承接上海辐射的开放门户，加快建设先进制造基地、数字经济高地的高质量外资基地，着力打造杭州湾北岸实力雄厚的一颗璀璨明珠。嘉兴工业相当发达，工业总产值已经超过1万亿元，上市公司54家，还有8000多家外资外商投资企业，已经成为浙江第二大外资

---

[1] 孔越：《从"先行地"到"示范地"——嘉兴实施"小战略"15周年系列报道之四》，《嘉兴日报》2018年8月2日。

聚集地。

第三个定位是发挥嘉兴人文历史厚重和江南水乡风貌特色优势，弘扬运河文化、红色文化，着力打造国际化品质的江南水乡文化名城。嘉兴长三角独一无二的 300 万亩农田、120 万亩湿地、50 万亩水面，可以说是长三角的"滤芯"、长三角的中央公园。嘉兴自古以来名人辈出，马家浜文化是江南文化的根脉，后续发展出了崧泽文化、良渚文化等。历史名人灿若星河，近现代更是涌现出了像王国维、徐志摩、李叔同、沈钧儒、丰子恺、陈省身等一大批名家大师，所以完全可以成为国际化品质的江南水乡文化名城。

第四个定位是发挥嘉兴拥有上海都市圈与杭州都市圈叠加的优势，大力提升中心城市能级，加快集聚创新资源，迎接上海非核心功能的疏解，着力打造面向未来的创新活力新城、枢纽中心、湾区明珠、水乡名城、活力新城。①

国家战略为"田园五镇"的发展指明了方向，党中央的期待和重托为"田园五镇"增加了压力，更提供了动力。

党建引领："田园五镇"的动力源泉

党建是贯穿"田园五镇"发展的红线。"田园五镇"地相邻、文相近、人相亲，人们交往频繁，有众多自发性的联系。将自然的联系上升到体制的层次，明确交流的目标和结果，则要从"毗邻党建"开始说起。

2016 年初，金山在总结提炼多年跨省毗邻区域协同治理经验做法的基础上，首次提出了"毗邻党建"概念，即以党建为引领，以党组织为纽带，打破区域壁垒、突破行政区划，拓展和外延区域化党建工作，在不属于同一行

---

① 张芬娟：《不断提升参与长三角一体化的综合能力，建设新时代接轨上海的桥头堡》，《嘉兴日报》2019 年 3 月 8 日。

政隶属关系的毗邻地区，凝聚起各级各类党组织、党员以及群众，围绕党建联建、社会治理、区域发展等内容广泛开展合作，引领沪浙毗邻地区实现跨界治理、协同发展、共建共享。[①] 2016 年 9 月，廊下、广陈开始围绕党建共建多频次开展交流活动，助推党建引领区域发展。

在沪浙交界处，一座桥连接了两个山塘村。南山塘属于浙江平湖的广陈镇，北山塘属于上海金山的廊下镇。虽然，南北均被称为"山塘村"，但它们早就分开了。近年来，两地通过"毗邻党建"逐渐拉近了距离，迈上了协同发展的快车道，成为长三角一体化的缩影。南北山塘村在"毗邻党建"引领下，围绕文化认同、治理协同、发展互同三个方面总体规划，逐步形成"互动—共治—发展"的新格局，为实现乡村振兴奠定了良好的基础。

南北山塘村作为两个省级单位的边界村，本是基础设施落后、公共服务滞后的"末梢村"，经过两地的通力合作，边界日趋淡化，逐渐成为一体化的"示范村"。南北山塘村注重同频共振、共享发展，寻求最大公约数。他们通过合作让双方受益，画出最大的同心圆。合作让两地干部群众切实感受到了区域联动发展带来的实惠，真正发挥了大山塘作为沪浙毗邻地区"协同发展、乡村振兴实验区"的先行先试优势，推动了区域联动和长三角更高质量一体化发展。经过不断的努力，南北山塘村正在被打造成上海郊野公园的核心区和沪浙"毗邻党建"的样板区。

如果说南北山塘村是"毗邻党建"的一个亮点，那么廊下、广陈两镇则共同书写了一篇更大的文章。2017 年 2 月，广陈镇党委和廊下镇党委签订全面合作框架协议，两镇分别成立推进联动发展共赢的工作领导小组，以"一带一廊"共建项目（即共同建设一条"毗邻党建"示范带和打造一条跨省绿色生态走廊）为统领，以"党建联心、文化联姻、发展联动、民生联建、平

---

① 陈世瑞：《党建引领跨区域治理的实践创新模式探析》，《科学社会主义》2021 年第 6 期。

安联创、人才联育"六联"项目化推进机制为抓手，合力打造一条集党建阵地、产业园区、文旅景观节点等于一体的党建示范带和生态跨界走廊。^① 在党建引领下，两镇进行了全方位的合作，逐步形成了协同发展的样板区，为后续的成片建设奠定了良好基础。

当廊下、广陈忙着创建"一带一廊"时，结成对子的吕巷、新仓两镇也在全力打造以产业为核心的"双融双带"。2017 年，吕巷镇党委和新仓镇党委签订"双融双带"毗邻共建协议。两镇成立了党建共推、平安共创、文化共生、产业共建、人才共育、发展共享和群团联建项目组。2018 年，两镇开启村社（居）书记沙龙，互学互访形成常态。^② 自 2019 年始，在长三角一体化高质量发展的大背景和"毗邻党建"引领合作框架下，吕巷、新仓两镇联合组建了两地农业产业链党建联盟，11 家葡萄合作社、10 家芦笋合作社和数家花卉合作社加入联盟。通过党建联盟的引领和带动，实现了毗邻区域特色农业的联合发展。^③

有了前期的良好互动合作，五镇成立"抱团"联盟水到渠成。2018 年 1 月，金山与平湖召开"田园五镇"协同规划研讨会，达成了毗邻地区共绘一张乡村振兴蓝图的共识。2019 年 3 月 25 日，"田园五镇"乡村振兴先行区建设全面启动，位于沪浙毗邻地区的廊下、吕巷、张堰与广陈、新仓五镇签署《长三角"田园五镇"乡村振兴先行区五镇联盟共建协议》，携手耕耘乡村振兴一体化发展"试验田"。

共建长三角"田园五镇"乡村振兴先行区，将叠加五镇的优势，共谋合作发展之路，是上海、浙江两地的有益探索和大胆尝试。"田园五镇"中，各

---

① 廊下镇课题组：《党建引领沪浙毗邻地区乡村振兴的实践与思考》，《上海农村经济》2021 年第 6 期。

② 程艳：《"毗邻党建"引领区域联动发展》，《党政论坛》2019 年第 2 期。

③ 薄小波、刘震西：《葡萄架下话党建，产业链上见"红领"，金山区合作社党建为"三个百里"建设添动能》，载文汇网，2020 年 7 月 30 日。

镇都有自己的突出特色，廊下是全国农业旅游示范点，拥有上海首个开园的郊野公园；广陈启动建设浙江省首个农业经济开发区，在现代农业发展上处于全国前列；吕巷以水果出名，有皇母蟠桃、"施泉"葡萄等众多水果品牌，是上海及长三角区域内首个国家级生态产地产品保护示范区；新仓是全国印刷名镇和中国三大童车生产基地之一，一二三产融合潜力巨大；张堰是国家级历史文化名镇，林、水、文资源集聚。当各有所长的五镇抱团建群时，就会将资源进行有机融合，实现五镇整体优势和溢出效应的最大化。①

为了更好地建设"田园五镇"，五镇联盟创新了机制，建立了轮值主席和联席会议制度，由五个镇主要领导担任轮值主席。2019年至2023年，廊下、广陈、吕巷、新仓、张堰的主要领导分别担任年度轮值主席。该机制以定期的联席会议具体协商推进各项工作落地。五镇联盟成立后，开展的第一项工作就是梳理平湖、金山以及五镇现有的农业农村领域相关政策，互相学习借鉴，打造政策互通平台。该机制是为了确保先行区建设不是五镇简单叠加，而是文化、资源、产业、空间、政策等多层次、多维度的错位发展、互补发展，最终实现体制机制上的优势聚合、产业功能上的优势互补和政策措施上的优势叠加。

规划引领振兴路。"田园五镇"乡村振兴先行区协同规划已形成方案，规划近期至2025年，远期至2035年。规划以生态文明为原则，以乡村振兴为目标，以区域协同为重要路径，立足于构建"田园五镇"乡村振兴协同发展框架，统一发展目标，共绘一张蓝图，明确行动计划；有利于落实"统一规划、统一政策、统一标准、统一管控"的要求，破解协同发展中的突出问题，探索跨区域乡村振兴协同发展的新机制。②

---

① 顾亦来：《长三角"田园五镇"携手建设乡村振兴先行区》，《嘉兴日报》2020年7月3日。
② 陆巍：《乡村产业的内涵解析与大都市圈乡村产业的发展路径初探——以长三角"田园五镇"乡村振兴先行区为例》，《上海城市管理》2021年第7期。

五镇将通过田园诗意的景观塑造、城乡融合的格局重构、特色传承的文化彰显和均等完备的服务保障，改变农业基础薄弱、农村发展滞后、农民增收困难的现状，让都市"后花园"在"诗和远方"的憧憬中成为现实，让"灯河邀星光、城乡共守望"的图景成为现实。"到 2035 年，'田园五镇'一二三产业融合发展增加值占生产总值的比重达到 80%，农田亩均产值 3.5 万元，农民人均可支配收入 8 万元……"规划中的一连串指标数据催人奋进。

抱团，简单理解就是几个人联合之后形成一个团队。一个人无论多么优秀、多么强大，也比不过团队的力量。在长三角一体化发展上升为国家战略的大背景下，浙沪毗邻五镇创新思路，迈开新步，以抱团组队的方式，携手打造乡村振兴先行区，实属区域联动发展的一大创举，可喜可贺。[①]

从各自为政到抱团协作，可以说"田园五镇"在全国范围内开创了毗邻地区协同发展的新模式。但组个队不难，真正发挥出团队力量却不容易。况且五镇分属浙沪两地，政策、制度、规划等方面存在诸多差别。随着五镇机制创新、协同合作等方面的良好进展，"田园五镇"已开始抛弃过去各干各、各管各，有时还相互竞争的模式，正心相连、手相牵，一起朝着新的目标奋力迈进。

"田园五镇"，不是简单的五个镇相加，而是要通过大田园规划，善做乘法，推动五镇体制机制上的优势聚合、产业功能上的优势互补、政策措施上的优势叠加，实现五镇整体优势和溢出效应的最大化，做成长三角乡村振兴一体化发展的"棋眼"，为整个长三角地区乃至全国乡村振兴及一体化发展提供经验与借鉴。

"田园五镇"已经凝聚了新共识，打开了新局面，迈出了有力的步伐。跨省毗邻乡村抱团联盟，共同描绘一体化乡村振兴蓝图，其模式本身就具有相

---

① 李宽：《梦想合伙：区域一体化进程中政府协作的新模式——以长三角田园五镇乡村振兴先行区为例》，《东吴学术》2021 年第 5 期。

当深远的典型意义与示范效应。"田园五镇"正进一步打破行政区划带来的"壁垒",不断拓展区域联动发展的内涵,在政策制度一体化、公共服务一体化、科技人才一体化等方面寻求更大的突破,真正聚合五镇优势,努力打造几个具有地标性的品牌,共同推进一批重大项目建设,使一体化乡村振兴的成效不断增强,使民生获得感不断提升。

五镇之美,美在田园;五镇之特,特在抱团;五镇之合,合在党建。在长三角一体化发展的大格局中,在党建引领下,五镇率先行动,主动作为,展现担当。"田园五镇"协同发展的"盆景"正在逐步转化为长三角一体化发展的亮丽风景。

人民至上:"田园五镇"的价值追求

"田园五镇"的发展为了人民,发展的成果由人民共享。"田园五镇"发展的目标是实现人民群众对美好生活的向往。坚持以人民为中心,坚持农民在先行区建设进行中的收益主体、建设主体和治理主体的地位,通过先行区的建设,进一步改善农村地区的基础设施、公共服务、人居环境,不断提升农村居民群众的生活品质,让群众更有获得感、幸福感和安全感,这样才能使先行区的建设行稳致远。

五镇联盟发展的重要内容之一是加强基础设施建设。经过一段时间的建设,人们普遍感受到环境发生了很大变化,道路更整洁了,河道更清澈了,房屋更漂亮了。这些只是最直观的变化。环境变美之后,这里成为网红打卡地、市民休闲地,既带动了民俗、餐饮业的发展,又给村民们增加了收入。有的村民获得了劳动收入,有的获得了经营性收入,还有的获得了租赁收入,老百姓的钱包鼓了起来。

平湖城乡公交 207 路终点站已经延伸至金山廊下农家乐站;廊下公交 2

路延伸至广陈山塘村；城乡公交 315 路开通，可从新仓客运站至廊下卫生院（农贸市场），实现跨区域交通网络的互联互通；平沪边界路障也已全部拔除。这样做，既方便了广陈百姓去上海买菜游玩，也方便了上海市民来山塘村休闲旅游。村民们说，以后露天看戏就去北山塘村的百姓舞台，室内听书就到南山塘村的铗子书院，真正实现了"有福同享"。一体化涉及了村庄工作的方方面面，也让村民生活获得了实实在在的改善，幸福看得见、摸得着。

金山区非物质文化遗产传承展示中心加入广陈、新仓非遗项目，突出非遗互动体验；长三角农民丰收节成为五镇农民庆丰收的共同节日；新仓绿道有望通到广陈、廊下。公共服务一体化发展方面还有很多探索空间，如优质医疗资源共享、旅游资源共享、交通进一步互联等。"田园五镇"正在打响集合优势，以更大范围、更深层次的一体化联动，提升民生获得感。

产业的协同振兴也为农民增收致富带来了更多机会。广陈与廊下携手打造的"明月山塘"项目已初具规模，游客多了起来，人气旺了起来，商机也来了。民宿、酒店随之多了起来，它们还结成了联盟，互相介绍客源。许多村民借乡村振兴的东风投身新兴产业，开饭馆、办民宿、卖特产，既促进了乡村业态的发展，也增加了致富渠道。随着"田园五镇"联动发展的内涵不断拓展，溢出效应将得到更充分的发挥，浙沪交界的这片乡村将成为更加令人向往的地方，也定会给当地群众带来更多、更大的"钱"景。

当然，享受"田园五镇"发展成果的不只是生活在这里的居民，还包括前来观光的游客。这里已经举办了多届浙沪乡村马拉松，获得了不少人的追捧。游客来到这里，对乡村的体验和享受是全方位的。这里有田园风光，有农家菜，还有传统文化项目。参加乡村马拉松，既锻炼了身体，又有了全方位的乡村体验。人们常说，城市让生活更美好，乡村让人们更向往。乡村和城市紧密相连、互为依托，人们既需要繁华的城市，也需要静谧的乡村。乡村是否满足了人们的需求，人们会用实际行动给出答案。

"田园五镇"的发展紧紧依靠人民，充分发挥人民的聪明才智。"田园五镇"的建设者主要有本地的居民和前来创业的人才。对于本地居民来说，在进行重大项目的过程中，五镇充分征询居民的意见，听取居民的建议，真正体现了他们作为主人翁的地位和作用。

实施乡村振兴战略需要每位村民的支持与参与。近年来，金山和嘉兴都在大力实施班长工程，开展人才回流工程、吸引青年人才回到家乡工作，培育了一批农业的"创二代"。在先行区建设中，他们充分尊重群众的主体地位和首创精神，充分激发农村居民作为乡村振兴的主力军的激情。同时，他们还通过教育、培训、宣传、典型、引导、边干边学等多种方式，帮助村民了解、熟悉参与乡村事务决策、协调和监督的权力规则等，提升农民作为农村基层主体和受益主体的地位。

"田园五镇"的快速、健康发展也离不开众多的农业技术人才和农业创客。他们来自五湖四海、天南地北，为了共同的目标来到了这片热土，在这里挥洒汗水，浇灌田园之花。

"田园五镇"相互间横向交流频繁，民间群众交流活动精彩纷呈，已经取得良好成效。这些工作为先行区的建设壮大了声势，埋下了厚积薄发的种子。先行区建设是顺应基层发展的结果，是尊重基层创造和选择的结果，希望"田园五镇"能够继续激发干部群众创业的热情，切实当好先行区建设的先行者和排头兵。

创新驱动："田园五镇"的前进动力

在发展的过程中，"田园五镇"践行新理念，将创新放在突出位置。这里的农业发展摆脱了传统的思路，不断地追求创新，引进新的技术、理念。"田园五镇"的底色是农业，但它们要发展的农业不是普通的大田作物、规模种植，而是处于产业链条顶端，以种苗培育、农业科研为主要内容的科技型、融合型农业。他们希望更多地用科技的力量，让农业不再"靠天吃饭"。[①] 在此方面，作为国家农业综合开发现代农业园区的廊下镇和浙江首个农业现代化园区的广陈镇就是典型代表。

这里有听着音乐、喝着牛奶、坐着月子长大的桃子。这里也有工业化生产的番茄。"番茄工厂"总投资 5000 万元，是一个面积共计 2.5 公顷的玻璃温室型番茄种植基地。除了每年的 7 月、8 月是设备保养、修整期，其余时间都可以种植番茄，每年可以有 80 万斤的番茄产量。无土栽培种植、温室环境自动化控制，让这里的番茄成为特殊的"三无产品"（无农药、无病害、无重金属残留）。这里还有年产近万吨的"蘑菇小镇"，生产的双孢蘑菇已占据上海90% 的市场份额，全年食用菌产业产值达 1.2 亿元，有效促进了产业升级和农民增收。

"田园五镇"不单是农产品的产地，还是食品的加工地。他们积极探索农产品"从田头到餐桌"全产业链发展模式，建设了集净菜加工、色拉蔬菜和保鲜蔬菜加工、冷冻干燥农产品及生态健康食品加工于一体的中央厨房加工产业体系，结合中央厨房的建设，全面打通产业链，系统推进"现代农业、食品加工业、商贸物流业"一二三产业融合发展。这里有望成为长三角最强的高端高附加值中央厨房集聚区。

目前，长三角"田园五镇"集聚了"鑫博海""谷田稻香""上海亚太国际蔬菜"等食品单位，有各类食品日产量 30 吨、每天解决 12 万人吃饭问题的"鑫博海"，亩产值 200 万元、年销量达 6000 吨的上海联中食用菌专业合作社，网络营销年收益 2 亿元的牛排网销巨头"醋畅"等，架起了农田到餐桌的桥梁。很多品牌不仅为航母高铁配餐，同时也作为上海进博会食品及食品

---

① 余丽、胡一婧：《农业硅谷争创产业振兴模范　土地整治助力乡村造梦空间》，《浙江日报》2019 年 2 月 19 日。

原料保障供应商。

这里还是乡创文旅的集中地。浙沪交界的南北山塘村联合打造的"明月山塘"已经成功申报为国家 4A 级景区。在这里，人们不只是生活在乡村之中，更是生活在景区中。在此基础上，这里开设了多家民宿，吸引了许多创客到来。

为了更好地落实创新理念，这里成立了农创学院、新仓 1955 创新学院和"三个百里"乡村振兴学院，把创新理念传播出去，既吸引创新人才，也培养创新人才，让创新成为这里最为强劲的动力。乡村振兴的基础是产业，关键是人才。乡村振兴中的人才有三层含义：一是有人愿意到乡村中去；二是到乡村去的人有相应的才能；三是这些有才能的人愿意留在乡村、建设乡村。乡村振兴需要有一大批对乡村有感情的人，并将他们的聪明才智在乡村中尽情发挥。

对于"田园五镇"来说，谈及人才振兴，不得不提及新仓 1955 创新学院。该学院是由组织部门直接主管的社会组织，依靠社会力量整合各种资源，串起散布在"田园五镇"各处的"珍珠"，讲好"田园五镇"的发展故事。新仓 1955 创新学院下设干部学院、青年学院、木耳学院和绿芽学院四个板块，各板块的具体职责如下：

干部学院，活跃广大干部农创思想。干部学院是长三角区域唯一社会化举办、组织部主管的学院。干部学院的成立，立足于乡村振兴战略和长三角一体化发展战略，是新时代创新发展"新仓经验"的体现，以"传承红色基因、引领绿色发展"为主线，是新模式下体制内外与线上线下资源的有益结合，是新形势下开展基层党员干部培训教育以及乡村振兴人才培育的大胆创新和有益尝试。

干部学院致力于对外辐射金山、嘉兴现代农业发展的成熟经验，并为全国各地的干部提供一站式培训服务，为国家乡村振兴注入新的能量。干部们除了到上海认识大城市，也要到"田园五镇"感知乡村，切身体会可复制可推广可合作的模式。干部学院不仅是让各地的学员到"田园五镇"来学习经验，对江浙地区的乡村振兴建立直观认识，还是地方政府与企业之间的合作平台。比如，其他地区的企业想进入长三角市场，或者要开拓上海市场，经过接触、了解，可以选择在"田园五镇"落户。在此过程中，相关各方会进行充分的讨论、交流，发挥各自的优势，争取达到共赢。已经在"田园五镇"发展的高科技企业也可以成为学员招商引资的对象。例如，"田园五镇"的种业企业希望在中西部寻找合适的推广和种植基地，中西部的地方政府则希望引入高科技企业、拉长产业链条，双方具有合作的空间和基础。所以，干部培训的过程也是促进双方合作交流的重要机遇。

青年学院，培养热爱农业的农创青年。青年学院位于浙江平湖新仓，聚焦现代农业发展，致力于培养产业型农创青年人才。为了实现这一目标，青年学院在高新农业聚集地"田园五镇"建立一站式实训基地。同时，它还与海内外院校合作打通国际农业窗口，精准留学、为国储才，让世界青年走进来，让中国青年走出去，为青年回国就业创业铺平道路。青年学院还积极围绕教育开展工作，吸引农业产业链上延伸部分的农创青年人才，聚焦农宿创客、酒店管理、乡村餐饮、电子商务以及健康护理等领域，凝聚特色文化经济发展，为乡村振兴作出贡献。

木耳学院，建设幸福康养社区。长三角是我国东部沿海的经济发达地区，也是我国最具活力与竞争力的区域之一。长三角地区既是人口老龄化程度较高、应对人口老龄化压力较大的区域，也是养老服务发展水平比较靠前的地区。如何重新定义老人，如何重新对养老进行定位，也是"田园五镇"在发展过程中需要探索的重要事项。有经验、有能力、有热情的老人是宝贵的资源而不是负担。想办法给他们提供舞台，让他们参与到乡村振兴中来，也是"田园五镇"实现人才振兴的举措之一。比如，既可以聘请他们为特邀研究员，给年轻学员上课，也可以让他们担任班主任，带班学习；还可以开设针对老年人的培训班。关键是让他们与青年人在一起，重新焕发青春。

绿芽学院，学习体验农耕文化。长三角"田园五镇"诞生了蘑菇工厂、桃子工厂、番茄工厂、花卉工厂等极具特色的现代农业企业，借助五镇现代农业集聚优势，推进乡村振兴，以蚂蚁计划串联起五镇的丰富农业资源，打造没有围墙的长三角青少年超级学农基地，从小开始培养青少年学习现代农业的兴趣，从而推动乡村振兴。

"田园五镇"打破行政边界，抱团发展本身就是创新。为了更好地协调，他们创造性地实行轮值制，而不将责任和事务归为一方。这种机制的创新是解决区域地方合作的重要探索。

梦想合伙："田园五镇"的运行机制

如果说国家战略为"田园五镇"的发展提供了契机，党建引领是贯穿始终的红线，以人民为中心让其具备了灵魂，创新发展提供了动力，那么梦想合伙则是其重要的运行机制。

所谓"梦想合伙"，就是长三角地区的五镇为了共同的发展目标而抱团取暖，采用联席会议、轮值的方式商讨项目，进行全方位的合作。之所以将其称为梦想合伙，是因为五镇的合作跨越了多重障碍，依靠共同的理念将合作提到了非常高的层次。长三角"田园五镇"的梦想合伙有以下几个突出特点：一是跨越省域界限，五镇分属上海和浙江；二是打破行政等级限制，上海三镇行政级别为处级，浙江两镇则为科级；三是五镇党委书记均全程参与；四是围绕乡村振兴进行全方位的合作。"田园五镇"实现了农创品牌跨区域共建、乡村旅游跨区域共赢、文化传承跨区域共享，将毗邻地区发展成为区域协作的典范。

在合伙的过程中，"田园五镇"建立了相应的工作机制。"田园五镇"坚持党建引领的原则，打破区域壁垒、突破行政区划，不断丰富和拓展"毗邻党建"的内涵和外延，加强统筹协调，完善管理架构，健全议事协调机制；坚持轮值原则，以协商精神打破科层等级的限制，五镇轮流召集会议、牵头推动工作。在此过程中，五镇还构建了新型的政府—社会—企业关系，搭建了长期合作的平台，充分调动各方积极性，共谋发展。具体而言，主要包括以下机制：

一是党建引领的联系机制。党建是贯穿"田园五镇"发展的红线。"田园五镇"地相邻、文相近、人相亲，人们交往频繁，有众多的自发性的联系。"毗邻党建"将自然的联系上升到了体制层次，明确了交流的目标和结果。

上海金山在总结提炼多年跨省毗邻区域协同治理经验做法的基础上，提出了"毗邻党建"的概念。在金山、平湖的见证下，廊下、广陈两镇党委签订全面合作框架协议，分别成立推进联动发展共赢的工作领导小组，构建全域合作的组织网络。在两镇的合作中，比较重要的是南北山塘村的合作。南北山塘村成立沪浙山塘联合党支部，两地的合作共建驶入快车道。南北山塘村共筑党建同心圆，形成"一二三四五""毗邻党建"特色品牌。当廊下、广陈正在忙着创建"一廊一带"时，结成对子的吕巷、新仓也在全力打造以产业为核心的"双融双带"。正是因为有了前期的"毗邻党建"基础，后期的合作才会顺理成章。在四镇进行共建的基础上，与廊下、吕巷相邻的张堰镇也随后加入，"五镇联盟"就此成立。

党建之所以可以发挥引领作用，主要因为：第一，党建引领更注重讲政治。讲政治有利于确定目标，形成共识，为后续细节问题的讨论奠定基础。若在起初阶段就谈论具体问题，会降低交流的效果。第二，党建引领是书记工程。在党建方面的重要会议上，各镇的党委书记必须出席，这样对关键性问题可以现场拍板，省去很多麻烦。第三，党建引领可以打破行政级别的限制。合作交流过程非常注重级别对等原则，这对地域相邻但级别不同的单位来说非常不便。但是在党建的合作中，可以弱化这种行政级别的限制，从而提高交流的效率。

二是轮值交流的协商机制。为了将协作落实，"田园五镇"建立了联席会议制度。廊下、吕巷、张堰、广陈、新仓五镇共同成立"田园五镇"乡镇振兴先行区联盟联席会议机制。该机制以定期的联席会议具体协商推进各项工作落地。联席会议设主席 1 名（由各镇党委书记担任，从 2019 年开始，按照廊下、广陈、吕巷、新仓、张堰的顺序轮流担任，轮值周期 1 年）；副主席 4 名（由该年度未轮值的各镇党委书记担任），负责沪浙"田园五镇"乡村振兴先行区建设过程中统筹基础设施配套、重大事项协调、政策支持等工作。联席会议每年至少召开 2 次。在联席会议上，各位出席者身份平等、话语平等，先务虚后务实。务虚就是先谈理想、谈想法，在形成共识之后，再谈具体的事务。"田园五镇"的建设者们都是有梦想的人，对于有梦想、有追求的人，只能采用合伙的方式，而不是简单地合作。五镇联盟成立后，开展的第一项工作就是梳理平湖、金山以及五镇现有的农业农村领域相关政策，互相学习借鉴，打造政策互通平台。

除联席会议，还需设置日常联络机构，建立常态化、长效化的对接联络，并具体落实。"田园五镇"乡村振兴先行区联盟联席会议下设日常工作联络组，组员由各镇党建、农业、旅游、城建、文教卫生等分管领导担任，负责日常对接协调工作，服务和保障先行区建设。分管领导和具体负责部门每年走访不少于 2 次，以加强交流和沟通。

这些日常性的联络工作主要有以下内容：一是开展基层单位结对活动。五镇组织村、企事业单位、园区等职能对口的相关单位部门开展结对活动，形成上下联动、共同推进的结对局面。五镇在相互走访、调研中学习借鉴、优势互补，积累经济社会发展、社会管理服务等方面的经验，努力提高工作水准，不断加快经济社会发展的步伐。二是建立毗邻资源整合、产业融合的经常性合作交流。五镇立足于区位相邻、文化相通、定位相同的联合发展基础，共同挖掘各方文化、乡村旅游等资源，开展项目开发合作，支持彼此产业发展和公共事业建设。五镇在旅游、资源、人才、管理等方面优势互补，在先进制造业、现代都市型农业、现代服务业及招商引资方面加强交流合作，推动双方经济社会又好又快发展。三是开展党建和人才工作交流互动。五镇在农村党建、区域化党建、"两新"组织党建等方面开展学习交流活动。统筹各方面资源，积极开展互动学习、挂职锻炼、教育培训、专题讲座、经验交流、扶贫帮困等党建联建活动，不断加强基层党组织建设（增强党组织的堡垒指数）和党员队伍建设（增强党员的先锋指数）。四是开展基础设施共建工作。加快五镇交通路网及公共交通建设，积极推进乡村旅游公共服务基础设施建设，合作推进乡村旅游公共服务型基础设施建设，在接壤的村镇建设相关配套设施。五是加强社会事业的合作交流。加强五镇医疗卫生、文体宣传、教育发展等方面的交流与合作，在民生发展各个领域形成优势互补的共建格局，努力为两地百姓带来更多、更优的民生服务项目。六是五镇工会、共青团、妇联、科协、关工委以及行业协会、商会、新生代企业家联谊会等各类自组织广泛开展结对工作。通过项目化运作、定期式交流、定向性活动等方式促进两地群团工作和社会组织共同发展进步。

这些合作经常以项目的形式展开，每年都要进行项目发布工作，并对项目进行评价。每年的轮值会议为各镇创造了平等的交流机会，也是展示成果的机会。各轮值镇牵头举办了多少场活动，活动效果如何，参与者都会给出相应的评价。这些活动对每个镇都是重要的机遇，重大活动的举办调动了每个镇的资源，举办活动时，每个镇都会邀请所认识的企业家、学者参与进来，这些人才会成为五镇共同的资源，而不仅仅属于某一方。

三是新型政一社一企合作机制。在"田园五镇"的建设过程中，五镇构建起了新型的政府—社会组织—企业关系，共同盘活了资源。当前，许多省市的领导干部前来上海学习，但是体制内的资源无法满足其学习需求。于是，新仓1955创新学院积极作为，希望借此机会填补空白。创新学院的成立将散落在各镇的珍珠用金线串联了起来。学院与"田园五镇"进行合作，将课堂开在田野里、大棚中，五镇的领导干部和新型职业农民即是授课教师。与创新学院相互合作的不只是各地的组织部门，还有许多创新型企业，这里还为青年农创人才提供培训。并且，创新学院还与国外的许多机构建立紧密联系，使许多国外的理念能及时进入国内。创新学院利用五镇资源进行培训的过程，也是对五镇进行宣介的过程，客观上发挥了为五镇进行招商引资的作用。

创新学院的办学机制灵活，活动开展便利，也可以组织和承办会议、论坛等。这些活动可以由政府主办、学院承办，也可以由学院单独组织。在举办活动时，学院不受条条框框的制约，可以充分调动政府和社会的资源，争取让效果达到最优，这也是在充分发挥社会组织的优势。有些活动、会议的承办若由政府负责，则人手不够、邀请的人员也有限。但是创新学院不受这些限制，在举办这些活动时，只要得到当前轮值镇的同意、认可与相应的支持，创新学院就可以积极地去进行筹备，邀请各界人士参与。学院的指导教师中有许多领导干部、知名企业家，学员也是以领导干部、企业家和创新创业人才为主，这就构成了"田园五镇"的强大后援团。为了筹备首届"山塘论坛"，创新学院专门成立了工作项目组，赴荷兰、意大利邀请专家参与论坛，取得了不错的效果。

当然，创新学院只是"田园五镇"建设中的一支力量，还有许多社会组织、企业以不同的方式参与其中。此过程产生了良好的集聚效应，参与者不停地将自己的合作伙伴介绍过来。他们认为这里已经搭建了平台，拥有广阔的天地，可以实现自己的目标。政府、社会组织和企业形成了一种相互成就的正循环关系。

合作与合伙的最大区别是如何对待利益。合作最为直接的目的就是获得、分配利益，持续性比较短暂。在合作的过程中，双方会因为利益的分配不均而产生分歧，导致合作失败。但是合伙则不同。合伙最为看重的是双方的梦想，参与各方在梦想、理念上达成一致之后，再具体谈利益问题。合伙的目的是实现梦想，而不是简单地追求利益。合伙不排斥利益，反而最后会实现更大的利益。如果没有共同的理想、梦想，对于分属不同行政区、存在行政级别差异的五镇来说，长期地、共同地完成一项任务是困难的。只有在理念层面上形成了一致，才更容易克服具体操作上的分歧。若是缺乏超脱性的追求，只是讨论具体问题，对些许的利益斤斤计较，一体化就难以实现，最后只是一盘散沙。

在合伙的过程中，田园板块是五镇，而不是简单的两个，其中也有奥妙。如果只是两个镇，遇到领导调整、意见分歧等问题，合伙就没有办法持续下去。许多的工作可能需要重新走一遍流程，既损耗了精力，也耽误了时间。五镇的好处是，即便有   个或者两个镇的主要领导进行了调整，对全局的影响不是很大。因为框架、机制、项目已经存在，新加入的领导只需要跟着走就可以。如果新领导对情况不熟悉，对有些问题尚未考虑清楚也没有关系，相邻的镇可以把相应的工作做起来。这样就使得重要的事项不会停顿，"田园五镇"始终可以保持前行的状态。①

"田园五镇"起步于"毗邻党建"，产生在国家战略的背景之下，根植于浙沪两地人民共同的生产、生活中。在联动发展的过程中，"田园五镇"坚持党建引领、以人民为中心和创新驱动，实行了梦想合伙的运行机制，一步一个脚印地扎实前行。"田园五镇"的产生具有偶然性，探索具有自发性，过程具有可塑性，结果具有不可预见性。"田园五镇"将会不断创造发展的新奇迹。

---

① 李宽：《梦想合伙：区域一体化进程中政府协作的新模式——以长三角田园五镇乡村振兴先行区为例》，《东吴学术》2021 年第 5 期。

02
"田园五镇"素描像

　　"田园五镇"是非常普通却又各有特点的五个镇。受地理位置影响,它们的经济体量在其所在行政区内可能并不靠前,与那些经济强镇比起来,它们优势不明显。但这样的"田园五镇"又有着各自鲜明的特点,五镇将这些特点组合起来,探索性地书写了一篇大文章。

廊下:郊野公园　中央厨房

廊下生态园

廊下镇位于上海市金山区西南，东临金山区张堰镇、金山卫镇，北接金山区吕巷镇，西与平湖市新埭镇接壤，南与平湖市广陈镇、新仓镇毗邻，地处上海与浙江的扇形节点，是上海的西南门户和沪、杭、甬及舟山群岛经济区域中心。金山区廊下镇与金山现代农业园区实行"镇和园区合一"的管理体制（在上海具有独特性和唯一性）。廊下镇（金山现代农业园区）辖12个行政村，2个居民委员会，1个特色民居管委会，户籍人口3.1万人。现已流转土地面积2.5万亩，流转率达96.6%。

明正德至嘉靖年间（1506—1566年），南陆姚氏中的一支迁往今廊下集镇居住。刑部尚书姚士慎告老还乡来到此地，为方便当地百姓做买卖，也好让来往客商聚集于此，便在宅院门前建了一条跨街长廊为行人遮风避雨，人们便将宅前空地和长廊之下称为"姚家廊下"。

明隆庆年间（1567—1572年），里人在"姚家廊下"之东集资兴建了董城隍庙，始有商贩和手工业者聚集在庙前马家汇一带，经营竹丝、木器、茶肆及豆腐坊等业，"姚家廊下"初具集市雏形。后铺设东西长约50米的砖街于市河北，又有朱、张两大族先后定居于此，建楼厢大院、辟花园、盖亭阁、设铺面，此时已具集镇之形。清末，集镇名为"姚家廊下市"，列为金山县五乡镇九市之一，后镇名渐简称为"廊下"。

经过多年努力，廊下镇已获得"全国文明镇""国家卫生镇""全国农村旅游示范点""全国农产品加工业示范基地""国家级基本农田保护示范区""全国小城镇改革示范镇""国家AAAA级景区""全国休闲农业与乡村旅游五星级示范单位"等多个品牌资质和国家级荣誉。廊下水清岸绿、白墙黛瓦，原生态的江南农家庭院风貌吸引广大游客纷至沓来。作为江南农村小镇，廊下不仅生态环境好，而且文化底蕴深厚，打莲湘、剪纸、土布、农民画、土布贴画等民间艺术丰富了居民们的文化生活。镇内的田间美术馆、乡村记忆馆充满艺术气息，百年古物深藏历史底蕴。

金山现代农业园区是上海市级现代农业园区之一，是上海乡村振兴的先行区和示范区，是上海对外展示乡村振兴成果的重要窗口。金山现代农业园区建于2000年，为上海首批建设的12个市级现代农业园区之一，区域总面积21.32平方公里，其中耕地面积13.28平方公里。

2003年8月31日，金山区委、区政府对金山现代农业园区的建设区域、管理体制作出重大调整。将金山现代农业园区迁至廊下，使区域规划面积增加到51平方公里，实行"镇区合一"的行政管理体制。2004年12月，金山区委二届五次会议把廊下镇确定为金山区"三区一线"重点发展区域之一。在园区开发建设之初，在北京举行了首次金山现代农业园区发展战略研讨会，该会议为前三年的规划建设起到了重要的指导作用。

2006年6月，上海市委提出"聚焦廊下"战略。2012年，廊下镇党委政府按照市委和区委"聚焦廊下"的工作要求，围绕打造"全国有影响、上海为示范"的新农村建设示范镇目标，加快建设全国最大的种源组培集聚地、全国最强的中央厨房集聚地和全国最具魅力的乡村休闲旅游目的地。

2013年，廊下镇以优质的现代农业资源、创新的理念、切实的规划顺利通过申报，成为上海唯一一家国家农业综合开发现代农业园区试点单位。

2015年，地处金山现代农业园区核心区的上海市第一座郊野公园——廊下郊野公园开园。

2020年12月，金山现代农业园区成功创建国家现代农业园区。

廊下的发展历程展现了从"敢想"到"敢干"的创新变革、从"奔富"到"共富"的先行探路，是全面践行"百里花园、百里果园、百里菜园"理念的生动案例，也是打造"乡村形·都市芯"乡村振兴示范镇、建设"花果厨房、廊下飘香"田园小镇的初心写照。

新农村从"物"到"人"，乡村振兴重塑美丽乡村。廊下始终坚守"农业立镇"的初衷定位，创建成为上海首个国家级现代农业产业园；努力践行"绿水青山就是金山银山"的理念，廊下郊野公园在沪上率先开园，并成功晋级国家 AAAA 级景区；传承红色基因、引领绿色发展，发起成立了长三角"田园五镇"乡村振兴先行区联盟；持续推进都市农业高质量发展，廊下中央厨房产业、"蘑菇小镇"纳入上海市乡村振兴"十四五"规划重大工程。特别是依托"乡村振兴＋长三角一体化"两大战略叠加、"健康需求升级＋科技创新驱动"双重趋势引领，以及"国土资源部全域土地综合整治＋国家农村产业融合发展示范园"两项工作先行试点，廊下呈现出发展的巨大潜力和美好前景。

原来，提到廊下，就是"服装厂多"。现在，说到廊下，就会想到郊野公园、开放林地、健康步道、"明月山塘"景区，都是亲近自然，又富有运动气息的时尚地标。党的十八大以来，廊下牢记习近平总书记的殷殷嘱托，守正创新谋发展、敢闯敢干求机遇，走出了一条独具特色的绿色发展路子，全面推行乡村振兴，展现了"乡村形·都市芯"的无限魅力。

廊下从最初农家乐时代的乡村 1.0 版本，到"田园变公园、劳动变运动、民房变客房"的 2.0 版本，再到如今把"红色基因植入绿色发展"的乡村建设3.0 版本。一个个有"内涵"又有"颜值"的村落在廊下拔地而起，展示了江南田园风貌，植入了健康生态理念，留下了一抹乡愁记忆。

与此同时，廊下抢抓发展机遇，放大区域地理优势，乘着长三角一体化建设的东风，主动融入发展大局，依托毗邻优势，党建引领打造乡村振兴共富联合体。合作版图从"南北山塘"8 平方公里到"田园五镇"255 平方公里，工作经验被提名入选"全国乡村振兴先锋榜"。对标"打造跨省市党建引领乡村振兴共同富裕实践区"先行先试，发挥毗邻共富联合体、马拉松"十村联盟"等平台资源集聚优势，携手绘就共同富裕新图景。廊下坚持以乡村振兴战略为引领，以城乡融合发展为理念，紧抓聚焦廊下发展机遇，立足"田园五镇"地理中心区位和现代农业产业链发展基础，实现更高质量的发展。

"食变"折射"时变",守护市民菜篮子。廊下抓住机遇,在一天能够固定解决几十万人吃饭问题的同时,引入更多满足客户个性化需求的企业来到廊下,推动"中央厨房"2.0版本正式上线。

上海鑫博海农副产品加工有限公司串起了"从田头到餐桌"一体化完整产业链,实现各类食品日产量80吨,每天解决35万人吃饭问题;上海联中食用菌专业合作社亩产值200万元,蘑菇年销量达1500吨。类似的企业还有数家,可以说,廊下的"中央厨房"架起了农田与餐桌之间的桥梁。

近年来,廊下不断做大做强农产品精深加工和中高端产品供应能力,不断优化区域农产品的品种和结构,从源头上增强更好满足市民消费需求的能力。这几年,廊下不断扩大招商引资力度,于是,工业区104地块①的企业接踵而至,一栋栋食品企业大楼拔地而起。像欧本这样的企业在廊下越来越多,走进米其林餐厅的牛排、情人节爆款马卡龙、"为一碗好饭"的谷田稻香、高端牛排供应链萃阳楼、百联集团旗下百联利安等均已在廊下落户。②廊下产业高质量发展的"脊梁"越来越坚挺,"底气"越来越充足。"新血液"源源不断涌入,曾经只有屈指可数的几个规上企业的廊下,如今优质食品企业集聚,百花齐放、百家争鸣。

"老包袱"变"新财富",解锁现代农业科技密码。作为纯农地区的廊下过去经济落后,一直被称为上海的"西伯利亚"小镇,"农业"标签一度成为廊下挥之不去的"老包袱"。

2003年开始,廊下建设金山现代农业园区,以执着有效探索上海都市现代农业而声名鹊起;2020年,又以廊下为核心区成功创建国家现代农业产业园。这十年,廊下始终坚持探索推进都市现代农业发展,以一菜、一

---

① 2009年,上海市"两规合一",梳理明确了104规划工业区块。简单地说,104地块是政府主导的,以优化产业布局、提高土地利用效率、提升管理及服务水平为目的的规划园区。

② 何洁:《从田头到餐桌 廊下"中央厨房"2.0版本上线》,《上海农村经济》2021年第6期。

菇、一茄、一米、一猪等特色产业为基础，大力发展中央厨房集聚区、乡村休闲旅游集聚区和种源农业集聚区，不断提高现代农业科技含量和价值含量。

现如今，廊下域内有终年化蘑菇生产基地的"菜篮子"、松林生态楼房养猪场的"肉案子"、天母果园等优质水果的"果盘子"、万亩良田和上海农科院节水抗旱稻的"米袋子"，光明乳业的"奶瓶子"，已经初步形成农业产业技术体系，成为全市最大的高效高科技种源农业集聚区。除此之外，优质农业主体叮咚买菜、京东方智联植物工厂纷纷落户廊下，全镇逐步向农业精细化、数字化、集约化、品牌化方向发展，牢牢稳住粮食这块"压舱石"。

种业是农业的"芯片"，廊下深知种源农业自主可控的重要性，陆续引进了爱索特植物园艺凤梨组培、枫彩红枫组培、合盛矮化苹果树组培等多个植物组培项目，上海农业生物基因中心育种基地、申漕虾苗繁育基地、光明乳业种奶牛基地、上海农科院蔬菜和食用菌育种基地等10多个种源项目为廊下农业发展提供了源源不断的模式、技术和种苗。

在廊下，上海农业生物基因中心建有一个种源基地，专注于水稻抗旱资源的发掘、抗旱性的分子遗传基础研究以及节水抗旱稻实验、育种与栽培实践。2021年，由中心首席科学家罗利军主持完成的"水稻遗传资源的创制保护和研究利用"项目荣获国家科技进步一等奖。廊下基地承担了从资源收集到收集保存这两个步骤之间的重要环节，是获奖项目研发的"摇篮地"。利用项目研究成果，育成的各种节水抗旱稻现已在全国累计推广近12亿亩，创造了1680多亿元的财富。

天母果园（蚂蚁桃子学院）

天母果园（蚂蚁桃子学院）位于廊下现代农业园区核心区，是集赏花品果、采摘游乐、休闲度假、生态示范、科普教育于一体，全年少有空窗期的

现代化精品果园，由王卫国于 2004 年成立。王卫国经过 10 余年不断学习、摸索与创新，改变了传统的种植模式，形成了有别于传统的种植理念，并以现代化精品有机果园为目标不断前行。果园以种桃为主，总计种有 32 个桃子品种，另有草莓、葡萄、梨、甜柿等果品，从 5 月到 11 月每月均有新品上市。天母果园的理念是"把健康带给每一个消费者"，致力于将桃子以及其他水果转变成享受型农产品，让每一个消费者能感受健康营养的魅力。

"天母果园"是王卫国亲自取的名字。"天"是阳光、月光、风、霜和雨露；"母"是大地之母，奉土为天母，代表的是农民对大地的感恩，也是对作物和农业发自内心的尊敬。王卫国经常说要把果树当成自己的孩子一样养。天母果园的桃子被誉为"上海桃子大王"，形美、味美。因为各个品种种植的数量有限，常常"一桃难求"。

为了让桃子长得更好，天母果园给桃子听音乐、喝牛奶、"坐月子"。"听音乐"采用了西方的研究理论：植物也有生命和情绪，在舒缓的音乐中，桃子能更好地生长；并且果农在音乐声中也可以放松心情，用愉悦的情绪去培育桃树，只有心情好了，静下来了，才能把工作做好。

其实真正"坐月子"的不是桃子，而是桃树。"坐月子"期间，要给桃树施加桃子果皮发酵而成的生态肥：桃子果皮中含有近70%的养分，以桃子果皮发酵而成的肥料，富含丰富的氨基酸，可以给桃树补充足够的营养。用牛奶和红糖发酵产生的氨基酸喷洒果树，可以有效帮助果树恢复元气。桃树喝的牛奶跟人喝的稍有不同，从奶场买来的新鲜牛奶加上红糖发酵产生氨基酸，这就是桃树的营养餐。

天母果园致力于桃树的有机生产，在不允许使用多效唑、天然多酚氧化酶（PPO）等化学合成的植物生长调节剂的前提下，天母果园总结出一套可以有效控制桃树营养，保证产量和质量的配套技术。这里完全抛弃农药化肥除草剂，先是任由草生长，发挥其御寒、避暑、增加土壤微生物菌、提高植物有机质、减少病虫害、提高品质的作用，与桃树形成循环共生的生态环境，等草长到一定程度，再人工除草。

蚂蚁学院与天母桃园合伙成立蚂蚁桃子学院，通过"现代技术＋农创院校"有机结合，将现代农业科技化、技能化、现代化传播、推广，加速乡村振兴的发展。

联中食用菌专业合作社（蚂蚁蘑菇学院）

廊下是上海市郊小有名气的蘑菇产地，早在20世纪70年代，廊下的农民就开始种植双孢蘑菇。这里生产的双孢蘑菇占上海双孢蘑菇产量的90%以上。以联中食用菌专业合作社为主阵地的"蘑菇王国"，双孢蘑菇年产量达6000吨，占上海市生产总量的65%。

上海联中食用菌专业合作社成立于2010年，总投资2亿元，主要经营双孢蘑菇工厂化栽培，是目前上海地区规模最大、设施最好的双孢蘑菇生产基地，同时也是上海市农科院的试验基地。合作社先后被评为全国百强农民合作社、上海市农业标准化示范合作社、上海市"劳模创新工作室"、上海市区域特色农产品生产基地、上海市乡村振兴科技引领示范基地。联中蘑菇基地种植面积为 32000 平方米，采用工厂化生产，每天可产出 18 吨双孢蘑菇，直接向上海市各大商超供应，让广大市民吃上放心菜、平价菜。

这样的成绩绝不是一朝一夕就能得来的。2011 年，深知传统草棚蘑菇已不能满足市场对食用菌的大量需求，联中蘑菇基地负责人陈林根便远赴荷兰取经，终于找到草棚蘑菇的升级版。在廊下大力支持下，陈林根建造了双孢蘑菇种植工厂。此后，陈林根还是每年前往荷兰学习取经，希望早日将荷兰蘑菇小镇的模式复制到廊下来。①

2018 年，陈林根从荷兰引进双孢蘑菇培养料三次发酵技术，由国外设计、中国制造的三次发酵隧道正式投入使用。联中食用菌专业合作社现已成为国内名列前茅的双孢蘑菇"一条龙"生产的王国。

广陈：农业硅谷　农创高地

广陈镇② 位于杭嘉湖平原，由浙江省嘉兴市平湖市管辖。全镇区域面积 55.84 平方公里，总人口 34956 人，耕地总面积 3142 公顷，有 11 个行政村和 1 个居民委员会，下辖 183 个村民小组，是省级教育强镇。2021 年 12 月，广陈镇成功建成新时代美丽城镇建设省级样板。

---

① 上海金山：《变"时尚"！未来，金山这里将成为中国一流的……》，上观新闻客户端，2020 年 9 月 1 日。

② 规范性的书写方式应为"平湖农业经济开发区（广陈镇）"，简称"农开区"。由于实行开发区与镇合一管理体制，为了与主题保持一致，行文中大多使用"广陈镇"或"广陈"。

平湖农业经济开发区

广陈镇始建于宋代，曾在天圣元年（1023年）置广陈榷场（管理贸易的市场）。因在元代至元年间设广陈务和芦沥巡检司，"番舶列肆于此，广货列陈"而得名。广陈镇人杰地灵。南宋书画家赵孟坚为广陈人，工诗善文，家富收藏，擅画梅、兰、竹、石，尤精白描水仙；其画多用水墨，用笔劲利流畅，淡墨微染，风格秀雅，深得文人推崇。

广陈还是平湖花鼓戏、国家非物质遗产——平湖钹子书的发源地之一。平湖花鼓戏用平湖方言演唱，唱词通俗易懂，人物塑造简单，艺人忙时务农，闲时唱戏，表演方便，深受农民的喜爱。平湖钹子书的演唱者以竹筷自击钹子掌握节拍，其曲调简单，具有吟诵风格，句末略有拖音。演出有说有唱，唱词基本上为七字句，带有浓郁的乡土气息。

1985年，原平湖县实施"菜篮子"工程，选取了广陈镇民主村3个村民小组作为蔬菜基地，一石激起千层浪。3个村民小组涉及500多亩农田，在政策鼓励下，农民渐渐改种大白菜、冬瓜等经济作物。经济效益便是最好的

"风向标"，村里其他小组的村民纷纷改种经济作物，发展效益农业，全村蔬菜种植面积最多时达到1000多亩。

自20世纪90年代起，平湖的农田里陆续出现了一个个设施大棚。从此，平湖农业迈入设施农业发展时代。围绕新广省级现代农业园区，2009年平湖市在广陈建立了现代农业园区管理办公室，从此广陈站在了农业发展的新起点上。正是这一年，广陈的现代农业发展有了"交通开道"：全长2.7公里、宽46米，实行双向四车道的平朱公路开建，可从广陈集一路往北经过港中、龙萌两村到达浙沪边界。平朱公路通车后，农业项目纷纷沿路落户，农业产品从这里运往天南海北，广陈由此实现从农业乡镇到农业大镇的顺利转变。

虽然广陈成为农业大镇，但想要进一步自我突破却是举步维艰。因为财政资金有限，在农业项目招引给予镇级资金配套方面，与其他地方比，广陈不占优势，因此流失了不少好项目。

有较长一段时间，广陈经济体量在平湖各镇（街道）中排名末位。55.84平方公里的土地上，有五分之一是水源保护区。这就使得广陈在工业发展上受到诸多限制，唯一的出路只有农业，而本地的农田规模与其他镇（街道）相去甚远，不可能走农业规模化发展之路。综合来看，广陈只能发展高科技农业，这既是现实需要，也是高质量发展的必然要求。①

2017年11月，平湖市委、市政府创新打破农业园区的传统定位和乡村发展的固有思路，在广陈谋篇布局，成立全省首个农业经济开发区，实行区镇合署办公。像重视城市建设一样推进农村建设，"平台之新"前所未有；以工业的理念发展农业，"理念之新"前所未有；实现区镇合一，"机制之新"前

---

① 应丽斋、顾亦来：《三年刮目相看 农业硅谷崛起的"广陈路径"》，《嘉兴日报》2020年1月16日。

所未有。

相较于传统产业园区，经济开发区是一个有开发建设边界、有明确主导产业、有创新管理模式、有良好投资基础、有一定平台开发能级的特定产业园区。该园区较之传统的现代农业园区而言，最大的区别在于三个方面：一是开发规模不同，现代农业园区建设局限于农业一产的发展，而农业经济开发区建设包含了村庄建设和乡村治理；二是产业模式不同，现代农业园区建设突出的是农业产业化、规模化和集约化，而农业经济开发区突出的是一二三次产业联动开发，要实现产业融合发展；三是平台能级不同，现代农业园区都是依托地方政府建设，走的是政府扶持、主体投资的路子，而农业经济开发区要求有一定能级的平台进行实体化运作，走建设与开发同步、政府与市场协同的发展路径。①

广陈省级现代农业园区规划区域为全镇域范围，总面积 83760 亩（55.84 平方公里），其中核心区面积 27970 亩（涉及港中村、龙萌村、山塘村、泗泾村）。自列入省级现代农业园区创建名单以来，广陈省级现代农业园区以乡村振兴和长三角一体化发展战略为契机，坚持以市场为导向，以效益为核心，重点提升蔬菜瓜果、水果两大主导优势产业，稳定粮食生产，通过一二三产融合发展，以全产业链为抓手，完成了"一核两带两区"（现代农业核心区、瓜果飘香产业带、稻花涌浪景观带、粮经轮作示范区、农业生态涵养区）的规划建设任务，形成了以蔬菜瓜果、水果作为农业主导产业，以绿叶菜为主、茄果类为辅的蔬菜种植格局。

广陈省级现代农业园区自成立之初，就提出了建设"农业硅谷 农创高地"的目标。平湖农业经济开发已累计招引新型农业项目 39 个，总投资

---

① 肖未：《平湖农业经济开发区召开首个新闻发布会 会上都讲了啥》，载浙江新闻客户端，2018 年 4 月 15 日。

超 43 亿元，初步构建了以国际植物新品种研究院、中以设施农业示范园、荷兰福纳瑞园艺种源项目、长三角草莓种源研发中心和绿迹数字农业工厂等为核心的"农业硅谷"框架。新技术、信息化，不断推动着传统农业向科技型、示范型、集约型、高效型、生态型农业转变，构建涵盖种子种源、科学种植、农业装备、农业服务、农业观光的新型农业全产业链。

在集聚了美国、荷兰、以色列、日本等国家农业技术与项目的基础上，平湖农业经济开发区已启动建设 3 平方公里国际科技农业合作示范区，2021年建成 1 平方公里核心区，2023 年将全面完成建设，成为长三角地区农业对外开放合作平台、国内外农业科技成果转移孵化的加速器。同时，农业经济开发区正积极推动建设平朱—漕廊公路"L"形农业科技走廊，打造 G60 科技走廊的农业科创集聚区，引领农业科技集聚。

国际植物新品种研究院

东郁国际植物新品种研究院及产业化项目是平湖农业经济开发区农业硅谷中最具代表性的项目之一，项目总投资 6 亿元、总面积 800 亩，是一个具有全球视野和高等院校合作能力的科技型、服务型、融合型农业龙头项目。种源研发销售是该项目的重要板块之一。通过先进技术及优质种源引进，企业开展植物新品种的研发、繁育及产业化工作。该项目建有国际领先的植物品种研发中心、全球领先蔬菜工厂、国内首家商用植物脱毒中心和植物 DNA检测实验室，已于 2020 年 11 月全面投产。

除了科研和成果转化，东郁还将农业多功能性开发和产业融合作为助力乡村全面振兴的重要发展方向。通过国际合作、科技应用、农旅融合等多要素集成，将现代农业和未来乡村完美呈现。作为现代农业项目，高科技、高附加值的种植基地也必不可少。在这 600 亩土地上，东郁打造全国首个全设施全基质的浆果产业园，种植黑莓、树莓、蓝莓等产品。

中以设施农业示范园

中以设施农业示范园位于广陈镇龙萌村。它由浙江众信农业科技有限公司投资建设，计划总投资 1.5 亿元，将以全球领先的农业设施企业——以色列耐特菲姆公司为技术依托，引进来自荷兰等欧洲国家的先进温室、种源技术，建设以色列设施农业中国示范中心。项目建成后将汇集全球各类最新模式的种养殖技术，通过应用展示及模式产品输出，实现全球顶尖设施农业在国内的推广和使用。该项目的核心之一是鱼菜共生高效绿色循环系统项目。鱼菜共生（Aquaponics）系统是依托以色列 Biofishency 公司研发的一种新型的复合耕作体系，通过巧妙的生态设计，把水产养殖（Aquaculture）和水耕栽培（Hydroponics）这两种原本完全不同的农耕技术进行整合，最终达到科学的互利共生，建成了"养鱼不换水而水质清澈，种菜不施肥而正常成长"的小型生态共生系统。

平湖农业经济开发区中以设施农业示范园

荷兰福纳瑞园艺种源项目

该项目计划总投资 1.2 亿元人民币，其中外商投资为 500 万欧元。项目规划总面积约 48 亩。项目以荷兰福纳瑞园艺公司（以下简称福纳瑞）组培核心技术为支撑，计划建设 15000 平方米组培温室用于花卉种苗生产培育，全面投产后兰科和天南星科种苗年产量达 3000 万株。

这是福纳瑞入驻中国的第一个项目。它依托长三角巨大的花卉市场和丰富的科技人才基础，计划打造福纳瑞中国种源研发基地，通过项目将导入福纳瑞最新兰科和天南星科园艺种源，服务中国现代园艺品种改良和提升，促进长三角地区园艺产业转型升级。

福纳瑞最初是一家经营兰花、热带植物和花卉种子的贸易商，已有 80 多年的历史。20 世纪 80 年代，福纳瑞和荷兰重要的蝴蝶兰切花种植商施库纳（Schoone）家族企业合并，开始投入蝴蝶兰的育种工作，成为荷兰最早的蝴蝶兰育种企业。目前，福纳瑞已成长为全世界最大的蝴蝶兰育种公司，在荷兰、印度、巴西、美国等地建设实验室。集育种和种苗生产销售于一体，每年为世界各地的种植户提供数千万株种苗，用于盆花和切花的生产种植。福纳瑞蝴蝶兰产品的优势是品种色系全，双梗率高，分叉多花量大，脱毒种苗无病毒，种苗健壮、整齐度高、生长速度快，有很好的市场口碑。

长三角草莓种源研发中心

该项目由上海佳莓农业科技有限公司运营，主要负责优质草莓种源的引进、保存、试验、筛选，以及草莓种源的脱毒，切实解决当前草莓种质退化、病虫害等问题。项目总投资 2 亿元，总规划建设面积约 250 亩，其中一期项目农业用地约 100 亩，二期项目规划农业用地约 150 亩，建设用地约 6 亩。项目建成后，成为长三角最大的草莓新优品种种苗繁育平台。

该项目将使用草莓三级脱毒育苗，通过脱毒试管苗、脱毒原种苗、脱毒种苗、脱毒生产苗等一系列脱毒流程获得脱毒基质苗，相比传统裸根苗，脱毒基质苗有脱毒无病、成活率更高、上市更早三大优点，能够切实解决中国莓农苗成活率低、挣钱没保障的最大痛点。

同时，研发中心将同步开展草莓 AI 种植软件与硬件设备的研发，通过多种设备传感器收集温室种植环境和草莓生长数据，形成 AI 解决方案，并根据草莓生长模型及复杂气候环境不断迭代优化，实现品效兼顾的 AI 种植。

绿迹数字农业工厂

绿迹数字农业工厂位于广陈镇泗泾村，现有蔬菜连栋温室 120 亩，水稻基地 1500 亩。它是浙江省首个上海市外蔬菜主供应基地，主要进行供沪蔬菜生产供应。基地按照示范先行—技术输出—模式复制的思路开展，利用沙培、水培、气雾培等农业清洁生产技术和装备，结合高效生产管理模式，依托"数字农合联"平台，提供从种子、投入品、智慧装备到种植技术的全程技术服务，建立"从田园到餐桌"全过程数字化管控体系，打造标准化、高品质、绿色生产体系"数字农业生态工厂"，让田间变车间，生产优质绿色农产品。

绿迹数字农业工厂在农业生产环节就引入了数字化技术。这种生产模式基于农业智能化建设，通过云计算、人工智能以及 5G 技术，实时监控作物生长信息，这样可以运用数字分析研判作物生长的因果关系，进而不断优化作物生长模型。如此一来，就将传统的经验进行了科学的传承，并达到了精准控制的目的。[①]

绿迹数字农业工厂拥有专利 2 项，获授权专利 2 项、软件著作权 11 项、企业标准 2 项，自 2019 年成立以来陆续获得了第二届中国生态农业产业大会

---

① 吴梦诗：《科技特派员邵洁：数字赋农，助力乡村振兴》，《嘉兴日报》2022 年 9 月 9 日。

生态农业建设创新奖、浙江省第一批"数字农业工厂"试点示范主体、浙江省农业"机器换人"示范基地、浙江省首个上海市外蔬菜主供应基地、浙江省放心菜园等荣誉。

平湖农业展示馆

平湖农业展示馆位于平湖农业经济开发区核心区，建筑面积1000余平方米，共分成7个部分，重点分享了改革开放40多年来的平湖"三农"发展成果。馆内的"成果树"上滚动显示着平湖农业的丰收硕果。整个展示馆内最令人震撼的就是实体沙盘，它展示了平湖农业经济开发区的全景，配套的影片则对农开区的背景、概况及未来规划格局进行全面解读，展望平湖农业经济开发区的未来。展示馆还以飞屏的形式展示了平湖农业经济开发区的产业规划：突出"西甜瓜、浆果、优质蔬菜"三大主导产业，每个主导产业都将围绕产业融合发展要求，构建全产业链模式，将生产、加工、休闲融为一体，体现"绿色、创新、融合"的新型农业特征。平湖农业经济开发区规划建造的重点项目——农业硅谷也在展示馆内得到展现。

"明月山塘"景区

"明月山塘"地跨沪浙两省，是长三角更高质量一体化发展背景下，南北山塘共推乡村振兴的核心项目。景区核心区面积约 400 亩。围绕风貌统一、彰显特色、优势互补、协同发展的目标，南北山塘两地共生共融，已初步成为集古镇风韵、田园风光、文化体验、休闲生态、旅游度假、现代农业观光及深度参与、综合服务于一体的跨省景区。景区内建有明月山塘心联鑫党群服务站、明月山塘游客服务中心、金山区毗邻党建展示馆、沪浙毗邻儿童驿站、精灵家园长三角公益阵地、沪浙山塘平安工作站等党群服务阵地，并以老街艺术馆、田·迷踪、明月桥、老邮局、琼璞文化苑、半亩方塘等景观丰富了体验空间。2020 年，明月山塘跨省景区成为 AAA 级景区。2021 年，廊下郊野公园（含明月山塘景区）成为国家 AAAA 级景区。

吕巷：三个百里　生态绿核

吕巷水果公园门头

吕巷镇位于金山区中部，东与金山工业区（原朱行镇）接壤，西与浙江省平湖市新埭镇交界，南与张堰镇、金山现代农业园区（廊下镇）相邻，北与朱泾镇、亭林镇毗连。东北距上海市区 65 公里，东南至金山区人民政府所在地石化街道 21 公里。总面积 59.740 平方公里。辖村民委员会 10 个、居民委员会 2 个，常住人口约 4.4 万人。

吕巷是一个典型的江南水乡古镇，集镇形成于宋代，原名"璜溪"，后因元代名士吕良佐居此而改名为"吕巷"。由于地处远郊，吕巷镇农村自然文化风貌得到较好的保护。位于金山区中部生态圈区域的吕巷具有丰富的生态旅游资源，被誉为金山的"生态绿核"。这里有吕巷水果公园、白漾生态岛、蝶镜湖、车镜公园等生态景观。

吕巷水果公园占地 10800 亩，被誉为"中国蟠桃之乡"，是一座集生态示范、生产创收、科普教育、赏花品果、采摘游乐、休闲度假于一体的开放式水果主题公园。它是国家 AAA 级旅游景区、全国休闲农业与乡村旅游五星级示范企业（园区）、上海市知名品牌示范区，还是上海首家以水果为主题的开放式公园。公园内种有近万亩的特色果林，出产皇母蟠桃、施泉葡萄、敏蓝蓝莓等 35 种特色名优果品。如今吕巷水果公园内建有金石蟠桃园、施泉葡萄园、敏蓝蓝莓园、绿田火龙果基地、平漾樱桃园等十几个特色基地，做到了"季季有特色，月月瓜果香"：1 月至 3 月上市的水果有草莓、脐橙；4 月至 6 月上市的水果有樱桃、圣女果、枇杷、油桃、桑葚、甜瓜、李子、杨梅、哈密瓜、雪瓜、蓝莓、西瓜；7 月至 9 月上市的水果有蟠桃、葡萄、水蜜桃、火龙果、黄桃、香蕉、番石榴、百香果、莲雾、芒果、无花果、猕猴桃、冬枣和日本甜柿；10 月至 12 月上市的水果有木瓜、柚子、杨桃、柠檬、金果梨和红美人。

吕巷水果公园具有五大"网红"资源：一是以蟠桃为主的水果资源；二是农耕健身文化资源；三是土布贴画及小白龙书画文创资源；四是水果科普

教育资源；五是以"迷泥农庄"为代表的特色农家资源。公园每年举办各类文化特色活动，吸引国内外朋友前来一同参与。公园依托产业结构优势、品牌优势、传统节庆活动优势，以万亩水果种植基地为载体，挖掘提炼花、果等资源，结合水果文化打造成中国首个以水果元素为主题的田园综合体。

当前，吕巷正围绕习近平总书记在上海工作期间视察金石蟠桃园时提出的建设"百里花园、百里果园、百里菜园，成为上海的后花园"的要求，结合自身区域定位和产业特点，致力打造"一园一路一圈""湾区桃源"功能型核心圈（一园是指吕巷水果公园及白龙湖周边区域，一路是指漾平路，一圈是指和平村、白漾村和太平村形成的特色水果主产圈），为建设"湾区桃源、幸福吕巷"而不断奋斗。

在吕巷水果公园里，还有三篱巷、白龙湖、和平里、三园里、世外桃源和金石蟠桃园等特色景点。三篱巷是吕巷水果公园核心区先期项目。作

吕巷金石蟠桃园

为"百里花园、百里果园、百里菜园"的浓缩版，三篱巷分为果篱园、花篱园、蔬篱园、村巷（景观部分）。三篱巷以良好的生态郊野环境为依托，结合研学、户外拓展采摘体验等，集中展现农耕文化并丰富水果公园的旅游线路。三篱巷围绕"三园一巷"，分别设置核心项目、支撑项目和配套项目，让各园都有核心吸引产品。

白龙湖位于吕巷水果公园核心区，水域面积 36.72 公顷，湖面共架设桥梁13 座，湖区及周边开发占地面积 2.42 平方公里。湖区融合吕巷小白龙信俗，以"腾龙抬首 + 祥云承珠"作为水系构思理念，以文塑旅，以旅彰文，积极探索一二三产联动发展模式，着力打造集农民居住、现代农业、种源研发、农创文旅、旅居康养于一体的综合性产业社区，不断向"三个百里"建设目标迈进。

世外桃源位于吕巷水果公园核心区内，是由原来的仓库、工作用房改造成的一个外观为土布样貌的两层楼多功能房，主要用于特色非遗文化土布手工纺纱技艺的展示及衍生品的制作与开发。世外桃源是金山区青少年实践基地，也是非遗文化实践基地。户外含休闲草坪、鱼塘，共占地 5 亩。

在吕巷水果公园里，施泉葡萄和皇母蟠桃是两个耀眼的明星，两者皆为上海市著名商标。施泉葡萄作为金山葡萄主打品牌，以上海市农科院为技术支撑，全程按照国家绿色食品规定进行生产管理。施泉葡萄颗粒饱满圆润、晶莹剔透、清甜多汁，口感丰富精致。施泉葡萄园有 30 多个葡萄品种，有10 个左右品种葡萄入口即能感受到香味，比如，"金手指"有淡淡的茉莉花香，"申华"入口有浓浓的酒香，"红富士"上口就是浓浓的奶油香，"巨玫瑰"有着浓郁的玫瑰香味……这些特色葡萄无论外观还是口感，在业内都是堪称一流的。①

---

① 沈永昌：《打造品牌葡萄的"乡土专家"——记金山区吕巷施泉葡萄专业合作社理事长卢玉金》，《上海农村经济》2016 年第 6 期。

皇母蟠桃被称为桃中之王，2012年获"国家地理标志"称号。其特点为果大、核小、肉质细腻，更以其甜中带鲜而享有"仙果"美誉，它色泽嫩如婴肤，含糖量高达13%—20%，并含有丰富的蛋白质、无机盐、多种维生素、钙、铁和人体所必需的10多种氨基酸，有良好的保健功效，是宴客馈友之佳品。金山区皇母蟠桃基地入选上海首批"迎世博优质特供果品基地"，金山吕巷蟠桃被上海市有关部门确定为"世博会首批果品供应基地"。

和平村在2019年被确定为"上海市第二批乡村振兴示范村"。"和平里集中居住项目"作为探索上海集中居住新模式先行试点项目，一直以来备受关注。"和平里新型农民集中居住点"采取"就地上楼"模式，房屋每层都设计有花园，这样既留住了乡野烟火、保留了农村底色，又有良好的配套基础设施；既有效配置了土地和空间资源，又保留了乡村独有的那份种植乐趣；既满足了个性化居住需求，又满足了走亲访友的邻里环境。其中还引入了一些创业元素，比如农创、民宿等，通过产业的支撑为农民带来实打实的收入，让闲置的空间资产变为可享受的收益资产。

白漾村是远近闻名的"水果第一村"，于2022年成功创建"上海市第五批乡村振兴示范村"，村内共有2000多亩经济果林、近30家果蔬合作社，目前正以"果旅花香、自在白漾"为主题，建设6类16项37个项目，打造产娱游学一体的水果产业观光带，让产业更加兴旺、生态更加宜居、乡风更加文明、治理更加有效、生活更加富裕。

"三园里"是和平村的保留埭，建于20世纪八九十年代。随着乡村振兴的推进，为提升村民居住环境、增加新的创收，吕巷镇联合思尔腾公司将其打造为新老村民共建共享的"三园里滨河步行街"。利用农民闲置房屋与村民共同创业，并通过"保底＋分红"的方式帮助农民增收创收。

吕巷还有闻名遐迩的小白龙信俗、小白龙糕、土布纺织技艺、灶花等非物质文化遗产。2021年，小白龙信俗成功入选第五批国家级非物质文化遗产

吕巷"小白龙信俗"（国家级非物质文化遗产）

代表性项目名录，为金山首例。作为吕巷乃至金山地区极具影响力的信俗之一，小白龙信俗以祭祀仪式、神灵巡游、舞"小白龙"等形式呈现，表达了当地民众对风调雨顺、农业丰产、安居乐业和美好生活的期盼。

小白龙信俗诞生于金山吕巷镇特定地理环境下稻作文化中的生产需要，在数千年的传承中结合了地方经济与文化发展的重大事件，经百姓自发创作与文人整合，形成了一套丰富有序的祭祀仪式和节庆活动，至今以庙会节庆方式完整留存，是吕巷地区传承数千年稻作文化的典型体现，也是上海这座现代国际化大都市蕴含着丰富多样的民间信俗活力的重要表征。[1]

自古以来，人们对大自然充满敬畏，向各路神灵祈求风调雨顺。据清代乾隆版《金山县志》载："在秦山阴，明成化间，大雨震霆，云中龙见，有白蛟自洞腾空而去。"相传某年三月三，小白龙神下凡人间，住到秦望山修炼，

---

① 上海金山：《厉害了！金山入选一项国家级非遗！国务院今天公布！》，上观新闻客户端，2021 年 6 月 10 日。

之后吕巷及周边就变得风调雨顺，村民丰衣足食，灾病减少。于是每逢三月初三，村民们就自发到白龙洞迎请小白龙，以歌舞颂扬小白龙神的功德。长久以来，形成了一套完整的祭祀流程：

一是祭祀前准备。在三月三之前，村民们会准备祭桌、买鞭炮、做龙头鞋、剪窗花，最不可或缺的当然是制作白龙糕。

二是迎请小白龙神。三月初三清晨，由乡邻推选出德高望重的长者，带领大家拿着各家备好的各式祭品，到秦望山白龙洞迎请小白龙神。

三是祭祀仪式。请出本神后，迎请队伍会来到胥浦庙。各村百姓组成的舞龙队、龙船队、小手龙队、秧歌队、腰鼓队、民乐队等早早就等在这里，载歌载舞，举行盛大祭祀仪式，恭迎小白龙神出位，以祈民生吉祥，生活平安。主祭宣读祭文，传承人祭拜。

四是小白龙神巡游。祭祀仪式结束后，小白龙神在江南丝竹队、舞龙队、小手龙队、龙船队、祭祀的百姓队伍等簇拥下进行巡游，巡游内容包括古桥取水，祈求风调雨顺；走街串巷，祈求幸福祥和、安居乐业。其间，必不可少的是"小白龙神钦点刘猛将视察农田"环节，只有刘猛将视察过的农田才会获得小白龙的庇护，获得好的收成。巡游队伍返回胥浦庙后，整个仪式才宣告结束。

在最初的祭祀活动中，并无舞龙这个项目。据记载，清朝宣统三年（1911年），干巷网船埭村遭遇严重旱情，村民拜佛祭天，想尽所有办法，仍然无济于事。这一天，求雨的男人越聚越多，他们在窄窄的田埂上行成长队，为了遮阳，大家头上顶着白布，从空中看，似是白龙之逶迤。随着求雨的人们虔诚地祷告，乌云翻卷而来，大雨滂沱……为表感激之情，几位俞姓村民凑钱到苏州请人扎制了一条小白龙。自此，舞龙就成了祭祀活动的必选项目。当然还有"小白龙"大战"黑蛇精"、吕良佐"应奎文会"中的"登龙门"等故事，这些典故已内化于当地人追求进取、积极向上、坚持正义、除暴安良、以民为本的精神之中。尤其是贯穿"小白龙信俗"整个过程的"小白龙"舞，作为一种民间表演艺术，其动作表现、演绎内容及表演技巧均具有很高的审美价值。

一直以来，吕巷镇把"吕巷小白龙"作为"一镇一品"文化项目来抓，定期选拔和调整舞龙队成员，使队内成员年龄保持阶梯状发展，保证舞龙艺术后继有人；同时每年投入一定的资金，着力建设小白龙传习所等基础设施，加强传承人的培养和培训，积极开展传承保护工作。2011 年，小白龙信俗被列入上海市非物质文化遗产代表性项目。十年后，小白龙信俗作为民俗类项目入选第五批国家级非物质文化遗产代表性项目名录。

吕巷小白龙以"团结进取、积极向上、坚持正义、除暴安良、以民为本"的精神为内涵，充分展现了吕巷的人文地域特色。多年来，吕巷小白龙在上级部门的关心和支持下，多次活跃在各大传统节庆活动中，同时积极参加区、市、长三角地区乃至全国的一系列展示和比赛活动，如上海市民文化节、长三角舞龙展示、农耕文化展示等，取得了良好的社会效应。

新仓：合作之源　湾区食谷

嘉兴平湖市新仓镇地处美丽富饶的杭嘉湖平原，位于杭州湾北岸，平湖市东北部，镇域面积 57.2 平方公里，下辖 8 个行政村和 1 个社区，常住人口 6 万多人。

新仓是历史文化底蕴深厚的江南水乡小镇，早在 4500 多年前就有了先祖活动的足迹，镇域内有原始社会晚期（良渚文化）的大墩头古文化遗址。新仓在东周前属宁海国，春秋时期后归武原乡，唐后开始称"芦沥"或"芦浦"，北宋元祐八年（1093 年），两浙路提刑罗适将原设在广陈的盐仓移置现境域，称之"新仓"，新仓由此得名。新仓在明清两代为东十九都，到清代雍

新仓一角

正起名"芦川",民国十九年起复名"新仓"至今,素有"东乡十八镇、新仓第一镇"之美誉,是历史传承高地。

新仓是"吴根越角"镇。这里孕育形成了以盐船河为代表的盐文化、船文化、河文化、禅文化,以"平湖派琵琶""钹子书"等艺术为代表的民间文化,以"着癞子""野米饭""眉毛饺"等习俗为代表的民俗文化,以"一颗印"为代表的民居文化,以"倚阑娇"为代表的花卉文化,以"法华寺"为代表的禅文化,以"新仓经验"为代表的现代文化等,是"开放、崇文、融合"的文化高地。①

新仓物华天宝,是土地集约发展示范镇,是远近闻名的"食用菌之乡""西甜瓜之乡""果蔬菜之乡"。通过"四换三名""两退两进"土地复垦等行动,目前新仓全镇累计流转土地 3.53 万亩,占耕地总面积的 78.2%,其中

---

① 沈志凤:《发展美丽经济 建设美好乡镇》,《江南论坛》2016 年第 10 期。

4个村实现整村流转，土地连线成片，是大企业的投资高地。

新仓是经济发展强镇。做大做强工业经济，必然要有明晰的产业定位，有重点发展的主导产业。"2+1+2"是新仓的产业定位：第一个"2"指的是新仓要优先发展新能源新材料产业及高端装备制造业；中间的"1"指的是择优发展高端包装全产业链；第二个"2"指的是优化提升服装、童车传统优势产业。

新仓是城乡统筹一体发展的融合镇。新仓坚持新型城镇化道路，以小城市培育和特色小镇建设为抓手，不断优化"一主（新仓）一副（新庙）多点（美丽乡村）"的镇域空间布局，不断完善基础设施。经过数年的努力，新仓的道路交通网络已经形成，商业区、工业园区、居住区、教育园区、生态农业园区已经实现互动发展，新仓成为宜居宜业宜游的集成之地。

新仓是社会稳定民风淳朴镇。新仓经济社会持续、协调发展，先后获得全国卫生镇、全国文明村镇、全国环境优美乡镇、省文明镇、省美丽乡村示范镇、省园林镇、省森林城镇、省文化强镇、省体育强镇、省平安镇、省村庄绿化示范镇等荣誉。

新仓经验的由来

新仓被誉为"合作之源"是因为这里诞生了著名的"新仓经验"。从20世纪50年代以来，新仓不断与时俱进、开拓创新，努力擦亮"新仓1955"这张金名片。

1950年6月20日，新仓镇供销合作社在农民群众的积极参与下成立，成为平湖县第一家农村供销合作经济组织。从1953年开始，新仓供销社与农业生产合作社签订购销结合合同。通过签订结合合同，新仓将供应生产资料和销售农副产品有机结合起来，加强了工农业产品的交流，推动了供销社和农业生产合作社、互助组的巩固和发展，增加了农民收入，增强了供销社经营的计划性。

张德喜原是嵊县甘霖供销合作社主任，因工作需要被抽调至省供销社，任省社农业生产资料经营处秘书科科长。1953年下半年，为响应党中央的号召，发展农村经济生产，推动合作运动，机关干部纷纷下乡蹲点，张德喜也来到平湖县供销社开展宣传报道工作。为配合宣传党中央关于农村生产合作化的精神，他凭职业敏感，觉得搞结合合同是一个很好的做法。而新仓供销社实行订立结合合同时间早，做法具体典型，影响大且积有不少经验。于是，他就下到新仓进行调查了解，搜集材料，在1954年底至1955年初写成《平湖县新仓乡订立结合合同的经验》一文，以宣传报道组的名义发表在1955年3月4日《浙江农村工作通讯》第49期上。

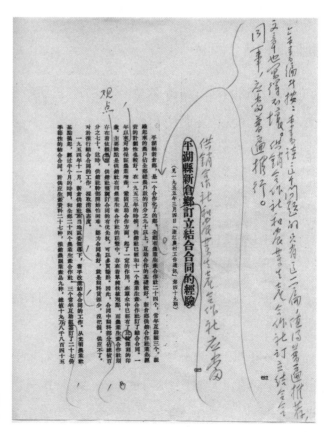

毛泽东同志关于"新仓经验"批示复制件

1955 年 9 月，毛泽东同志到北戴河编辑《怎样办农业生产合作社》,《平湖县新仓乡订立结合合同的经验》入选其中。1955 年 10 月 4 日至 11 日，中共七届六中全会在北京举行。全会着重讨论在全国范围内加速农业合作化运动问题。《怎样办农业生产合作社》一书作为会议阅读材料，人手一册。1955 年 12 月，毛泽东同志重编《怎样办农业生产合作社》。1956 年 1 月，重编后的书以《中国农村的社会主义高潮》为书名，由人民出版社公开出版。从毛泽东同志批示的复印件中可以看到，他将张德喜写的文章标题改为《供销合作社和农业生产合作社应当订立结合合同》，并加了编者按："本书谈这个问题的只有这一篇，值得普遍推荐，文章也写得不坏。供销合作社和农业生产合作社订立结合合同一事，应当普遍推行。"同时对正文也作了多处修改，其中文字改动 3 处，标点符号改动 13 处。这就是"新仓经验"的由来。

新时期的新仓经验

20 世纪 80 年代以后，农村全面实行家庭联产承包责任制，农村生产方式又一次发生了变化。面对千家万户的小生产，新仓供销社又采取了一系列服务措施。为了指导农民科学施肥、合理用药，他们创办了本市首家省级规范化庄稼医院；为了引导农民开展规模化生产、规范化经营，供销社与镇农科站联合发起、组织全镇 220 户农户，于 1997 年 8 月创办了平湖市第一家农民专业合作社——新仓蔬菜专业合作社。

20 世纪 90 年代以来，新仓镇陆续实施了"组建庄稼医院""引进外省市连锁超市""创办村级综合服务社""成立新当湖农村资金互助社"等一系列开拓性举措。

2006 年初，中央一号文件提出"社会主义新农村建设"，时任浙江省委书记习近平同志在当年 1 月 8 日的全省农村工作会议上，提出了农民专业合作、供销合作、信用合作"三位一体"的宏伟构想，这是对"新仓经验"的传承与发展。

新时代的"新仓1955"总体发展新思路

进入新时代，新仓镇紧紧围绕金平湖打造"重要窗口"最精彩板块新崛起之城，勇挑重担、勇开新局，奋力打造"新仓1955"金名片，形成"新仓1955"总体发展新思路，推动实现"新仓再崛起"。"新仓1955"总体发展新思路是："1"即以"一条合作融合主线"（"以合作求发展、以融合促共富"）奋力打造"城乡一体"典范镇，坚持党建引领，主动接轨上海，全面融入长三角一体化发展。"9"即以"九种互助合作方式"不断深化"三位一体"创新改革（深化职业农民的生产合作、供销合作、信用合作的"三位一体"产业联合，改革促进农业农村产业发展；深化社员农民的农村集体抱团合作、农民股份合作、土地股份合作的"三位一体"增收联合，改革促进农民增加财产性收入；深化农村居民的劳务社保合作、社会服务合作、社会公益的"三位一体"互益联合，改革促进城乡幸福家园建设）。第一个"5"即以"五大乡村振兴路径"徐徐铺展"美丽乡村"宏伟蓝图（构建"农业＋旅游＋文化"发展模式实施乡村"产业振兴"、成立"新仓1955创新学院"实施乡村"人才振兴"、结合农耕文明传承民俗文化实施乡村"文化振兴"、探索生态资源价值化实施乡村"生态振兴"、提升农民组织化程度实施乡村"组织振兴"）。第二个"5"即以"五个特色新仓导向"细心绘就"美丽城镇"精美画卷（以"特"为抓手打造"数字强镇"、以"富"为抓手打造"健康名镇"、以"靓"为抓手打造"青创新镇"、以"美"为抓手打造"绿色美镇"、以"安"为抓手打造"风情古镇"）。

创新"经济合作、股份合作、社会合作"的"三位一体"改革，形成"以合作求发展、以融合促共富"的发展主线，"新仓经验"的灵魂是"结合"。乡村振兴战略的着重点在于建立完善的城乡融合体制机制，将"结合"

深化提升为"合作、联合、融合",且拓展到产业发展、环境生态、精神文明、社会治理等领域,继承和发展"新仓经验"。新仓镇从新中国成立初期生产合作社与供销合作社"订立结合合同"的农副产品与生产资料"产品结合",到改革新时期农民专业合作、供销合作、信用合作"三位一体"的农业"产业联合",再到新时代统筹城乡发展的经济合作中的"生产合作、供销合作、信用合作""三位一体"、股份合作中的"集体所有股份合作、农村土地股份合作、农民股份合作""三位一体"、社会合作中的"劳动与社会保障合作、社会服务合作、社会公益合作""三位一体"的三个"三位一体"的"城乡融合",其内涵不断丰富、外延不断拓展,能够形成推进"城乡一体"发展的主线。

以经济合作社为载体,组织从事农业生产的(职业)农民振兴农业农村产业。推进基于产业链的农民专业合作、供销合作、信用合作的经济合作"三位一体""产业联合"改革,有利于农业现代化和乡村产业高质量振兴。新仓以创建全国农村一二三产业融合先导区为契机深度拓展农业产业链条,以国家数字乡村试点建设为契机深度打造数字新优势,以创新金融服务改革为契机深度破解主体融资难。

以股份合作社为载体,使具有农村集体成员资格的(身份)农民获得财产性收益。推动壮大集体经济的集体股份合作、维护农民土地权益的土地股份合作、支持低收入群体持股增收的农民股份合作的股份合作"三位一体""增收联合"改革,有利于增加农民财产性收入。构造村(组)集体股份合作社为农村集体土地以及农村集体财产的集体所有权主体,设立农村土地股份合作社为农民土地承包经营权、宅基地使用权等股份合作经营的载体,设立农民股份合作社为农村集体经营性资产股份合作经营和低收入群体增收的载体。采取"飞地抱团"强村计划、农村集体经营性资产股份合作制改造、低收入家庭持股增收模式,发展壮大集体经济,为提高服务"三农"水平提供财力保障。

以社会合作社为载体，使居住在农村的（社区）居民获得劳动就业、社保保障、社会公益等服务。推动劳动与社会保障合作、社会综合服务合作、社会公益合作的社会合作"三位一体""互益联合"建设与改革，补齐农村社会的民生短板，确保农民共享高质量发展的幸福成果。通过劳务与社会保障合作社提升农民劳动技能、组织农民就业，进而增加农民劳动收入，解决用工保险、农民医疗健康、农村养老等社会保障事务。建立社区综合服务合作社或者社会服务合作社，解决农民育儿养老、教育文化、环境卫生、生态保护等生产生活难题。建立社会公益合作社，存储志愿服务时间，组织农民参与环境卫生、生态保护、志愿服务等社会公益互助活动。新仓镇还探索集体经济股权分红与农村社会管理挂钩机制，维护农村集体经济组织及其成员的合法权益。截至2020年底，全镇已累计"股金＋善治积分"分红总额320余万元，累计受益股东15万多人次。

以社员合作为抓手，夯实乡村振兴与共同富裕之基础。"新仓经验"的精髓是合作，要义是结合。把农民组织起来的目的在于拓展生产经营空间，组织有效营运，协调成员间的决策、行为和运作方式，谋求更大的组织化利益。通过经济合作、股份合作、社会合作"三位一体"创新，能够最大限度地有效整合人才、资金、技术、信息、土地等生产要素，能够广泛地组织从事农业生产的（职业）农民、具有农村集体成员资格的（身份）农民和居住在农村城镇乡村的居民从事产业发展、增加财产收入、进行社会互助，进而走向共同富裕。

以纵横联合为助推，凝聚乡村振兴与共同富裕之力量。经济合作社存在的实质在于通过社员之间的合作与合作社之间的联合，提高原本在市场竞争中处于弱势地位的合作社成员的市场交易谈判地位。社会合作社存在的价值体现在通过互助的力量弥补单个社员应对社会风险力量的不足。合作社的联合不仅可以有效扩大互助力量，进而弥补单个合作社互助力量的不足，同时又能保持单个合作社的灵活性与运行效率。把现有的不同类型的经济合作社、股份合作社、社会合作社进行联合，形成纵横大合作的联合体，既能体现不同功能类型的合作组织的横向合作联合服务功能，又能发挥村、镇、县、市、省之间纵向合作联合服务功能，必将进一步凝聚乡村振兴与共同富裕之力量。

以服务社员为宗旨，抓住乡村振兴与共同富裕之要义。合作社的宗旨是为社员服务，从而满足社员的经济和社会需求。经济合作社不仅与社员进行交易，为社员提供服务，而且按照社员与合作社的交易额将利润返回给社员。在合作社的原则中，教育、培训原则，合作社之间的合作原则以及关心社区原则等都是合作社在寻求自身发展的同时，关注社会发展、为社会提供服务的重要表现。通过整合提升、规范发展一批各种类型合作社，创新其服务载体、丰富其服务内容，抓住了乡村振兴与共同富裕之以人为本的要义。

以创新发展为核心，激活乡村振兴与共同富裕之源泉。新仓镇作为"新仓经验"发源地、"三位一体"萌发地、"乡村振兴"先行地，始终十分重视"新仓经验"的传承和发展，围绕"体制化创新、机制化激活、数字化转型"，全力实践"三位一体"改革，深挖数字化、标准化、品牌化的现代农业发展潜力，有力地推动了"三农"工作的大发展。抓创新、谋发展，形成新时代的经济合作、股份合作、社会合作"三位一体"的新型"城乡融合"，其外延不断拓展、其内涵不断丰富。

以互助共享为导向，铺开乡村振兴与共同富裕之新路。以人为本的合作社组织、凝聚弱势的合作社制度、民主控制的合作社管理、创造和谐的合作社功能等展现"以互助实现共享，以共享促进互助"的合作社核心价值。进入新时代，人民对美好生活的向往更加强烈，期盼有更好的教育、更稳定的工作、更满意的收入、更可靠的社会保障、更高水平的医疗卫生服务、更舒适的居住条件、更优美的环境、更和谐的社会氛围、更丰富的精神文化生活。在以合作社为载体铺就乡村振兴与共同富裕之新路时，必须以互助共享为导向，让人民群众的期盼变成现实。

毛泽东同志新仓经验批示展示馆

1993年，在纪念毛泽东诞辰100周年之际，新仓供销社建立了"纪念毛泽东同志批示展示室"。2008年，平湖市委、市政府决定将原有的"纪念毛泽东同志批示展示室"迁址重建，并更名为"纪念毛泽东同志批示展示馆"。2013年1月，经中共浙江省委党史研究室批准，纪念毛泽东同志批示展示馆成为第二批浙江省党史教育基地，同年5月，该馆成功入选"全国供销合作社传统教育基地"。2015年6月，根据平湖市委《纪念毛泽东同志"新仓经验"批示60周年活动工作方案》总体安排，经过前期方案设计、工程造价等准备工作，新仓镇纪念毛泽东同志批示展示馆馆体提升改造、展示中心布展

毛泽东同志新仓经验批示展示馆

提升和新仓镇为农综合服务中心装饰三个项目于 6 月 19 日在平湖市公共资源交易中心新仓分中心成功开标。

新馆更名为"毛泽东同志新仓经验批示展示馆",占地面积约 3 亩,建筑面积 1498.43 平方米,由"与农民同心""与发展同步""与改革同进""与时代同行"四个篇章组成,生动展示供销合作社从统购统销到改革开放、从计划经济到社会主义市场经济的非凡历程,以及生产合作、供销合作、信用合作"三位一体"新型农村合作体系的全面结合。

毛泽东同志新仓经验批示展示馆是"新仓经验"的重要传播阵地之一。浮雕展示开放馆在原有的基础上拓展了"新仓经验"的发展流程,采用蜡像、浮雕、水墨动画等艺术手法,实景再现了供销社送物资下乡、帮农民销售农产品、信用社为农民服务等场景。该馆还展示了当年毛泽东关于"新仓经验"批示内容的印件及 20 世纪 50 年代和 70 年代的合同文本仿真件等珍贵实物资料,大大增强了参观者的现场体验感。

张堰:水乡名镇　文教小城

张堰镇位于上海市西南部,是金山区中部重镇,历史上曾被誉为"浦南首镇"。张堰践行"产城融合重镇、宜居创业强镇、历史文化名镇"的发展定位,加快建设"江南水乡名镇、文教魅力小城"。全镇区域面积 34.93 平方千米,常住人口 4.8 万余人,辖 9 个村、4 个社区。2017 年 11 月,张堰镇获评第五届全国文明村镇。

据南宋版《云间志》记载,相传汉代留侯张良从赤松子游,曾居于此,故张堰又名赤松里、赤松溪、张溪、留溪。张良曾对汉高祖说:"愿弃人间事,欲从赤松子游耳。"其实,早在春秋时期张堰就已聚成村落,在晋朝已形成商市,时称留溪镇。唐末五代(公元 907 年前后)为御海潮置柘湖十八堰,

张堰镇区航拍全景图

其中之一叫张泾堰，后镇袭堰名，简称张堰。清乾隆年间，此十八堰"所存者唯张泾一堰"。

张堰是自御海潮堰演变而成的江南水乡古镇，由防护文化、集市文化、水乡城镇文化融合形成其独特的地方文化。张堰历经唐、宋、元、明、清千年历史，明代曾于此设金山巡检司和课税局，清代置金山分府署，建制稳定，商业繁华，枢纽作用凸显，逐步确立了"浦南首镇"的地位。

在长期的历史发展中，张堰古镇格局逐渐演化而成。这里历史上曾呈现"东西南北新村密，三里长街跨双桥"的景观，"南湖头商船聚舶，樯桅林立，烟火之盛，甲于一镇，作坊商店鳞次栉比，是金山、平湖、奉贤一带商业汇集之地"。因水而生的集市、因水而生的建筑、因水而生的街道，构成了张堰古镇小而精致的院落空间和公共空间格局。2010年12月13日，张堰被列为第五批中国历史文化名镇。

"沧海桑田秦汉开堰留溪客，南涯洞天唐宋筑楼引仙人。"这是上海华侨书画院、上海海上书画院院长朱鹏高先生为张堰镇写过的一副楹联。张堰古镇"文风之盛，千年不衰"。据清《重辑张堰志》载，明清两代曾出过籍属张堰的进士23人，举人55人，贡生54人，武举6人，其他知名人士100多人。清末民初有近代诗人、南社创始人之一的高天梅,"江南三大儒"之一、南社元老高吹万,南社后期主任姚光。南社金山籍人士中绝大部分是张堰人,在张堰的南社集会中,南社发起人柳亚子曾多次与众人诗歌唱和。这里还诞生了书画大家白蕉、中医泰斗干祖望、现代天文学奠基人高平子、诺贝尔物理学奖获得者高琨等一大批世人耳熟能详的知名人士。

张堰悠久的雅集文化、乡贤文化,使其成为近代革命的策源地,南社在此首议发端,中共浦南特支、国民党金山县党部均在此组建成立,为后世留下了灿若星河的文化遗产。张堰的文化发轫于柘湖文化、吴越文化,在历史演进中,逐步形成了集书画、围棋、戏曲、武术等于一体的传统民俗文化体系。

张堰镇被金山区列为产业优先发展区。张堰工业园区于 2006 年被科技部认定为"国家火炬计划新材料深加工产业基地"。"十三五"期间,张堰镇以新发展理念为指导,着力加快工业园区转型升级步伐:产业集聚度持续提升,新材料、智能装备两大主导产业产值占比增至 86.97%,光电传输谷已见雏形,并被区政府命名为特色产业园区;新旧动能加速转换,加快淘汰落后产能,盘活闲置厂房 20 余万平方米,园区亩均产值突破 600 万元;创新氛围日趋浓厚,135 家次企业获得各类科技项目申报,工业园区入选市开发区综合评价 30 强,坐落于张堰镇振康路的起帆电缆在上交所成功上市。截至 2022 年底,园区落户企业 245 家,已经形成了以起帆电缆为代表的金属新材料、以普丽盛为代表的智能装备和以嘉乐为代表的新型纺织三大产业布局。

作为金山区内仅有的两个中国历史文化名镇之一,张堰历史悠久、底蕴深厚,这里不仅保留着一批风貌完好的历史建筑,更传承着崇文厚德、礼贤乐善的文脉流芳。多年来,张堰镇聚焦"江南水乡名镇、文教魅力小城"建设,谋篇布局、精耕细作,逐步打造"文化+古镇""文化+产业""文化+田园"三篇文章。

建设"文化+古镇"，古建筑焕发新生命

张堰历史风貌保护区总面积约 41.39 公顷，其中核心区面积 7.35 公顷。在保护区范围内，有姚光故居、钱家祠堂、钱培名宅、卢家祠堂、走马楼、白蕉故居、万梅花庐等集中反映张堰水乡建筑特色的宅院府第、祠堂等；还有秦望山、张堰公园、三命坊、第一楼、节孝坊、洞桥、贞节桥、佛佛桥等体现江南传统环境特色，并具有一定典型特征的景点建筑；另有石皮弄、政安弄、东大街、尚书浜、东西河沿、花园弄等形态完整、延续传统风貌的历史街巷。这一大批历史文化资源成为张堰镇不可多得的宝贵财富。

从 2015 年开始，张堰镇启动了保护修缮历史风貌保护区古建筑的工程，花费数千万元修缮了包括卢家祠堂、姚光故居、花贤路 29 号、钱家祠堂、钱培名宅、走马楼等在内的古建筑 9 套，建筑面积达 6700 多平方米，为古镇建设保护和利用奠定了坚实基础。

古建筑是有生命力的，也是可阅读的。如何让古建筑焕发新的生机，曾是困扰张堰镇党委、镇政府的一道难题。经过长时间的思考与尝试，张堰镇有了清晰的思路和规划：张堰既是中国历史文化名镇，又是文教小镇，不做大众旅游，而是在对古建筑进行修缮后，引进一些文创项目，通过举办画展、文化寻访、研讨交流等活动进一步提升张堰的文化高度。张堰古建筑保护开发走出了一条有别于商业化的道路，按照"一栋一策"的新思路，依据建筑的风貌特点和文化底蕴，张堰不断探索古建筑开发的多元业态，实现传统文化在新时代下的创造性转化和创新性发展。

卢家祠堂位于历史风貌保护区内，是张堰镇不可多得的历史文化资源。2010 年张堰镇申报"中国历史文化名镇"时，上海专业验收部门认定：如此大体量、大进深的单层高敞独栋祠堂在上海市实属罕见。朱鹏高初到张堰时，

就被卢家祠堂的古建筑之美、张堰古镇的幽静环境和浓厚人文气息吸引。在进行详细考察后，朱鹏高于2016年携上海市华侨书画院、上海海上书画院落户卢家祠堂，建立书画院张堰创作基地。张堰对祠堂旁边的老水厂一同进行了改造，建成一座古色古香的院落，并为其取名为"大境堂"。大境堂占地面积1300平方米，有三间创作室，以及餐厅、住宿区域等，悄然成为市郊一处"文化名人隐居之地"。大境堂内的"境空间"，原为一座废弃闲置多年且破旧不堪的水塔，经过创意打造，目前已变身为一个艺术展示空间和文化交流殿堂。书画院的落户，吸引了一大批国内外知名的书法名家来到张堰交流并在此雅集创作，上百位书画家来到张堰旅居采风，古镇的大街小巷、田野山林都留下了艺术家们的足迹。

钱培名宅在清代的主人是金山钱氏家族的钱培名，他曾在此校勘刻印历代孤本名著，辑成《小万卷楼丛书》17种，并于光绪年间辑成《钱氏汇刻书目》以收录金山钱氏历代所有汇刻书目。2018年，朱鹏高决定将个人艺术馆从黄浦江畔的陆家嘴迁至张堰镇钱培名宅。这既是出于艺术家对古镇文化的热爱，更是张堰这片文化土壤与海派书画的相互吸引。经过张堰镇政府为期两年的精心修缮后，这座老宅最终变身为朱鹏高艺术馆，并在2020年古镇文化艺术节期间揭牌。

花贤路29号始建于清末民初，占地面积约624平方米，庭院面积约108平方米，建筑面积约648平方米，其中一层建筑面积约516平方米，二层建筑面积约132平方米。2020年11月3日，入驻此处的白蕉艺术馆正式开馆。艺术馆以白蕉生平事迹与艺术成就为主线，结合金山区博物馆多年来潜心征集的白蕉书画作品及白蕉后裔捐赠品，着重展现其在诗文、书法、绘画、篆刻等方面的艺术成就。

张堰大街300号大约建于清末，是原金山第一家商会会长钱伯勋在张堰镇上的一处房产，曾是绸缎店店面，新中国成立后被租借给张堰浦南中学做男生宿舍，后归张堰中学管理。2021年4月，大隐书局第14家店正式在这里开业。书香、木香、茶香、咖啡香如影随形，琳琅满目的图书、简约古朴的木质桌椅、精致的器皿、错落有致的盆栽、中国风的小摆件随处可见，令人仿佛置身于一座留存百年的书房中。这里还设立了"道远书社"，表达对张堰中学创始人任道远先生的尊崇，传承其教书育人的初心。

云山楼也于2021年9月正式迎来"新主人"——张堰历史人文风情馆。该馆生动呈现了张堰这座千年古镇的过去、现在和未来，成为古镇新的会客厅。

培育"文化+产业"，文教小镇亮点纷呈

崇文重教气自华。作为中国历史文化名镇，张堰孕育了千年的古镇文化，为现代教育的发展提供了丰沃的精神土壤，而教育的繁荣也将进一步丰富古镇的文化内涵。

近年来，张堰各项优质教育资源不断汇聚、现代教育园区深入推进，形成了从学前教育到高等教育的完整教育体系。2018年9月，华东师范大学附属第三中学整体迁至张堰现代教育园区；2020年1月19日，上海中侨职业技术学院（本科）正式更名为上海中侨职业技术大学，这也是上海首个职业大学；2021年11月，上海电影艺术职业学院新校区举行了奠基仪式。

上海是中国电影的发祥地，作为全国第二所以电影命名的独立高等院校，上海电影艺术职业学院以"繁荣文化事业、振兴电影产业"为己任，旨在为上海打造全球影视创制中心，培养更多人才。该校区占地面积7万多平方米，总建筑面积11万多平方米，可于2023年建成并投入使用。张堰将立足古镇文教资源，依托上海电影艺术职业学院，大力发展具备张堰特色的"文化+"产业，积极引进线上直播、VR、电竞行业等新业态，形成以泛影视产业为特色的现代服务业体系，切实突破第三产业发展瓶颈。

在经过探索、研究、准备后，张堰专门成立了用于培养乡村振兴人才的平台载体——张堰·中侨乡村振兴学院，并进行了开班实体化运营。2021年11月，来自基层的青年村居干部走进中侨校园，开展了为期5天的学习，以主题报告、案例分析、实地参观、课后拓展等形式，对农产品直播带货等新兴营销方式进行更深入的了解。未来，像这样的主题培训还将持续开展，为金山区加快培养乡村振兴人才、指导乡村振兴实践提供职业教育支撑。

伴随着张堰教育园区的形成，张堰的特色教育也逐渐声名鹊起。比如围棋，现在的张堰镇已经形成以张堰幼儿园为启蒙、张堰小学为主体、张堰二中为提高、张堰中学为龙头的"一条龙"培养模式，常昊、芮乃伟等多位围棋大师多次来到张堰镇交流指导。再比如"戏曲进校园"活动，2016年底，上海越剧院与张堰中学签订战略合作协议，这也是上海越剧院首次在学校设立越剧教学传承实践基地。2017年，上海越剧院又与张堰小学签订合作协议，共同推广传统戏曲文化。

打造"文化+田园"，乡村振兴特色鲜明

张堰依托丰富的农业资源，已初步形成以生态片林、沿卫零北路休闲农业带和漕廊公路经济果林带、墙门里基地、百草园基地、红豆杉基地为主的"一园两带三基地＋"的发展格局。同时，依托文旅优势及农产品特色优势，张堰每年都会举办玫瑰节、阿婆瓜节、树莓节等丰收节庆典活动，让"张堰味道"深入人心。并在此基础上规划建设多条生态观光农业旅游线路，持续扩大张堰农业产业和品牌的影响力。

张堰镇的百家村位于镇域东北部，因拥有金山区最为完善的生态片林而被众人周知，现已成功创建上海市第三批乡村振兴示范村。该村生态林占地3800多亩，种有水杉、玉兰、桂花、杨树、香樟等多个树种。村内水系丰富，玉兰湖、蝴蝶湾等大大小小的河道溪流遍布其间，林水面积占区域总面积的

76%，因此这里也被称为天然氧吧、湾区绿芯。百家村以建设绿色田园为抓手，进行"三个一"项目建设，助推乡村振兴，即建设一个高标准蔬菜绿色生产基地，打造一个大农产品直销品牌，创建一座"非遗"酱菜文化展示馆。

2021年10月，在闻万泰酱菜厂制作车间基础上建设的闻万泰酱菜展示馆正式开馆。该馆位于百家村高桥路2158号，面积约350平方米。馆内除介绍闻万泰酱菜的制作工艺、演变历程之外，还陈列了各种不同口味的酱菜成品。

闻万泰酱菜厂是一家百年老字号，成立于1850年。当时的酱园分东、西两部分：东为东万泰，西为西万泰。1876年（清光绪二年）转让后，东万泰改为"公和"、西万泰改为"万恒"。1956年，"公和""万恒"均进行了公私合营，三年后并为一家，改为"公万恒酱园"。1964年，该酱园改为张堰食品厂酿造车间。1991年，酿造车间被民办企业收购，名字也改为"闻万泰"酱菜厂。它是全市仅存的唯一的实地型酱菜生产企业，也是上海最后一家纯手工酱菜厂。2017年，它的酱菜制作技艺被列为金山区级非遗项目。

借着百家村创建上海市乡村振兴示范村的东风，酱菜厂开启了新的"转型之路"。乡村振兴，既要塑形，也要铸魂。乡村文化是重要的文化资源，是乡村振兴的文化生产力，拥有丰富文化资源的酱菜厂可以形成独具特色的乡村文化产业。张堰镇政府与酱菜厂不谋而合，共同建立了"闻万泰"酱菜展示馆。此举旨在加强酱菜文化建设，实现以"文"化产业，深入挖掘乡村文化资源，赋予酱菜更多乡村文化内涵，推动其与百家村农业、旅游等产业的深度融合发展。

如今，酱菜厂还发展了订单农业，实现了产、供、销无缝对接。闻万泰每月收购近20吨原料，在解决农户蔬菜销售渠道问题的同时，还提供了新的就业岗位。酱菜厂除了持续巩固线下市场，还建立了新的线上平台，依托"森活百家"电商平台，他们把酱菜销到了全国各地，让更多人尝到了来自上海金山张堰的"老味道"。他们积极打造的"种植—观光—采摘—体验—加工"一体化酱菜展示馆凭借沉浸式体验吸引了许多游客的关注，场馆内设有互动体验区域，游客可以在亲手制作酱菜的过程中感受非遗文化，感受匠人精神。①

南社

　　南社是辛亥革命前后最有影响力的革命文学社团，柳亚子曾言"我们发起的南社，是想和中国同盟会做犄角的"，因此南社也被誉为"同盟会的宣传部"。110 年前，在反清的旗帜下，陈去病、高旭、柳亚子发起成立南社，他们雅集唱和，倡言革命，组建了中国近现代史上最大的革命文学团体。

　　南社的崛起，标志着中国近代知识分子的空前觉醒。南社集一时之选，山鸣谷应，名流荟萃，人才济济。1909 年 10 月 17 日，南社三大创始人之一的高旭署名"云间高旭钝剑"，在于右任等创办的《民吁日报》上发表了撰成于故乡金山张堰寓所"万梅花庐"的《南社启》，首次正式向社会各界宣告南社成立，其后各报刊纷纷转载，掀开了南社这一文学革命团体在近代史上重要的一页。11 月 13 日，南社第一次雅集在苏州虎丘张国维祠举行，南社自此登上历史舞台。南社成员以"以天下为己任"的高尚节操，至今依然风骨长存。

　　南社三大创始人之一的高旭正是金山张堰人，他撰写的《南社启》掀开了南社这一革命文学团体在近代史上重要的一页。高旭（1877—1925），字剑公，号天梅，出生于张堰秦山头高家。父亲高炜（吟槐）、叔父高煌都知书能文，国学基础极为深厚。充满诗意的"万梅花庐"与高旭的结发妻子周红梅有关。1903 年，高旭在牛桥河飞龙桥边置一新宅，夫妻俩读书吟诗，非常恩爱。不幸的是，其妻于 1904 年病逝。出于思念，高旭便在房前屋后遍植梅

---

① 曹佳慧：《百年酱菜厂"闻万泰"在乡村振兴路上的危与机》，《东方城乡报》2022 年 2 月 17 日。

花，并把居室取名为"万梅花庐"，改自己的名号为"天梅"，将书斋也命名为"万树梅花一草庐"。

清政府曾搜查高天梅在上海的活动场所，"夏寓""健行"被迫关闭。健行公学以高天梅托息隐家居为名，将革命活动策略转移至金山张堰镇，由此，万梅花庐成了又一个革命活动中心。

清宣统元年（1909年）9月初，陈陶遗自南京出狱，与柳亚子相偕赴张堰访问高天梅，在万梅花庐商议正式成立南社。10月17日，著名的《南社启》即由高天梅在此发出，宣告南社正式成立，万梅花庐也成为南社的首议之地。后来，南社的许多活动都转移到姚光的居所。

南社纪念馆（姚光故居）

姚光（1891—1945年），一名后超，字凤石，号石子，又号复庐，张堰镇人。其家世代书香，为金山望族。清宣统元年（1909年），南社始创时，即为

上海南社纪念馆

骨干，并与高天梅、高吹万、柳亚子等人同创"国学商兑会"。1918 年，柳亚子辞南社主任职，乃推举姚光继任。

姚光故居位于张堰镇新华路 139 号，建于清光绪十七年（1891 年）。建筑属典型清末民初风格，沿中轴线左右对称，坐东北朝西南，黑瓦白墙，砖木结构，二层，由四进院落组成，内设厅堂、天井、穿堂、厢房、后院等，建筑面积共 1784 平方米，占地面积 1688 平方米，系当时南社人士联络及会晤交流场所。无论在建筑历史、艺术，还是作为南社活动的历史记录方面，姚光故居都具有很高的保护价值，被列为金山区文物保护单位。2006 年，在上海市文物管理委员会关心支持下，金山区政府与张堰镇政府共同出资修缮了姚光故居三、四进院落，将其开发为南社纪念馆，于 2009 年 1 月正式向社会公众开放。

南社纪念馆是国内首个全面陈列南社历史人物事迹的纪念馆，综合反映了 20 世纪初中国先进知识分子参与社会革命及各种文化活动的史实。2010 年 4 月，南社纪念馆成为国家 AAA 级旅游景区。2013 年，被列为上海市爱国主义教育基地。

张堰古镇文化节

2020 年 8 月 20 日，张堰首届古镇文化艺术节拉开帷幕。古镇文化艺术节以"文脉'留'芳"为主题，旨在通过对张堰书画、张堰围棋、张堰戏曲、张堰民俗这四大张堰特色文化的表现，进一步提升张堰古镇形象、彰显张堰古镇文化魅力。开幕仪式上，张堰古镇文化地图发布，地图包含了上海南社纪念馆、白蕉艺术馆、大境堂、朱鹏高艺术馆、钱家祠堂等 30 余处历史文化地标，将散落在镇域内的"文化珍珠"串珠成链。张堰希望打开这些文化空间，让老建筑可阅读、可感受，让观众在老建筑的故事与新注入的文化艺术的交融中感受"碰撞"。

在为期40天的艺术节当中，张堰陆续推出了沪浙长三角"田园五镇"文化走亲、古镇民俗展、白蕉作品临展等互动展演，长三角围棋象棋邀请赛、国画少年选拔赛等文艺竞技，以及"墨香茶韵"古镇茶宴等文化体验、文化机构、戏曲剧院、实体书店的项目签约等，通过演艺、体验、竞技、展览等活动载体让市民感受张堰文化魅力，传承优秀传统文化，共建共享文化成果，为周边百姓打造精彩纷呈的文化盛宴。

除了举办古镇文化艺术节、发布古镇文化地图，张堰还推出了"行走在古镇上的民俗""南社文化月""文化体育艺术节""泥土的芬芳"城市背景下的乡村文脉传承、市民文化节文化服务日、社区日、南社成立110周年、白蕉诞辰110周年和白蕉艺术馆开馆等系列活动。2021年9月21日、2022年9月8日，张堰分别举办了第二届、第三届"文脉留芳 古镇有约"古镇文化艺术节暨"建筑可阅读"中秋主题系列活动。如今，古镇文化节已经成为张堰重点打造的品牌项目。

03

一桥南北两山塘

　　一座窄窄的石桥连起了两个村，连起了两个区、市，也连起了浙江和上海。若没有这座桥，一条小河就隔绝了两地，有了这座桥，两地就成为一体。当然，将两地凝聚在一起的，不仅仅是这座桥，还有"毗邻党建"，还有"明月山塘"……

山塘桥

党建连起一家亲

北山塘村属于上海市金山区廊下镇，区域面积 4.07 平方公里，下辖 11 个村民小组、748 户村民，常住人口 2851 人。南山塘村由浙江省平湖市广陈镇管辖，区域面积 4.26 平方公里，下辖 13 个村民小组、766 户村民，人口 2601 人。山塘村因东有秦望山，西有六里塘，故而得名。

山塘村历史悠久。早在唐代，山塘河就因河面宽阔、水势旺盛而被称为金山腹地的"诸水之源"。唐天宝十年（751 年）朝廷析海盐北境、嘉兴东境、昆山南境置华亭县，山塘河港北改属华亭县，港南仍为海盐县辖地。从那时起，南北山塘就进行了分治，中间由一座石桥连接。如今，桥南属浙江平湖市广陈镇，桥北属金山区廊下镇，小小的石桥成了上海与浙江的界境地标。虽然山塘由两地分管，但两地一衣带水、唇齿相依、不分彼此，长期以来形成的生活习俗、民间信仰一脉相承，流传至今。

据记载，山塘老街在清顺治年间（1644—1661）已具集镇雏形，从道光十六年（1836 年）开始陆续开设接婴堂、城隍庙（清末民初）、山塘初级小学（1915 年）、三类邮柜（1935 年）等。在抗日战争以前，山塘老街商业较盛，单河北集镇就有南杂店、肉店、茶馆、饭馆、豆腐坊、油坊、米行等店铺。当时这里还是水上交通枢纽，有货运航班途经山塘开往松江、平湖、张堰等地，自此，山塘老街自然而然地繁华起来，形成了傍河而建的集镇，南北山塘及周边村民都会来集镇采购。

随着 20 世纪 60 年代周边陆路交通的逐渐通达，山塘村的枢纽地位被取代，集镇繁华不再。再加上南北两个山塘村长期以农业生产、生猪养殖为主要产业，经济发展较为缓慢，环境面貌变得脏乱差。

2015 年，北山塘对老街进行了修缮，对村庄环境进行了整治，披檐后的老街有了古色古香的味道。第二年，北山塘便从广东江门捧回了"中国最美村镇人文奖"，这是上海首个获得该奖项的村庄。虽然偏居在大都市的角落里，但北山塘村有自己独特的魅力。北山塘不仅有原汁原味的自然景观，还有便利的基础设施，形成了漕廊公路、廊华路和山塘中心路"两横一纵"的格局。北山塘成为廊下镇大力发展乡村旅游的缩影。

南山塘的村民经常到北山塘去走亲戚，他们明显感觉到：在廊下郊野公园的带动下，北山塘的人气越来越旺，而一桥之隔的南山塘却是一片静悄悄。他们希望游客能跨过那座分割浙沪的小石桥，让南山塘再现几十年前的热闹场景。

南山塘也有一条老街，比北山塘的还要长。如何吸引上海的游客来南山塘观光旅游成了南山塘人重点考虑的问题。北山塘的风貌提升推动着南山塘的旅游建设。他们认为，要想做好这项工作，最重要的是要让游客感觉到"南北山塘是一个有机的整体"，而老街就是连接两个山塘最好的纽带。

共同建设南北山塘既是群众的心声，也是两地政府所要推进的重点工作。2017年初，廊下、广陈签订了结对共建框架协议，共同打造"一带一廊"示范带，南北山塘就是广陈和廊下结对共建的一个亮点。2017年6月，南、北山塘村党总支签订了合作框架协议，南山塘派干部到北山塘挂职交流，两个山塘围绕"共通共用"的百年小集镇，共同谋划"大山塘"未来的整体发展，形成特有的区域特色品牌。2017年10月，两村正式成立沪浙山塘联合党支部，形成了"一桥两山塘，党建一家亲"的"毗邻党建"品牌，构建了有组织、有制度、有队伍、有规划的党建共建新格局。当年，南山塘村被列入浙江省美丽宜居示范村和历史文化村落创建名单，被确定为平湖市美丽乡村精品村和综合整治特色类小城镇。这些举措都为南北山塘的发展提供了良好机遇。

南山塘老街改造时，白墙黑瓦，修旧如旧，桥两边老街的房子长得越来越像了。原来，南北山塘老街改造请的是同一家设计公司，他们共同在这里打造了一条极具江南韵味的"跨界"老街。为了做好这项工作，广陈的南山塘村主动对接廊下北山塘村，衔接整治规划，整合两地资源，增强小镇浙沪融合特色。同时，两地还建立健全了南北山塘联合工作机制，全方位开展南北山塘合作共建，[①] 在接轨上海工作中，尤其是在旅游规划中实现无缝对接。如今，老街上处处都能感受到南北融合的味道。展示山塘历史文化、传统民俗、名人学子的名人馆和展示旧时农村生产生活用品的农村记忆展示馆已建设完毕，两个馆虽都建在南山塘，但陈设的内容、资料实物的寻找工作由南北两个山塘共同完成。

南北山塘的建设离不开党建引领，离不开两村党支部和全体党员的共同努力。联合支部的起源可以追溯到 2010 年世博会，那一年，南北山塘联合设立安保岗亭，开启了两地携手发展的序幕。2015 年下半年，广陈和廊下两镇借助南北山塘仅一桥之隔的区位优势，组建了跨省活动型联合党支部。随着长三角一体化的深入推进，成立联合支部水到渠成。2017 年 6 月，"中共沪浙山塘联合支部委员会"应势而生。

南北山塘联合党支部成立

---

① 李珍：《塑造新优势 构建新格局——金山区探索超大城市郊区乡村振兴之路》，《上海农村经济》2021 年第 10 期。

联合支部由南北山塘村 20 名骨干党员组成，两个村的党总支书记兼任轮值书记，一个季度轮一次。联合支部每月举行一次工作会商，每个季度举行一次主题党日活动。[①]

南北山塘还形成了村党总支部、村委会成员相互挂职的机制，干部、群众融合的广度和深度因此而进一步增强。2017 年，南山塘村党总支书记金建东在北山塘进行了为期半年的挂职交流，其间，经过不断的摸索实践，他认为相互挂职机制可以发挥两方面的作用：一是可以凝聚山塘桥两岸党员、群众的人心，进而充分发挥联合党支部的桥头堡作用；二是可以为常态化开展志愿服务的各群团组织、相关社会团体提供阵地，为他们根据节点开展活动创造条件，实现党建引领群建、社建。[②]

"山塘桥下水东流，渔火江枫几度秋。宛似姑苏城外路，烟波十里荡轻舟。"这是民国初期《盐溪竹枝词》描写的山塘古镇。虽然现在的山塘古镇渔火不再，轻舟难寻，但江南小镇的独特气息依旧，邻沪地区的鲜明特性更给古镇增添了现代感。2017 年，广陈镇和山塘村出资 2800 万元对以南山塘古镇为中心的 80 公顷区域进行开发建设，与北山塘携手打造"临沪山塘"特色古镇。根据规划，南北两山塘将采取融合式、差异化、互补型发展方针，增强古镇浙沪融合特色。

2017 年 10 月，在嘉兴市旅游委员会联合嘉兴市农业和农村工作办公室公布的《嘉兴市首批浙江省 3A 级景区村庄（示范村）的通知》中，山塘村凭借丰富的自然、人文资源优势和创建力度成功入选，成功跻身省 AAA 级景区村。

---

① 陈亮：《跨区域治理中的毗邻党建及其作用机制——基于长三角地区毗邻党建实践的观察》，《探索》2021 年第 5 期。
② 胡立刚、高雅：《跨省"联合支部"温暖"山塘古镇"》，《农民日报》2018 年 12 月 14 日。

一轮明月两山塘

如果说山塘老街的修复是南北山塘在融合上迈出的重要一步，那么"明月山塘"①景区的建设则将两村的合作推向了深入阶段。跨省市的沪浙山塘联合党支部成立后，两村的党员们共同开展的治安联防、矛盾调解、环境整治、项目对接等一系列活动很受两地村民欢迎，这也让两个小村子想到了深化合作的可能性。

在党建引领下，如何做好乡村振兴这篇大文章，是两个村的党组织负责人要考虑的问题。他们意识到，只是依靠单薄的力量并不能很好地解决这个问题，需要及时有效地向专业部门"借智借力"。再好的场景都需要专业打造，再专业的知识都需要在具体场景中进行发挥。于是，南北山塘联合党支部特意请来具有专业优势的上海市城市规划设计研究院第一党支部进行共建，并与之签订协议书。后者为南北山塘村在党建引领、区域协同、乡村振兴等方面进行技术指导，明晰近、中、远期乡村发展的目标任务。②一方具有专业优势，一方具有场景优势，双方强强联合，取得多方共赢的效果。

北山塘村地处金山现代农业园区的中部、廊下郊野公园的核心区域，依托大上海的雄厚资源和市场，北山塘村在生态农业和旅游业上发展迅猛。当时，南山塘村也在积极进行美丽乡村建设，围绕打造"上海旅游的目的地"和"农产品的来源地"目标，制定了相应的开发方案，显示出无限发展潜力。两个山塘村打造"明月山塘"项目，在项目引入、经营模式、产品营销等方面开展深度合作，可谓是珠联璧合。

在这样的背景下，"区域协同·乡村振兴实验室——明月山塘"于2018

① "明月"一词中有两个"月"，分别代表南北山塘，合起来就是一个"朋"，"日"代表党的照耀，寓意南北山塘在党建引领下联防联建，共建共享。
② 施宇翔：《"明月山塘"的乡村振兴实验》，《浙江日报》2018年4月19日。

年 3 月 15 日正式挂牌成立。和传统意义上的实验室有所不同，这个实验室并没有围墙，也没有仪器设备，其主要目的是探索一种区域协同创新的乡村发展模式，让两个隶属于不同省市的小乡村走出一条整合资源、优势互补、差异化共同发展的路子。

南北山塘村要想取得更大的成绩，必须破除发展瓶颈，在人文历史、农旅产业、环境资源等方面进行融合发展。在上述发展的基础上，两村还可以进一步探索跨上海、浙江两地行政界线的政策协同路径，即给予两个村同样的政策优惠、资金扶持等，发挥政策的迁移、溢出效应，打造独特的乡村振兴样板模式。这样的"实验"如果成功，既可以带动老百姓增收致富，也可以供两省市甚至全国各地借鉴。

对于实验室的设立，南山塘村党总支书记金建东曾说，就像盼星星，盼月亮一样，终于把它给盼来了。在挂职期间，他几乎每天"跨界走"，步行到廊下镇山塘村村委会上班，因此他对一河之隔的北山塘村非常熟悉，这也为项目的推进提供了极大的便利。

2018 年 4 月，一个施工队进驻南山塘老街，对破败的老房子进行统一整修，并对破碎的老街石板路进行改造翻新。就像变魔术一样，几个月后，南山塘完全变了模样。广陈镇以美丽乡村建设为抓手，对老百姓的房屋进行修缮，对界河南岸进行景观打造，对小集镇的设施和风貌进行提升，还修建了铩子书馆、半亩方塘公园等功能场馆，将南山塘村打造为风格古朴、环境整洁、特色突出的 AAA 级景区。

就广陈镇山塘村的山塘老街而言，"明月山塘"的打造不仅要将原本破旧的房屋恢复原貌，更要对外立面进行统一改造。整条老街改造涉及 90 户人家，刚开始，有的村民不理解、不配合；有的户主身在外地，无法当面征求其意见，整个改造项目推进困难。对此，村里请了 3 位有一定威望的老干部、老党员协助工作，协调村民意见。

在山塘老街上开了十多年杂货铺的村民表示，原本还不明白为啥要这么折腾，现在看到老街上原先破破落落的老房子修建一新，铗子书馆也建起来了，家门口的面貌焕然一新，闲暇时还可以去"半亩方塘"逛逛养养神，让人打心眼里感到高兴。

"明月山塘"的独特韵味不仅在景致上，还在融合上。南北山塘地域相接，人缘相亲，是平湖与金山以"毗邻党建"为引领，打造"联动发展共赢地"的桥头堡。打造"明月山塘"特色古镇，是南北山塘村奔向新时代的共同期待。

两地党组织共同规划设计，打造"明月山塘"，并发挥联合党支部党员的作用，推进古镇改造。两地毗邻共建，资源共享，这样，一个整体性的"明月山塘"才能形成合力，焕发活力。

南山塘村围绕老街改造、民居整治、道路河流三大工程，已全面提升了老街形象，山塘老街从原来的 96 米延长到 208 米，沿街商铺也统一进行了仿古改造，重点引进与丰富业态。山塘仿佛又回到了从前，枕河人家，人来人往，一派繁华。①

北山塘村党总支书记杨立平也对联合建立实验室充满着期待。他说，从山塘桥向南抬眼望去，目之所及，白墙黛瓦，这和南山塘村这几年的努力密不可分。这也促使着北山塘在美丽乡村建设上向南山塘村取经。虽然北山塘的改造启动得比较早，但在有些方面落后了，需要及时跟进，迎头赶上，与南山塘保持一致。

在南山塘村庄改造工程如火如荼地进行时，北山塘的升级工作也有条不紊地开始了。金山区和廊下镇在北山塘启动了包括村庄风貌改造提升、西部防洪景观河岸建设、村庄入口廊桥建设、小集镇环形步道建设等在内的 15 个

---

① 黄勇娣：《乡村振兴让破落老街重返热闹》，《解放日报》2020 年 10 月 3 日。

项目。这些工程让南北两山塘的风貌趋于协调，一条贯穿南北山塘的老街也吸引了不少游客前来。老街改造完成之后，南北两山塘引进了更多业态，以美食文化、非物质文化遗产、手作文化为亮点，让人们体验山塘民俗文化魅力。

北山塘重点打造了山塘小集镇区域。该区域南至山塘河，北至廊华路，东至广山公路，西至泥桥港河，总面积约110亩，涉及农户48户，建筑面积9300平方米，村集体资产15处，建筑面积6284平方米。该项目总投资约3000万元，分三部分分步分期实施：

第一部分为山塘河河岸挡墙护岸及河岸景观带建设，该部分投资约445万元，资金来源为上海市级西部防洪项目资金及区财政追加补贴资金，项目建设内容为山塘河北侧河岸挡墙护岸，新建特色景观平台、凉亭、文化长廊、休闲广场、钓鱼台、河岸绿化等景观节点。

第二部分为山塘村村庄改造"提高版"项目，该部分投资约465万元，资金来源为金山区、廊下镇两级财政资金，其中区财政奖补207.5万元，其余资金由廊下镇财政承担，项目建设内容为山塘小集镇区域房屋外立面改造，统一"粉墙、黑瓦、观音兜"的建筑风貌；村委会围墙拆除，将其打造为开放式的公共活动空间；山塘中心路西侧自然村落改造等内容。

第三部分为山塘小集镇整体改造提升项目，该部分投资约1200万元，资金来源为金山区、廊下镇两级财政资金，项目建设内容为公交专用车道、绿化及入口地标、林下停车场、生活污水纳管、排水管网改造、管线落地、灯光、环卫设施改造等建设。

经过两个村庄的共同努力，"明月山塘"景区于2018年10月1日正式投入运营。有人说，"明月山塘"是集古镇风韵、田园风光、文化体验、休闲生态、旅游度假、现代农业观光及深度参与、综合服务于一体的跨省景区。目前，"明月山塘"景区形成了"一核两带四区多点"的总体空间布局。其中，北山塘的空间布局为"两区一街",即种源农业示范区、休闲观光旅游区、"明月山塘"老街风貌区;南山塘的空间布局为"一心两区",即"明月山塘"景观核心区、休闲农业观光区、水乡文化体验;"两带多点"即半程马拉松经济带、水上旅游观光带、多个景观节点。

南北山塘通过"毗邻党建"引领,探索"理念协同、规划协同、产业协同、政策协同、模式协同"五大协同发展,推动毗邻地区一体化的乡村振兴。

在规划上,南北山塘将两村8平方公里区域面积作为一个整体,由同一家公司规划设计,保证区域风貌协调统一,并联合注册了"明月山塘"旅游品牌,统一对外宣传"明月山塘"标识,统一冠以"明月山塘"品牌,推动山塘景区全域化建设。

在产业上,南北山塘坚持产业布局差异化、产业扶持本土化、产业创建主题化,比如"本土化"中北山塘以非遗文化、传统手工为主,南山塘以特色小吃为主,两地形成了各自特色。北山塘村域内现有琼璞文化苑、青檐版画基地、金廊马术农庄、星空度假营、牛博士采摘园、天母果园等16家主题农场,同时依托枫叶岛、乡村林荫大道、草坪基地等自然景观,打造了涵七民宿、江南莲湘馆、园宿听风塘等一批高端精品民宿。南山塘对以山塘老街为中心的80公顷区域进行了开发建设,建成了半亩方塘、铗子书馆、轮船码头等景点,初步建成了"粉墙黛瓦"的江南特色明显的乡村景观。目前,南山塘共有6家农家乐、5家民宿;北山塘共有16家主题农场、17家乡村民宿,其中星级民宿8家,初步实现了"吃在南山塘,住在北山塘"产业布局。

在政策上,南北山塘突破沪浙两地差异,构建跨界政策协同体制机制,比如南北山塘通过协商将古街两侧商铺租赁统一定价为8元/平方米,以避免恶性竞争。在模式上,南北山塘则探索景区开发模式的统一,南山塘引入第三方平台,着手"明月山塘"景区开发,后续北山塘也通过合作融入开发体系。

南北山塘逐步深化 8 平方公里的"大山塘"理念，"明月山塘"一期重点是改造提升历史小集镇，未来的二期、三期还要分别向东延伸到枫叶岛、向西拓展到金廊马术农庄和星空度假营区域，在更大空间内描绘南北山塘一体化的乡村振兴图景。"明月山塘"景区的目标是形成"一心四区"的空间功能分区。所谓"一心"，即景区的游客接待中心；"四区"，即四大主题功能区，包括山塘集镇、原乡生活区、高新农业区、创意农业区。景区沿线景点众多、休闲设施完善、文化底蕴深厚、特色项目与活动层出不穷，形成了一条反映地方特色民俗的文化长廊和一条绿色生态走廊。

2020 年 9 月 18 日，经过整修的南北山塘再次举行开街仪式，沉寂了一段时间的山塘老街以全新的面貌展示在众人面前，不仅有全新的整体外观，还有它独特的业态呈现。民国初期的山塘村，已经出现私塾、电话、邮局等现代文明的象征，为配合主题，营造氛围，形成沉浸式旅游的最佳体验，南北

山塘老街夜景

山塘特在此还原了历史上的山塘老邮局。经过整体改造的山塘老街环境整洁了，毗邻党建展示馆等景点增多了，周边民宿开起来了，吸引了大批游客，山塘集镇重现昔日的繁华。

山塘阿婆杂货店的老板沈阿婆已经70多岁了，一直生活在山塘老街上。阿婆说，老早以前人很多的，都是南北山塘的村民来买肉、买菜，新路造好之后，人就变少了。不过这两年人又多了，来的都是各地的游客。

原来，浙江和上海的老百姓来往都走山塘桥，在桥的东面修建了新的马路和桥后，老百姓都不从老街走了，所以人流量也就少了。谈到现在的老街时，阿婆激动地说："山塘老街现在换了新貌，干净，整洁，游客多了，百姓舞台还有戏看，我觉得特别热闹，我喜欢热闹，这里的麻雀都不怕人，有时候飞到四方桌上，走廊上，它们也爱看戏。"[1]

"明月山塘"吸引了许多游客前来观光，许多长期在外的村民也纷纷回来了，村里正在翻建的农宅就有几十户，他们或准备回乡养老，或谋划开民宿、创业。漫步在村里，可以发现，山塘村的民宿和酒店产业正在快速成长。这些小集镇商旅开发和民宿业态还和附近的"网红景点"枫叶岛、星空度假营、金廊马术农庄、工厂化番茄生产温室、高档花卉种苗繁育基地、申漕虾苗繁育基地、甜糯玉米与水果玉米育种基地、天母果园、牛博士采摘园、草莓研发中心、上海市青少年学农实践基地等单位建立了紧密的联系，构建了健康可持续的产业大生态。

"明月山塘"项目改变的不只是村庄的面貌、村民的居住环境，还改变了村民对待村庄的心态。上海的农村与我国中西部地区的农村没有太大的区别，在村庄居住的大多也是留守老人。在山塘村的常住人口中，60 岁以上的村民达到了 1722 多位，约占全部常住人口的三分之一。项目的开发吸引了越来越

---

[1] 俞凯：《沪浙合力打造百年老街，老店新铺重现昔日繁华》，载澎湃新闻网，2020 年 9 月 19 日。

多的中青年"回归"，让村庄富有朝气、更有活力。这些中青年人之所以愿意回来，是因为这里可以获得可观的收入，这里有优美的环境，这里有惬意的小镇生活。他们获得的收入可能是自己的经营性收入，可能是租赁收入，也可能是劳动收入。他们获得收入的同时，也拓展了本地的产业链条，让产业版图更加丰富和完善。

"明月山塘"的建设让村民们得到了实惠，促进了共同富裕的实现。南山塘的陆阿姨曾在村里经营一家小卖部，丈夫在上海打工，因为村里人少，小卖部的顾客有限，陆阿姨的经营收入仅能维持生计。2018年，听说南北山塘要合作搞旅游开发，她的丈夫认为这是发展的好机会，便毅然决定辞去上海的工作，并专门学习厨艺，回家开私房菜馆。因为价格公道、口味好，菜馆的生意越来越红火，赢得了不少回头客。① 现在，菜馆的年营业额超过了300万元，不是当初那个小卖部可比的。

不止陆阿姨获得了收入，整个南北山塘村都从中受益。2021年，"明月山塘"跨省景区累计接待游客约91万人次，旅游经营总收入达3822万元。旅游带来的发展和商机为村民致富创造了机会。南北山塘核心区近百户农户做起了各类小生意，村民既可以灵活选择出租闲置房产，获取"租金收益"；也能选择就地就业，参与多种经营活动获取"薪金收益"；还可以自愿投资入股合作社，获取"股金收益"。北山塘农民人均纯收入从2017年的1.7万元提高至2021年的2.3万元，增幅明显。南山塘的村集体经济收入由2017年的290万元跃升为2020年的940万元，成为平湖市广陈镇村集体经济收入最高的村。

推进共同富裕，不单是收入增长，更体现在民生福祉的全面提升上。从共建到共享，南北山塘的民生"幸福圈"的生活也日益丰富。每周，在山塘

---

① 潘晓琴：《南北山塘奏响共同富裕"交响曲"》，《嘉兴日报》2021年7月20日。

村文化礼堂里，来自浙沪两地的村民围坐在一起，钹子书、越剧、小品等多个节目轮番上场，非常热闹。在南山塘老街的钹子书馆里，人们经常能看到非遗传承人徐全妹在演唱钹子书。这两年来，除了自己每周都要在书馆唱上一两出，她还会带上徒弟去排练自创的节目。她的钹子书不仅南山塘人爱听，北山塘人也爱听，这给了她很大的鼓舞。让她感动的是，有很多慕名而来的人到钹子书馆听她唱书，还有小朋友特地赶来学习。她也经常受邀到廊下、枫泾等地进行文化走亲，钹子书成了两村融合的一条文化纽带。

山塘村村民的获得感远不止于此。2019 年，金山区首条省际毗邻公交线路——廊下 2 路由廊下镇山塘村延伸至广陈镇山塘村，与平湖公交 207 路支线终点站实现无缝对接，实现浙沪南北山塘公交线路的互联互通；2020 年，复旦大学附属金山医院赠给南山塘村 50 个免费体检名额，让南北山塘同享来自上海的优质医疗资源。现在，山塘村则打造了智慧健康小屋，只要村民带着社保卡或者身份证来到智慧健康小屋，就能开展免费健康自检服务。长三角的群众都可以用自己的身份证登录体检，只要持三代医保卡去本地医保局登记备案即可享受服务。

更让村民感受到满满幸福感的是村里日益变好的环境。几年前，山塘村还是有名的养猪村，河道淤堵、发臭。在长三角一体化加快推进的过程中，两村在互学互比、互促互进中共同推进美丽乡村建设。北山塘看到南山塘生态护岸赏心悦目，实地取经后马上对本村的水泥护岸进行改造，以保持景致的整体性。南山塘看到北山塘农业业态十分丰富，慎重考察后将五家企业腾退，引进新业态，大力推动乡村振兴。更令人期待的是，借着长三角一体化发展的东风，两村党支部谋划的以景区为核心、辐射新社区和自然村落保护点的全村共同富裕蓝图已经徐徐展开，未来将有一个新的山塘呈现在大家面前。

"明月山塘"的建设，还为更好地实现村民自治提供了机遇。为更好发挥村民自治的能动性，南北山塘共同成立党建引领基层自治平台——村落议站。依托平湖市"全域秀美"创建，金山区"美丽乡村—幸福家园"示范户、示范埭创建，南北山塘持续推进村庄清洁行动，农村人居环境得到全面改善。组建"村落管家"队伍，"村落管家"通过村落村民推选产生，由"党员＋组长＋村民代表＋群众"组成，负责政策宣传、民情收集、检查评比、邻里互助、矛盾化解等各项事务。目前，北山塘共成立了10个村落议站，每个议站配备5—7名"村落管家"，形成了"村民"管理"村民"的自治模式。

如今，静静的山塘河上伫立着三座桥，老山塘石桥就像山塘村的昨天，两座新建的桥就如山塘村的今天和明天，它们一起聆听着长三角一体化发展东风下南北山塘合唱的新时代共同富裕之歌。[1]

南北山塘地相邻、人相亲、名相同。在长三角一体化发展东风下，两村实现了"同名同心"，想在一处、干在一起，在区域联动发展的探索和实践中成为"共同体"。长三角一体化发展确立为国家战略，这是顶层设计；南北山塘的融合发展，则是长三角一体化发展国家战略的基层实践。这样的创新探索为这一伟大事业创造出一个个生动载体和一段段有效经验。这也表明，长三角一体化发展国家战略是一项广得民心的战略。

微改造步步提升

"明月山塘"项目并不是建设的终点，此后还会不断改造提升，以满足村民和游客的需求。比如，2021年以来，南北山塘借力浙江省旅游业"微改

---

① 潘晓琴：《"一家亲"拥抱"一体化"！浙沪同名村奏响共同富裕"交响曲"》，载嘉兴在线网，2021年7月20日。

造、精提升"（2021—2025）专项行动东风，通过"一座桥"微改造实现环境、业态、品质精提升，推动长三角一体化试点在浙沪大地加快发展，探索一条长三角旅游合作的新路径。

一座桥微改造　助推共建共享

一是景区共创。两地共同统筹规划，对南北山塘村核心区域进行国家AAAA级旅游景区规划设计，进行外立面美化，打造历史文化商业街区。南山塘以发展养旅农相结合的跨界农业为主，对"明月山塘"的花园餐厅、山塘垂钓园和明月野炊园、一隅山塘民宿等一批新业态进行微改造。

二是联动管理。两地统筹布局"游客服务中心，咨询服务点、旅游厕所"等基础设施配套，实现标识标牌、文旅IP、宣传口号一体化设计和建设，成立"桥头堡"浙沪山塘联合党支部，由南北山塘两个村的书记担任轮值书记，开展两地景区村环境整治系列活动，每季度至少开展1次联动执法检查、联合应急演练。

三是智慧共享。借数字化改革之力，发挥省际毗邻景区优势，开发打造"智游农开"平台，整合毗邻区美食、非遗、文化、游记攻略等资源，实现两地游客通过手机端享受预约、指导等服务；紧抓短视频机遇，通过"抖音"网红直播直接拉动景区餐饮和民宿产业发展。

一座桥微改造　助推业态集聚

一是大项目做统领。景区"微改造"后招引山塘康养酒店入驻。该酒店计划投资8000万元，于2021年8月正式开工建设，拥有客房100余间，建成后将成为平湖市景区村庄中体量最大、标准最高、最有特色的乡村康养度假酒店。

二是微改造聚业态。以毗邻景区改造提升、山塘老街开街复市为契机，通过融合浙沪南北山塘江南莲湘馆、星空度假营、老街农家乐、民间传统小吃等业态，山塘景区业态由原先的不足 20 个增加到 70 个，2021 年"五一"期间，南北山塘共接待游客 13 万人次，旅游收入达到 0.4 亿元。

三是老百姓来参与。实施"农 + 侬"项目，助力农民饭店和基地、民宿、文化产业等结对共建、互相扶持。村民对原本闲置的农房仓库加以改造，整理出面积 1500 平方米，新增加营业面积 1000 平方米，农户参与达到 35 户。"明月山塘"景区内的花园餐厅自改造营业后，生意火爆。

一座桥微改造　助推文旅经济

一是唱响乡村"共富经"。随着农家乐、民宿等业态的集聚，山塘村内游客络绎不绝，带动了周边养殖大户、种植大户、农户的土鸡、土鸭、鸡蛋、蔬菜水果等农产品销售，山塘村村集体全年增加营业收入近 11 万元，同时新增就业岗位 120 多个，一批低收入人群实现就业，预计每年可为低收入人群增收 8000 元。同时，平湖市农合联金平湖鲜到家乡村旗舰店入驻山塘村，该店占地面积 280 平方米，主营金平湖农特产品，为群众提供了方便。

二是激发文化"内生力"。深化"金平果"文化走亲合作交流，积极开展"流动文化加油站""金平湖惠民剧场""浙沪马拉松"等品牌活动，采取"选亲、结亲、走亲"等形式，加快钹子书、葫芦雕刻、琼璞文化等两地文化交流，提升两地居民百姓对一体化建设的认同感和获得感。比如，开展百姓大舞台、浙沪共村晚、浙沪莲湘赛等边界民俗节会活动，现已累计吸引游客约 30 万人次。

三是创新融入"夜经济"。对"明月山塘"进行亮化改造，在节假日期间举办各种夜游活动。例如，2021 年中秋节当晚，浙沪首次联动举办灯光展，游客夜游山塘老街、感受"5 秒钟穿越"浙沪两个村落、观赏廊下生态园纱幕3D 全息投影表演秀均受到游客好评。2021 年，景区又新投入星空度假营、穹顶篝火晚会、真人 CS、高空帐篷露营等项目，游客可在山塘老街举办篝火晚会，观看露天电影，入夜可在帐篷内观星赏月，平时最大露营容纳量可达到500 人。

做好节庆活动是"明月山塘"景区的重要工作，比如，在中秋节期间，山塘举办了丰富多彩的活动。山塘老街上不仅有栩栩如生的草编、糖画、剪纸等传统民间技艺赏玩，还有充满童年记忆的皮影戏、市井杂耍等，让人回味无穷。山塘老街特别呈现月饼、眉毛饺等传统美食制作技艺，更有消费券、农开大米赠送，让游客在游玩的同时将更多"山塘记忆"带回家。

"明月山塘"景区不断加入新的文旅活动内容，如举办乐游山塘研学之旅路线发布仪式，30 组亲子家庭提前体验研学课程：结合中秋主题打卡"唱月"——学唱非遗钹子书，传承非遗文化；"制月"——亲手制作手工眉毛饺；"诵月"——现场朗诵赵孟坚诗词；"投月"——投壶游戏；"品月"——品尝家乡老味道鸡蛋糕；"画月"——画老街地图；"观月"——观葫芦文化历史，让游客沉浸式游览"明月山塘"景区，深刻感受老街非遗文化。

美郁花园农场推出"萌宠嘉年华暨美郁花园农场周年庆活动"，园区在原有的梅花鹿、羊驼、马、山羊、黑天鹅、鸳鸯鸭等萌宠的基础上增加了几十只可爱的小兔子，深受广大游客朋友的欢迎；特色植物微景观课程增加了中秋限定月球瓶；更有面点大师教授小朋友们制作月饼。同时，农场倾心打造美郁花园中秋晚会，为游客朋友们提供免费的小吃饮料，更架起专业天文望远镜供大家科学赏月，伴着户外电影、KTV 的欢歌笑语，大家共赏一轮明月，欢度中秋佳节。

正是依靠这些活动，"明月山塘"的美誉度不断提高，吸引了更多游客前来。人们的到来更加证明了南北山塘共建的合理性和正确性，强化了共建的意识和认知，扩大了共建的成果。

作为节点的山塘

南北山塘的合作不只打造了一个景区，而是建立了一套机制，使山塘村成为毗邻地区加强合作的载体和焦点。为了更好地彰显"毗邻党建"的意义，廊下与广陈，甚至金山与平湖的许多活动都在这里举行。

按照广陈与廊下两镇"一带一廊"项目规划图，南北山塘合力推进党建示范带建设，形成党建红色辐射区，促成绿色生态走廊建设，实现两村党建阵地、党建资源共建共享，有效提高党建阵地利用率和影响力。围绕"毗邻党建"示范点的建设，南北山塘提出了"一二三四五"的目标。

确定一个党建主题，即"一桥两山塘，党建一家亲"。以"党建联心"为统领，联合党支部每个季度开展一次活动，由两村党总支书记轮流负责活动策划。

建立二级组织网络，在建立沪浙山塘联合党支部的基础上，各群团条线

南北山塘同迎党的二十大

相继建立联合组织，成立了沪浙山塘活动型妇联、沪浙山塘联合共青团、沪浙山塘平安工作站等二级组织，各条线每年安排一次重大活动。比如，南北山塘开展了喜迎党的十九大、二十大等主题党日活动，两地青年开展了"青春分享会"主题论坛等活动。

形成三大党建抓手，即重点做好"党建＋文化""党建＋产业""党建＋环境"三篇文章。"党建＋文化"主要解决村民情感陌生、向心力不强的问题，通过唤醒村民共同的文化意识，产生情感共鸣，提升村民对两村联动的认同感，增强两地凝聚力。为此，南北山塘成立了铍子书院、开设铍子书课，对地方文化进行传承。两村还共同开展了浙沪山塘首届乡村年货节、"浙沪闹元宵 新春好'灶'头"庆元宵活动、"共画党建同心圆 共筑明月山塘梦"沪浙山塘中秋文艺晚会等系列活动，通过文化资源共享激起文化共鸣。"党建＋产业"的落脚点在于实现产业发展和村民增收。两村依托区位优势，联合发展现代种源产业、加强农业项目开发，提升了土地价值，提高了农民收入。"党建＋环境"则是通过村庄环境综合整治，完善村庄治理体系，提升治理能力和水平。

打造四块党建品牌，打造"红色加油站、红色星期天、红色朋友圈、红色产业带"四块党建品牌，开展集体学习、志愿服务、相互走访、产业对接等主题活动。在活动开展过程中，两村合作共建"毗邻党建"服务点，推进党员先锋站、党建服务中心、田园驿站党建服务点等阵地建设，形成党建红色辐射区。两村党建阵地实现共建共享，双方党组织活动和联谊会轮流到各自党建阵地开展，有效提高了"毗邻党建"阵地的利用率和影响力。

培育五支骨干队伍，成立以党员骨干为主的推动山塘发展的先锋队、文化骨干为主的挖掘山塘人文的宣传队、青年为主的服务山塘民生的勤务队、妇女为主的扮靓山塘容颜的美容队、综合治理为主的守望山塘和谐的护卫队，凝心聚力投入山塘的规划、建设、管理、服务工作之中。五支队伍加强联结与合作，在"新乡邻"项目实施以及社区治理共建中积极发挥作用，激发了村民参与村级事务的意愿和能力。

南北山塘的"一二三四五"目标构成了基层"毗邻党建"的有机整体。主题代表着方向，让两个支部知道要建设成什么样子；网络建立了联系，为整体建设提供了条件；抓手是很好的载体，让有联系的人可以积极发挥作用，使其有了用武之地；品牌对建设的过程提出了更高的要求，加快了毗邻的进度和速度；队伍则抓住了最为核心的人，通过队伍建设凝聚起强大力量。除此之外，他们还在山塘古镇建设了红旗党员先锋站、沪浙山塘联合党支部、毗邻党建广场、廊下镇琼璞文化苑党建服务点等阵地场所，让载体更加丰富和多元。

沪浙山塘联合党支部成立后，扎扎实实地开展活动，让两地党员、村民的心走得更近了。比如，2018 年 8 月，时任平湖市委书记祁海龙来到山塘村红旗先锋站初心学堂，和山塘村的党员代表们一起学习宣讲"八八战略"。尤其要指出的是，这次活动还邀请了上海市金山区廊下镇的同志们参加。平湖市委书记与来自广陈、廊下南北山塘的党员代表围坐在八仙桌旁，围绕"八八战略"说变化、谈感受，共叙浙沪一家亲。

开展"社情民意大走访、'八八战略'大宣讲、思想观念大解放"是嘉兴市委部署的一项非常重要的活动。宣讲一开始，他从"八八战略"是什么、"八八战略"实施 15 年来给平湖带来了什么、续写"八八战略"新篇章平湖应该做什么这三个方面作了宣讲交流。

祁海龙说，"八八战略"来自大量的调查研究，体现出中央精神与浙江实际的结合，是习近平新时代中国特色社会主义思想在浙江萌发和实践的集中体现，已经成为引领浙江发展的总纲领、推进浙江各项工作的总方略。"八八战略"实施 10 多年来，平湖各项事业发展都取得了长足进步。"八八战略"在以下五个方面发挥了引领作用：一是引领平湖开放发展，接轨上海全面开花，平台合作迈上新台阶，"毗邻党建"开启新模式，农业接轨实现新突破，交通接轨取得新进展，公共服务接轨建立新机制；二是引领平湖转型发展，质量效益全面提升；三是引领平湖协调发展，居民收入持续增长；四是引领平湖绿色发展，城乡环境焕然一新；五是引领平湖民生发展，生活质量不断提高。

2018年是改革开放40周年、"八八战略"实施15周年，如何以实际行动推动"八八战略"再深化、改革开放再出发，祁海龙书记也有新的思考。一是要不忘初心强定力，保持政治定力、战略定力和实干定力。二是要谋好新篇走在前，全市要重点谋好"新崛起"这篇文章，广陈镇要重点谋好"农开区"这篇文章，山塘村要重点谋好"景区化"这篇文章。三是要勇猛精进有担当，攻坚克难敢担当、增强本领能担当、上下齐心共担当。除了宣讲"八八战略"，还就怎样更好地接轨上海、怎样加快乡村振兴这两个问题和大家展开座谈。①

廊下的领导说，他的老家就在北山塘，"八八战略"实施以来，他见证着广陈镇以及山塘村发生的变化。廊下和广陈一衣带水，2017年，两镇党委签订了全面合作框架协议，启动实施了"一带一廊"合作共建总战略，形成了"六联"合作机制，开启了党建引领全域合作的新篇章。2018年，两镇以项目化的方式务实推进合作，取得了显著成效。

南北山塘如何融合发展？广陈镇山塘村党总支书记金建东和廊下镇山塘村党总支书记杨立平都认为，南北山塘联动发展，协同是核心，两地要在党建、风貌、产业、文化和服务五个方面实现协同发展，这样才能整合资源，推动"明月山塘"项目更好发展，为百姓增收。来自南北山塘两地的党员群众就山塘如何更好联动发展造福一方百姓的问题提出了自己的建议，同时也

---

① 符静、任迎春：《全面推进金平湖新崛起》，《嘉兴日报》2018年10月24日。

表达了党员群众愿意积极配合、共同助力南北山塘开发建设的决心与信心。

在和大家交流探讨后，祁海龙书记表示，平湖接轨上海实现了从"碎片化承接"到"全方位融入"，从"跟随式模仿"到"创新性引领"，从"单向性输入"到"互利化共赢"三个方面的转变。接轨上海是平湖的首位发展战略，接下来，平湖要着力打造接轨上海的升级版，做好"全面接轨""精准接轨"和"深度接轨"三篇文章。①

一个行政区的领导给另一个行政区的党员上党课，一个行政区的党员听另一个行政区的领导讲党课是比较少见的事情。这说明，平湖与廊下、北山塘之间并不见外，平湖在发展的过程中要把北山塘带上，北山塘也很想深入了解浙江的"八八战略"和平湖的发展路径。当然，这背后更多反映的还是南北山塘一体化建设的优势，集体学习既是前期工作的结果，也为后期的工作奠定了良好的基础。

2019年9月20日晚上，沪浙山塘联合党支部"不忘初心、牢记使命"主题教育集中学习会在"明月山塘"钹子书馆召开。会议邀请了广陈镇、廊下镇党建服务中心和金山区规划和自然资源局廊下所领导出席会议，联合党支部全体党员参加会议。

广陈镇领导结合此次主题教育活动，为两地的乡村振兴建设提出了具体要求。他指出，思路决定出路，两地要根据实际，探讨适合自己的发展规划和概念，做出实实在在的成效。同时，要善于梳理和汇总目前取得的成效，注重发展中两地发生的变化和老百姓得到的实惠。

会上，联合党支部轮值书记杨立平发布了沪浙山塘《学习汇》项目，在主题教育学习书目的规定动作上，又遴选了《历史的轨迹：中国共产党为什

---

① 肖末：《平湖市委书记入村宣讲"八八战略"首站为何选这里》，载浙江新闻客户端，2018年8月21日。

么能》《后世博效应与长三角一体化发展的区域联动》《走进新时代的乡村振兴道路——中国"三农调查"》《乡土再造——乡村振兴实践与探索》《"八八战略"思想与实践》5本学习书籍，希望通过学习，牢记初心和使命，提高思想站位，携手振兴乡村。

联合党支部轮值书记金建东传达了上级文件精神，围绕行动自觉、教育意义及初心使命等三个方面分享了对"不忘初心、牢记使命"的领悟和具体做法。他强调，各位党员一定要以守初心、担使命、找差距、抓落实为总要求，加强自我学习。随后，杨立平带头学习了优秀共产党员黄文秀的先进事迹。黄文秀同志在脱贫攻坚第一线倾情投入、奉献自我，用美好青春诠释了共产党人的初心使命，谱写了新时代的青春之歌。他号召：各位党员要以黄文秀同志为榜样，不忘初心、牢记使命、勇于担当、甘于奉献，在新时代的长征路上作出新的更大贡献。同时，他们还结合南北山塘两地实际情况，挖掘和剖析目前两地存在的问题和不足。

廊下镇党建服务中心领导围绕"初心和使命""道和理""行动"三个方面分享了学习感悟。他强调，各位党员要建设我们共同的美丽家园，打造我们共同的精神家园，每位党员都要走好这一代人的长征路。金山区规划和自然资源局廊下所领导以习近平总书记三次借用"空谈误国""纸上谈兵"两个典故切入，强调"落实"的重要性，同时详细说明了土地规划结合乡村振兴的相关文件规定，为两地的乡村振兴之路提供了政策指导。他强调，"明月山塘"发展要坚持规划引领、坚持高质量利用、坚持绿色发展、坚持示范引领。

最后，与会人员共同围绕"明月山塘"建设发展进行讨论，从产业、文化、业态布局等方面探讨了阶段性和目标性的规划建设方案：要在8平方公里的大山塘，做大"明月山塘"品牌；要形成"一中心两带四区多点"的山塘发展大格局，推动全域乡村振兴。

在这次学习会上，人们感到：南北山塘已经融为了一体，没有隔阂和疏离，哪位支部书记宣读、传达上级的文件精神都可以。在听金山区、廊下镇领导讲党课，与他们开展日常性的学习活动时，南山塘的党员们也没有感觉到别扭。共同学习增加了两村党员同志的共识，明确了未来的发展方向，也开诚布公地讨论了需要解决的问题，加快了"明月山塘"的建设。

2019年10月1日，为庆祝新中国成立70周年，全国首个跨省联合党支部——沪浙山塘联合党支部组织两地党员一同观看国庆大阅兵，一起吃长寿面，为伟大祖国母亲庆生。两镇党员举着国旗，围绕国旗和党旗形成"70"字样，并齐声高唱《我和我的祖国》，令人热泪盈眶。青年党员为老党员送上热腾腾的长寿面，一个个红色小碗承载的是一份份炽热的爱国情。在观看阅兵的过程中，党员们激情昂扬，不时举起手中的国旗为我们的伟大祖国欢呼。

老党员张在明说："今天南北山塘组织共同观看阅兵式，虽然天下着雨，但我们这些老同志都非常高兴。今天是祖国的生日，大家一起吃了长寿面，还一起唱国歌、唱《我和我的祖国》。我的内心非常激动，我看到了军人挺拔的军姿和整齐划一的步伐。习总书记说，没有任何力量可以撼动我们中华民族的地位，没有任何力量可以撼动我们中国人民和中华民族前进的步伐！我们的祖国真的是越来越强大了。"也许，让老党员们感到骄傲和自豪的不只是祖国的强大，还有两个支部的建设以及村庄的发展。正是支部的联合活动，才凝聚起了如此强大的气场，营造了如此热烈的氛围。

2021年6月18日，浙沪山塘联合党支部二季度主题党日活动暨"英雄山塘"微论坛活动在南山塘举行。广陈镇、廊下镇领导，联合党支部全体党员、老党员代表等参加活动。活动中，两镇领导为南北山塘党龄超过50年的老党员代表颁发"光荣在党50年"纪念章、并为他们送上祝贺，同时指出：在全党上下喜迎中国共产党成立100周年之际，要抓好党史学习，推动党史学习与实践相结合，组织开展好"我为群众办实事"实践活动，发扬英雄山塘精神，充分利用好"毗邻党建"优势，高举"毗邻党建"旗帜。南北山塘预备党员、入党积极分子为老党员代表、烈士家属和参战老兵代表献花。一位"光荣在党50年"纪念章获得者代表说："今年是我入党第55年，获得这个纪念章，我感到非常荣幸，这是党中央对我们老党员的肯定，俯首甘为孺子牛，我会和同志们一起奋斗，一起为人民服务！"

随后，浙沪南北山塘共同开展"英雄山塘"微论坛，邀请了烈士家属范维霞、老党员代表张在明、参战老兵代表金明洹、预备党员吕燕华4名同志参加论坛，4名同志分别向大家讲述了青年英雄马惠斌的故事、光荣入党故事、抗美援朝参战经历、入党感受等。会前，老党员代表、浙沪山塘联合党支部成员等来到山塘驿·毗邻服务中心参观，回顾平湖、金山"毗邻党建"发展历程和工作成效，并观看了"我眼中的山塘"摄影大赛作品展。

沪浙山塘联合党支部通过党建，凝聚了共识，统一了思想。在共同的学习过程中，他们坦诚交流，认真反思，提高了认识和境界；通过党建，他们直面问题，找到了未来的出路。在学习过程中，他们不只在支部内部集思广益，也邀请相关部门的支部共同开展活动，商讨解决问题的方案。通过党建，他们学习了身边的榜样，发挥了党员的先锋模范作用，极大地增强了荣誉感和责任感。

在党建引领下，群团活动也在有声有色地开展，极大地促进了两地的一体化。比如，2017年11月28日，"沪浙山塘桥相连，姐妹情长手相牵"沪浙山塘活动型妇联成立暨2017年廊下广陈两地妇女干部培训班开班活动于广陈镇山塘村铖子书馆内如期举行。廊下、广陈两地镇村相关领导以及部分妇女代表相聚于此，共同见证两地妇联的携手。两村妇联按照"互联、互补、互动、互助"的原则，发挥沪浙毗邻地区区位优势，深化结对共建工作，扩展多样化区域服务内容，增进两地妇女、儿童、家庭交流，实现共同发展，一起为"明月山塘"特色古镇建设发挥妇女姐妹们的作用。一座山塘桥，架起的不仅是南北山塘的情谊，还是两地政府的合作，更是沪浙跨区域的联动。

沪浙山塘活动型妇联组织充分发挥基层妇女智慧和才能，争取早日将其建成沪浙基层联动发展的共赢地。

当天，沪浙山塘活动型妇联成立，廊下、广陈签订了两地妇联合作协议，为"沪浙山塘活动型妇联"和"沪浙山塘妇女之家"进行了揭牌。这次活动还确定了"山塘·物　山塘·情"品牌项目，并为6个活动小分队授牌：山塘"布娘"，发挥金山区廊下镇山塘村妇女制作土布和土布手工艺品的特长，结合两地旅游元素，开发各类土布手工艺品；山塘"织娘"，发挥平湖市广陈镇山塘村妇女制作手工棉鞋的特长，开发多种款式，供零售和爱心义卖；山塘"厨娘"，发挥两村妇女制作"传统老味道"的手艺，将两村"老味道"传播出去；山塘"故事"，组织一批了解两村发展历史、善于交流和表达的女性，收集山塘历史，挖掘山塘故事，传播山塘文化；山塘"风韵"，组织两村热爱文艺表演的女性，排演有各自乡村特色的文艺节目，展示两村文明乡风；山塘"印象"，负责各类活动照片拍摄和收集，做好项目开展情况的记录和整理，做好活动的宣传报道。

以沪浙山塘活动型妇联为依托，两镇为两地妇女姐妹架起沟通之桥、合作之桥，搭起施展才华的舞台，为南北山塘美丽乡村建设和全面建设小康社会贡献巾帼力量。

2019年2月19日，元宵佳节来临之际，浙沪两地百姓齐聚山塘，隆重举行"浙沪闹元宵　新春好灶头"——广陈镇十星级文明户表彰暨三团三社一会成立文艺展演。浙沪携手共度元宵，是两地文化联姻的又一次实践合作，浙沪一家亲，文化不分家，百姓享实惠，两地资源共享、联动发展的画卷徐徐展开。这次活动对广陈镇十星级文明户进行了表彰，还为廊下镇"土布走秀队""莲湘舞蹈队""中华戏曲队"和广陈镇三团三社一会进行了授牌。三团即"三友"铍子书艺术团、"兰花"民乐团、"水仙"合唱团；三社即"广陈潮"文学社、"子固"书画社、"盐溪"摄影社；一会即"彝斋"农民读书会。

文化节庆活动让群众的体验感更强、获得感更多，实实在在地感受到两地的联动发展。这也充分说明两地的联动、融合遍布群众生活的方方面面，实现了全方位和全要素的一体化。节庆活动具有规律性，只要开展过一次活动，以后年年都会传承下去，成为村民生活的一部分，也成为政府的一项重要工作。联合举办节庆活动把分散的活动办出了规模，办出了特色，办出了影响力。

民以食为天，食品安全向来是民生问题的一大热点，自然就成为联建的重要内容。2017 年 9 月 28 日，为了迎接国庆中秋小长假，保障节日内民众的餐桌安全，广陈镇与廊下镇两地市场监管所和农产品检测等部门开展了一次食品安全联合巡查抽检工作。两地食品安全相关条线人员相聚于廊下山塘村，并进行了授牌仪式。

联合巡查活动正式开始后，抽检联合队伍分为了两个行动组：一个行动组为食品安全巡查组，主要在南北山塘两地对餐饮、超市等食品经营单位进行巡查；另一个行动组为农产品抽检组，选择了广陈山塘村的两个蔬菜种植基地，当场快速抽检了 7 个品种的蔬菜并取走一部分样本待之后继续检测。

巡查结束后，两地人员在廊下山塘村进行了一次食品安全工作例会，两组人员分别汇报了检查成果：两地食品相关单位在索证索票方面的工作做得都比较完善；两地蔬菜基地的农产品在快速抽检中全部合格，正在等待进一步的核查。本次检查的最终结果将向社会公开。两地还在广陈镇山塘村建立廊下广陈食品安全联合检查、培训基地，配备专业的食品检测设备，并在接下来的食品安全工作中继续保持高密度合作，互通信息，共同执法，切实保障两地居民饮食安全。

除了食品安全巡查，廊下和广陈还共同举办过"土厨师"培训考试，并举行结业典礼。广陈镇、廊下镇领导及两地食品安全委员会办公室、市场监管所等相关单位的主要负责人、廊下广陈乡厨、广陈食安网格员等近 50 人参加此次典礼。仪式上，两镇领导分别为通过本次考试的两地乡厨代表颁发结业证书，并对首批顺利结业并取得合格证的55名厨师表示祝贺。同时对两地进一步加强食品安全工作提出新的要求，希望两地乡厨传承心尖上的风土人情，坚守舌尖上的原汁原味，牢固树立食品安全责任意识，加强监管防控，强化食品安全管理制度落实，完善建立长效机制，打造两地食品安全监管新样板。

廊下市场监管所负责人总结了本次食品安全知识培训，廊下、广陈食药安办负责人交流了工作经验，并部署了下阶段食品安全工作。廊下、广陈两地厨师代表交流发言，畅谈了两地舌尖乡情相融、食品安全从业过程的经验收获，也对两地监管部门安排的专业培训表示感谢。会后，廊下食安办组织两地土厨师去博海农艺园参观，进一步加强餐饮从业实践学习。

联建不只是进行联合巡查，还包括共同的服务。在广陈廊下的共同努力下，这里发出了首张"长三角一体化"跨省通办个体户营业执照，让老百姓实实在在地感受到一体化带来的便利。

2020年3月，来自广陈市场监管所的李玲、徐奕在山塘村巡查的时候碰到了沈阿姨。沈阿姨就更换营业执照的问题向二人求助，接过沈阿姨手中的营业执照，两人相视一笑，当即表示可以帮忙更换营业执照。原来沈阿姨是廊下镇北山塘人，所持的是上海市金山区廊下镇的营业执照。正所谓"南北山塘一家亲，市场监管不分家"，李玲、徐奕一同帮助沈阿姨填写好申请资料，并联系了廊下市场监管所人员，两地市场监管人通力合作，成功为沈阿姨办好了营业执照。这是广陈、廊下市场监管所共同发出的首张"长三角一体化"跨省通办个体户营业执照。沈阿姨连连道谢，为广陈廊下两地如此便民的服务点赞："早就听说浙江实行'最多跑一次'，这下可是让我这个上海人享福了，谢谢你们。"

广陈市场监管所曾多次主动与廊下对接，两地积极探索，协力推进"市场主体准入一体化",探索个体户"跨区域通办"服务。其探索经验有三:一是专人负责,建立联络小组。两所工作人员建立微信群,信息共享,做好工作对接,搭建"跨区域通办"平台。二是加强业务培训。由于两地在相关政策落实方面有具体细节上的差异,两地工作人员须加强见面交流、微信群交流,互相学习,共同进步。三是加大宣传力度。两所工作人员多次在节假日期间,共同在毗邻地区向居民派发宣传单,并开展现场咨询活动,让群众及时了解最新的情况和政策。南北山塘分属沪浙两地,加快两地协同发展步伐,促使合作越来越密切。[①]

在山塘村巡查期间,广陈市场监管所工作人员积极宣传两地的政策,让有需要的经营户申请跨省通办服务,开通预约办理热线电话。只进一扇门,能办两地事。除了营业执照的注册登记,广陈市场监管所后续还将推出食品经营许可证等方面的服务,为打破行政区划、整合政务资源、推动长三角一体化发展做出积极探索和创新尝试。正是通过联合巡查、共同服务等举措,南北山塘的协同发展得以实现。原来,由于所执行的标准不统一,两地之间产生了很多的矛盾和恶性竞争。比如,村民经常反映,为何对面的污水可以直排,而我们这边必须纳管;为何对面可以开店,而我们这里不行。针对这些问题,廊下、广陈的职能部门经过友好协商,逐步统一标准,给予村民们明确答复。在统一标准的过程中,在方便居民、游客的前提下,执行高标准、严要求,很好地提升了整个区域的管理、服务水平,让人们有了更多的获得感和幸福感。

在维护民生、大力发展美丽经济的同时,南北山塘的平安工作也在紧锣密鼓地开展着。比如,2017年10月,广陈镇综治办联合派出所、司法所、禁

---

① 嘉兴市政务数据办:《首张"长三角一体化"跨省通办个体户营业执照发出》,载中共嘉兴市委、嘉兴市人民政府网站,2020年4月14日。

毒办和山塘村共同携手金山区廊下镇综治办开展了一次两地联合巡防行动，在上海交界设防卡点对过往车辆进行查验；对边界地区的重点复杂场所、出租房屋进行检查；将平安宣传、法制宣传、禁毒宣传发放到每家每户；进入田间地头对重点人员的家属进行访问，为浙沪两地的安保维稳工作保驾护航。2021年11月，还在山塘驿—浙沪社会治理联合指挥中心开展了广陈—廊下毗邻治理交流活动。12月15日，一桥两山塘，平安一线牵——沪·浙平安边界山塘工作揭牌暨廊下·广陈两地平安边界志愿服务队授旗仪式在广陈镇山塘村钹子书馆内隆重举行。

南北山塘的地相近、人相亲是协同发展的基础。两村虽然属于不同的行政区，但村民之间的隔阂并没有那么大。原来，南山塘的孩子都到北山塘上学，孩子们一起长大，在童年时期就确立了深厚的情谊。两村之间通婚也非常普遍。亲属关系遍布在两村之中，在社会生活层面拉近了两村之间的距离。

平安联防为协同发展提供了新的契机。南北山塘村两委早有交往，但都是随机性的，没有太明确的任务，只在遇到事情时才临时性地采取合作。但是，世博会的任务让两村有了共同的目标，让彼此走得更近。任务的下达让两村在平安问题上保持高度一致，共同承担压力，成为责任共同体。

"毗邻党建"让两村的合作走向深入。"毗邻党建"是贯穿区、镇到村的整体，在三个层级均签订了协议，并且建立了相应的机制。毗邻地区的联动发展因党建而生，但协同的内容并不仅限于党建。这就极大地拓展了合作的内容，并且将其稳定下来，此后每年都要确定新的任务，并进行相应考核，这就对任务进行了强化和硬化。在此情况下，双方都调动了人员、资源来推进联动工作。

"明月山塘"景区的共同打造则让两村的合作驶上了快车道。如果说"毗邻党建"开了个好头，那么"明月山塘"景区的建设则让联动发展实现了具象化，真正地触及了利益、协调了关系、凝聚了共识。此时的统一不只是体现在双方的班子上，还涉及村民个体，只有做通了群众的工作，才能实现预期的目标。景区建设完成之后，不断地植入业态、不停地升级也就成为其建设的重要内容。

党建既是引领，也拓展了体制，构建了新机制。党建引领是全方位、全过程、全要素的，体现在工作的方方面面。党建引领搭建了众多的合作平台，创造了更多的接触机会，让参与合作的各方能够找得到人、说得上话。党建引领没有改变既有的行政隶属关系，没有增加新的机构，但是建立了新的联系，让既有的机构之间可以互动。把这些互动工作变得常态化之后，就形成了一种机制，就可以制定出路线图、时间表，将规划转变为现实，不断地将各项工作向前推进。正是因为有了党建的引领，后续活动才能开展得顺畅、自然。

南北山塘在实践中摸索出了"毗邻协同"工作法，作为抓党建促乡村振兴的一种创新方式，它开创了以党建推动跨省市乡村协同发展的先河，尽管尚处于起步发展阶段，但它对更大范围内毗邻地区如何实现乡村振兴一体化的问题有一定的经验启迪作用。

"毗邻协同"工作法打破了跨省市行政体制的约束，把工作内容摆到了长三角一体化发展和乡村振兴战略的大格局中。此过程以党建联建作为突破口，探索乡村协同发展的新路径，进一步延伸组织链、学习链、管理链、活动链和服务链，通过持续开展全方位、多层次、宽领域的深度合作，打好跨界协同推动实现乡村振兴的扎实基础。

"毗邻协同"是从"物理空间毗邻"到"发展要素毗邻"的迭代升级，推动了各类要素"抱团发展"。两地要通过构建"联动发展共谋、产业项目共促、基础设施互联、公共服务互通"的新常态，积极发挥"毗邻协同"在跨界地区，尤其是在乡村振兴融合发展中的引领作用，瞄准"供需对路"，变"单打独斗"为"联合攻坚"，形成合力，渗透到一体化发展中最活跃的细胞上。

　　让两地农村群众共享发展成果是探索"毗邻协同"工作法的根本目的。他们要用项目化的方式推进各项协作事务，始终把落脚点放在践行以人民为中心的发展思想，把党组织联系服务群众的力量转化为群众实实在在的生活质量，推动重点合作项目落深落细，在乡村产业发展、乡村社会治理、乡村公共服务等诸多方面办利民实事、解民生难题，普惠于民，使民众获得感更加充实、幸福感更有保障、安全感更可持续。

04

"一带一廊"谱新篇

如果说南北山塘是"毗邻党建"的一个亮点，那么廊下镇、广陈镇则共同书写了一篇更大的文章。廊下镇与广陈镇充分发挥地域相邻、水域相连、理念相亲、产业相近、生产生活密切等优势，不断深化跨省"毗邻党建"工作，以党建引领区域联动发展，全力打造"毗邻党建"引领区域联动发展桥头堡。廊下和广陈两地从党建结亲开始，探索形成了"毗邻党建"引领区域联动发展的新机制和毗邻地区联动发展的新模式。

六联机制的确立

廊下镇和广陈镇从 2015 年起就对"毗邻党建"工作进行了先行先试。两年后，两镇党委签订了全面合作框架协议。2017 年 2 月 10 日，广陈镇和廊下镇联合在山塘村百姓戏台举行了"孝善代代传·共筑新家园"沪浙两地共庆元宵联谊会，金山区、平湖市、广陈镇和廊下镇的领导以及南北两山塘的群众一起参加了联谊活动。在联谊会上，广陈和廊下两镇签订了结对协议。随后，广陈和廊下的文艺爱好者为当地群众表演了文艺节目。

2017 年 6 月 30 日晚，为共同庆祝建党 96 周年，进一步推进"一带一廊"建设,"民心党建　党建为民——广陈·廊下'一带一廊'项目启动仪式暨'两学一做'学习教育常态化制度化红色汇演"在广陈镇龙萌村如期举行。在这次活动上,两镇共同启动实施"一带一廊"(即共同建设一条"毗邻党建"示范带和打造一条跨省绿色生态走廊)合作共建项目,双方建立共建工作领导小组,形成"党建引领,全面接轨"的工作态势,争做打造"联动发展共赢地"的排头兵。活动中,广陈、廊下两镇领导分别致辞,共同表达了努力打造好"一带一廊",促进两镇美好发展的共同愿景。金山区委组织部、平湖市委组织部、廊下镇和广陈镇领导共同为广陈·廊下"一带一廊"项目揭牌。随后,广陈镇龙萌村与廊下镇中华村、广陈镇山塘村与廊下镇山塘村两地基层党组织进行结对签约。

为了将这份工作落到实处,双方又进行了具体的项目对接。7月21日,广陈和廊下共同召开"一带一廊"共建项目对接会,召集50多名共建领导小组成员单位的负责人,齐聚广陈镇会议中心,分条线对接商议2017年共建项目,以实现项目化推进的工作机制。党建、群团、行政、村级组织相关负责人分别上台分享前期共建项目开展情况及成功经验。与会人员分成党建联心组、文化联姻组、发展联动组、民生联建组、平安联防组和人才联育组共6个组,进行长达30分钟的项目对接交流活动。每组召集人各自总结交流对接情况,初步统计已形成的45个对接项目,在此基础上进一步梳理完善、落实实施。

廊下和广陈的结对共建并非仅仅建立在宣传层面,而是要实现党建引领、全面接轨。具体要做到确定人员,双方要主动对接,使对接工作更加全面化;确定项目,双方要落实责任,使对接工作更加具体化;确定步骤,双方要确定好思路和项目,把共建项目落到实处。

两镇地域相连、产业相近、人文相亲,这让两地的人们有着自然的亲近感。"一带一廊"的工作重点就是要实现党建引领,促进六联清单尽快确定;

资源共享，促进廊下广陈联动共赢；部门联手，促进联动发展早结硕果。具体可以称之为"六联"机制。

一是党建联心，牵起两地亲情。两镇坚持党建引领，进一步拓展两镇在农村党建、"两新"党建、合作社党建、阵地建设、党群服务等领域工作的合作交流，开展乡村振兴论坛、联组学习、主题沙龙、联席会议、书记论坛、党员管理等共建活动，发挥好推动全领域合作的桥梁纽带作用，督促推动既定项目实施落地，不断推动跨界乡村组织振兴。在两镇党委共建基础上，各群团组织、毗邻村和相关条线先后签订合作共建协议，一批在全市乃至全国首创的跨省联合组织站点相继成立，比如沪浙山塘平安联防队、食品安全联合巡查中队、沪浙山塘联合党支部和沪浙山塘活动型妇联等。两镇还创造性地合力打造"山塘布娘""山塘织娘""山塘厨娘""山塘故事""山塘风韵""山塘印象"6个特色项目。两地开展了共庆七一红色汇演、"党徽耀两新，群团风尚秀"廊下广陈两地群团服装设计展示大赛暨田园驿站授牌仪式、"相约宅基先锋行"徒步活动、"一带一廊"乡村振兴联组学习、南北山塘主题党日活动、书记工作室等主题活动。初步建成一条由20多个党建服务站点构成的"毗邻党建"示范带，建设形成毗邻党建广场、联合党支部桥头堡。逐步形成党委中心组联组学习、分管领导牵头协调、负责部门推进落实的工作机制。

2019年，廊下·广陈庆祝中国共产党成立98周年主题活动暨"毗邻党建"十村联盟启动仪式成功举行。十村联盟的成立，将"试验点"一一打通，变成了"试验田"，从"单打独斗"到"抱团取暖"，"毗邻党建"为协同发展提供了更多的资源和机遇。

二是文化联姻，引起两地共鸣。两镇坚持"党建＋文化"，拓展两镇在历史文化、民俗文化、乡贤文化、文化遗产等领域文化工作的合作交流。挖掘各自特色民俗文化，做好两地文化元素互相融合及展示，实现两地文体资源共享。举办了"绿色骑行·携手同游"浙沪两地骑行、廊下·广陈结对共建中秋吟诵会、"孝善代代传·共筑新家园"沪浙两地共庆元宵联谊会等活动，还开展了廊下土布品制作工艺、广陈铍子书、绒绣画等传统文化技艺的交流学习。

2018年4月，第一届沪浙乡村半程马拉松赛事由两镇同规划、同操办、同分享，2200多名运动员跑在全国首条跨省赛道上，这既是对两地"毗邻党建"成果的检验，更是对区域联动发展工作的提振，"半马"联通了两地文化，开启了"党建+公益"的新时代。2018年9月，金山·平湖首届中国农民丰收节在廊下生态园开幕。同月，第二届沪浙乡村半程马拉松成功举行。廊下和广陈两地以"协同规划、错位发展、联动共赢"为目标，携手在浙沪交界处的"孪生村"打造"明月山塘"景区。两镇以景区为核心、以马拉松赛道为纽带、以特色农业产业为填充，进一步深化浙沪区域合作、人文交流以及生态康体产业的协同发展，高质量融入长三角一体化发展大局，打造浙沪协同乡村振兴的发展品牌。

2019年11月，首届长三角"田园五镇"山塘论坛成功举行，推动浙沪两地乡村振兴事业蓬勃发展。该论坛充分发挥院校、企业和专家学者在乡村振兴战略研究中的作用，以学术交流推进乡村振兴战略规划、政策与行动的落地落实，促进五地更深层次、更宽领域的合作与交流。

文化联姻是构建地区文化交流的平台。通过"文化走亲"，两地实现了区域间文化资源共享，给当地群众带来不同的文化视听体验，使群众能够享受到别样的文化大餐。文化亲民、文化惠民，体现的不仅是文化资源共享的理念，更是促进区域间文化互动交流的有效手段；拉近了两镇之间的距离，也拉近了共建文化繁荣的情结。

三是发展联动，推动两地融合。两镇坚持"党建+发展"，进一步拓展两镇村社区、企事业单位、园区等对口单位的合作交流，形成资源、人才、环境、产业等方面的优势互补。以郊野公园为核心，做大做强合作社经济，打造浙沪农业合作经营平台，构建农旅全产业链构架，分区域推进精品种植、果蔬采摘、农旅体验等农业产业发展，健全农产品产业配套设施。廊下召开了沪浙"湾区大田园"乡村振兴协同发展战略规划会议，坚持一体规划、联动发展。

共同打造"明月山塘"特色景区，围绕老街改造、民居整治、道路河流提升三大工程全面提升山塘古镇形象。共建上海国际大都市后花园，围绕现代农业发展定位，做优做强农业旅游品牌，加大与平湖农业经济开发区的合作层级，推动两地发展深度融合。廊下镇科协与广陈镇科协签订了合作框架协议。围绕乡村振兴区域协同发展目标，两地以农业产业集群建设为着力点，联合发布"党建引领乡村振兴"共同行动三年计划20条，合力打造乡村旅居产业集群。

四是民生联建，凝聚两地民心。两镇坚持"党建＋民生"，进一步拓展两镇在医疗卫生、科教文卫、交通道路等领域的合作交流，在民生发展各领域形成优势互补的共建格局，为两地百姓带来更多、更优的民生服务项目。广陈与廊下合作成立全国首个跨省区联合食品安全委员会办公室，加快建设全国首个跨省域食品安全示范小镇。两地定期开展特色门诊交流，联合开展皮肤病、小针刀特约专家义诊，为两地居民提供咨询、保健平台，两地实现医保异地结算，极大地方便了两地百姓就医。

城乡公交207路终点站从广陈镇龙萌村延伸至廊下镇中华村农家乐，在农家乐乘坐莲廊专线可直达莲花路地铁站。公交日均客流量达800多人次，极大地方便了沿线百姓。两地中学、小学、幼儿园开展互访交流活动，展示各自校园文化特色，促进教育优质资源的共享共赢。"幼儿园一日规范活动"逐步成为一个品牌。

五是平安联防，促进两地和谐。两镇坚持"党建＋治理"，进一步拓展两镇在重点人群管控、矛盾纠纷排查调处、食品药品安全等领域的合作交流。

深化"联合、联建、联动、联防、联调、联处、联享、联管、联手、联谊"的平安边界"十联"机制，促进两地社会和谐稳定。

深化省际边界平安稳定，成立沪浙平安边界山塘工作站，打造全区第一家跨省市的"村级综治中心"，组建廊下广陈平安边界志愿服务队，加强毗邻地区平安宣传、法制宣传、禁毒宣传，联合做好社区矫正和重点人员管控。

深化重要时间节点护航行动，镇派出所、司法所、禁毒办携手广陈开展联合巡防行动，在沪浙交界设防卡点对过往车辆进行查验，检查边界地区的重点复杂场所、出租房屋，为浙沪两地特殊时期的安保维稳工作保驾护航。

六是人才联育，共谋乡村振兴。两镇坚持"党建＋人才"，进一步拓展两镇工青妇科及行业协会、商会、新生代企业家联谊会等组织的合作交流，开展项目化运作、互派式挂职、定期性交流、定向型互访、互助式培训等干部人才共育工作，促进两地干部人才共同进步。

开展"拓展联谊广交友 凝心聚力谋发展"联情联谊活动。两地举办机关工会趣味运动会、政协联合活动暨青年与委员面对面交流会、村居书记分享会、农创青年交流活动、农场主沙龙、青年企业家交流座谈会等活动。建立干部互派交流机制，2018年两镇互派挂职镇村干部7名，进一步架起两镇交流对接的桥梁。以"农场主沙龙"为阵地，进一步扩大农业合作社专业技术交流范围，共育懂农业、爱农村的乡村振兴人才。此外，两镇还成立了首个沪浙活动型妇联。①

"六联"是两镇进行联动的六个方面，也是一种合作的工作机制。六联确定了合作的大致方向，然后再依据实际情况确定具体项目，每年进行滚动发展，不断将合作推向深入。两地还成立了"毗邻党建"联动发展工作小组，

---

① 顾隽彦、佘海华：《毗邻党建路径的探索与思考——以浙江省平湖市广陈镇和上海市金山区廊下镇为例》，《江南论坛》2022年第6期。

负责日常活动的对接与交流，每年通过党委理论学习中心组联组学习，共同发布廊下广陈"一带一廊"共建项目，每月围绕"六联"推进结对共建项目，做到"月月有活动，轮流来坐庄"，并定期召开结对共建会议，推进项目建设进程。至今，两镇已经连续 4 年以"一带一廊""毗邻党建"为引领，共推出"六联"重点、一般项目 197 个。

联心联姻与联动

联心主要指党建联心，阵地共建，发挥党建的引领作用。联姻就是文化联姻，百姓同乐，通过文化拉近人们之间的距离。联动主要指发展联动，经济共荣，展现两地在经济方面的同频共振。

乡村振兴春作序，一带一廊来做媒，广陈廊下铺开美丽画卷。为进一步贯彻落实乡村振兴战略和中央农村工作会议精神，持续深化嘉兴金山全面合作框架协议及打造联动发展共赢的举措，2018 年 3 月 9 日，广陈镇班子领导来到金山区廊下镇，开展廊下·广陈中心组联组学习活动。与会人员共同学习了《中共中央　国务院关于实施乡村振兴战略的意见》，对习总书记在山东代表团讨论时提出的以产业振兴、人才振兴、文化振兴、生态振兴和组织振兴"五个振兴"扎实推动乡村振兴战略进行了专题学习研讨。

廊下镇领导从"筑牢毗邻友好关系，持续推进深度合作""发挥党建引领优势，六联共促联动发展""坚持发展共赢理念，造福一衣带水人民"三个方面对过去一年广陈、廊下"毗邻党建"引领两地联动发展中所取得的成绩进行了总结。广陈镇领导对未来一年"毗邻党建"引领两地联动发展部署工作提出三点想法：一是以六联合作机制为载体，以项目推动联动发展，不断丰富毗邻共建的内涵；二是以特色小镇建设为目标，以产业支撑错位发展，不断展现毗邻共建的效果；三是以打造示范样板为追求，以联谊促进共赢发展，不断深化毗邻共建的机制。

会上，两镇党政班子的与会成员就即将联动发展的半程马拉松赛事、"明月山塘"打造和2018年"一带一廊"项目等内容展开了具体的交流与讨论。与会人员表示，要以"一带一廊"乡村振兴论坛为契机，进一步深入贯彻落实乡村振兴战略，不断加强广陈与廊下两地"毗邻党建"引领区域联动发展的联系，让两地在资源共享的同时，相互学习，共同进步，增进两镇友谊。广陈要学习廊下，借鉴廊下现代农业园区建设的先进经验，加快建设农业经济开发区；接轨廊下，以"一村、一镇、一区、一环"建设为抓手，全面对接廊下开启深度合作新征程；携手廊下，融合发展，实现共赢，共同打造乡村振兴样板区，迎来毗邻友好新时代。廊下镇则要立足新起点，抢抓新机遇，瞄准长三角现代农业园区新目标；以乡村振兴战略为思想引导，以建设田园综合体为有力抓手，推动廊下联动发展；坚持党建引领、人才支撑、特色为主，以实干兴邦之姿态汇聚力量，推动乡村振兴。

2018年8月，廊下镇联合广陈等毗邻地区，组织发动基层党组织和广大党员开展"锋彩田园""锋彩农开"等党建引领乡村振兴共同行动，并提出"2018—2020年三年行动计划"，形成"区域联合、岗位建功、乐善志愿、美丽乡村、网格治理"五大活动20条工作举措，持续推进跨界地区乡村振兴协同发展。通过党建引领，促进两地社会治理、乡村振兴、文化建设等各方面融合发展。

广陈、廊下携手奔跑，十项重点工作发布加速推进区域联动发展。2019年2月14日，"打造乡村振兴和区域联动发展标杆阵地——廊下·广陈重点工程发布暨中心组联组学习"活动在廊下举行。

在学习过程中，金山区的领导指出，区域联动的重心在产业发展。过去的一年，廊下和广陈在"毗邻党建"的引领下，通过联动协调、携手合作，共同推动乡村振兴战略的落实，取得了不错的成果。站在新的起点上，两镇要紧紧围绕乡村振兴、长三角一体化战略目标，建设优势叠加的区域联动共同体，齐心协力创造两镇发展的新奇迹。"毗邻党建""山塘论坛""沪浙田园五镇乡村振兴试验区"是重要的抓手，也是两镇需要做好的三大篇章。广陈镇领导表示，长三角区域一体化发展上升为国家战略是重大的机遇，广陈一定会积极作为，争取获得更佳的成绩。在此过程中，广陈与廊下凝心追梦、携手奔跑。两镇聚焦协同项目，由接轨变并轨，由合作变合伙，让联系更加紧密、机制更加灵活、标杆更加显著。廊下镇领导认为此次中心组联组学习是深化合作的重要契机。在工作过程中，两镇坚持党建引领、人才支撑、特色为主，共同打造区域联动发展和乡村振兴的示范。未来，廊下与广陈将以更高的站位、更宽的视野谋划乡村振兴，实现两地的高质量发展。

随后，两镇人员以"打造乡村振兴和区域联动发展标杆阵地"为主题，从毗邻党建作用发挥、内涵延伸、模式推广、品牌打造等维度，融合发展规划共谋、民生共享、优势互补等方面交流意见建议，为两镇发展献计献策。

活动中还发布了2019年"一带一廊"十项重点工作，并对2018年"毗邻党建"工作总结及2019年工作进行部署。

广陈廊下"毗邻党建"是高质量发展的数字密码。2019年6月27日，在全党上下喜庆中国共产党成立98周年之际，广陈、廊下两镇广大党员干部共聚一堂，回顾党的光辉历程，缅怀党的丰功伟绩，庆祝党的98周年华诞，以此激励两镇党员干部进一步坚定信心、振奋精神，创先争优、发挥作用，为加快建设田园廊下、田美农开而不懈努力。金山、平湖组织部领导，广陈、廊下两镇班子成员，相关部门和基层党组织负责人以及"毗邻党建"十村联盟的党员代表参加了此次活动。

在乡村振兴和长三角一体化等战略背景下，广陈、廊下两镇不断拆除束缚联动发展的藩篱，实现你中有我、你追我赶、协同发展的工作目标，真正实现区域联动发展两个扇面的同频共振。两镇发起成立了十村联盟，为"毗邻党建"赋予了新的内涵。十村联盟可以用"10 1 1 3 16 10 20"这组数字密码来概括其主要内容。

"10"即马拉松示范带十村党建联盟。马拉松示范带十村党建联盟是金山区和平湖市"毗邻党建"引领区域联动发展的重要项目，由广陈镇、廊下镇马拉松赛道沿线的南山塘村、北山塘村、龙萌村、中华村、港中村、中丰村、泗泾村、中民村、中联村、友好村联合形成"毗邻党建"十村联盟。

"1"即1个实验室。十村党建联盟是十村跨省协同发展的主战场，也开辟了长三角一体化工作的新征程，还是十村干部锻炼培养的大熔炉，为此，两镇率先在十村建立领雁培养的实验室。

"1"即1张规划图。十村组织、生态、产业、人才、文化、资源分布规划图。

"3"即3条示范带。示范红党建带、健康绿生态带、活力橙产业带，也可以称之为三条党建联盟学习线路，共涉及60个发展项目、教学点，整合毗邻资源，发展区域联动，为沪浙两地的党员、群众提供一个参观、学习、交流的好去处，也为两地的产业、旅游、经济发展提供了一个好平台，更为沪浙两地"毗邻党建"工作创新了一个好载体。

"16"即十村党建联盟2019年16个重点实施项目。包括毗邻党建展示馆、精灵家园公益服务社、明月山塘游客集散中心、向友路党建示范路、红色六里塘、泖秀浜美丽一条埭、幸福戍丰示范带、廊巷美丽一条埭、初心教学路、精准扶贫基地、农业产业党建服务联盟工作站、网船浜美丽村落、龙萌村党建公园、廊下埭美丽村落、幸福党建主题公园等。

"10"即为10位"乡村振兴规划师"颁发聘用证书。广陈、廊下作为"田园五镇"的先行区，紧密结合背靠上海超大城市、沪浙融入一体化发展的区位特点，不断提高抓党建促乡村振兴、抓党建促社会治理的工作质量和水平。为此，两镇特别聘请了一批理论研究、乡村规划、农业发展等方面的专家学者和专业人才，助力两地高质量发展。

"20"即20名来自广陈、廊下的青年铁军。在马拉松示范带十村党建联盟项目表中，每个村都配备了来自广陈、廊下两镇共计20名青年干部以共同协助完成党建任务。这既是对青年铁军基层一线攻坚破难的磨炼，同时也是对青年铁军自身能力的一种锻炼提高，以党建联盟集聚发展资源，以党建联盟实施项目共促协同发展。

两地联合聘请的10位乡村振兴规划师从顶层设计的角度，做好乡村振兴十村联盟的规划，更好地引领发展。两镇各分派了10名驻村青年干部，帮助推进项目的实施。相当于每个村里既有广陈的一名青年干部，又有廊下的一名青年干部来共同助力这些项目。对青年干部来说，不仅是去助推这些项目，同时也是奔赴一线破难项目的战场，也能有效地提升自身的实践能力。

廊下与广陈是沪浙长三角"田园五镇"乡村振兴先行区里的两个镇，这次集合两镇的10个村成立"毗邻党建"十村联盟区域面积达40.55平方公里，强点连线，扩点成片，形成了一个联动发展的核心区，让党建的血液流通每一个发展点，从纵向发展带动横向发展，打造不同维度的乡村振兴精致蓝图。

早在2017年6月，廊下、广陈两地党委就迎来了第一次"亲密接触"，南北山塘签订全面合作框架协议并成立沪浙山塘联合党支部，探索形成"一二三四五""毗邻党建"品牌。廊下镇山塘村党总支书记杨立平曾说过："毗邻党建引领乡村振兴，这些合作才刚刚起步，但已经让我们深刻感受到'1+1'远大于2的效果。无论是大环境的AAAA级景区的建造，还是党建、群团工作，抑或是各个产业的联动发展都让很多人看到了这里发展的美好前景。"其实，廊下山塘村与广陈山塘村，亦如廊下中华村与广陈龙萌村的结对一样，只是沪浙两地协同发展的"试验点"。十村联盟的出现，将这些"点"一一打通，让这些"点"摇身变成"试验田"，从"单打独斗"演变成"抱团取暖"。这是在"一桥两山塘,党建一家亲"品牌基础上,两地开展党建合作的又一重大举措。在当天的启动仪式上,浙沪两地 10 个村的书记依次上台拼好十村地图,预示马拉松示范带十村党建联盟正式启动。

为什么考虑这 10 个村呢? 这 10 个村有一条共同的纽带:廊下和广陈每年都要举办马拉松赛事,而这 10 个村就是位于马拉松赛道两侧的 10 个村,因此这不仅是一条赛道,更是两地的产业融合大道,同时也是党建方面的示范带。在此基础上让这 10 个村进行"抱团",建立起一个联盟,也是想要通过这样一个联盟去带动 10 个村的发展。

4 年来,两镇积极探索浙沪两地党建毗邻工作,由南北山塘共同建设的"一桥两山塘,党建一家亲"已初显成效,为了将点上的出彩向面上延伸,才有了这次十村联盟的探索。后续两镇还将通过 16 个重点项目去具体推进十村联盟的建设。这些项目涉及党建、生态、文化、乡村振兴等各个方面,通过项目精准地做出成效。同时,两镇按照打造好的线路画了一个规划图,初步打造了 3 条已经成熟的线路,即党建示范带、产业示范带、生态建设示范带。3 条示范带打造串点成线展现成效,使党员或者群众能从中受益。

此外,当天还举行了"区域协同·领雁工程实验室"的揭牌仪式,预示着在十村联盟的背景下,这 10 个村的村干部可实现无障碍挂职,通过相互学习、相互借鉴,促进强村带弱村,更好地提升村干部的能力,也进一步促进两地协同发展。

广陈、廊下两镇还将重点围绕"党建引领、区域协同",坚持以"10 1 1 3 16 10 20"为工作主抓手,合力推动广陈、廊下两镇"毗邻党建"工作驶入高质量发展快车道。

毗邻同发展,联组共学习。2019 年 12 月 2 日下午,广陈、廊下两镇班子领导围绕"深入学习十九届四中全会精神,着力提升基层治理水平"这一主题开展理论学习中心组联组学习,深入交流学习体会,推进区域协同共谋发展。

广陈镇领导对于浙沪两地理论学习中心组联组学习模式给予充分肯定，他指出"有所观，有所学，必定有所思"，围绕"贵在持之以恒、重在与时俱进、学在形式创新、合在两地共频、实在学融结合"等方面进行发言，两镇应利用好这一学习平台，开展好理论学习中心组联组学习，互学互看互促互进，同心同力推动长三角一体化发展。廊下镇领导表示，将以此次中心组联组学习为契机，深化合作，以党建引领深化基层治理为目标，持续提升维护稳定和服务群众能力，突出将红色基因根植绿色发展，凝聚区域共治合力，筑牢基层堡垒，助力长三角可持续发展。

碰撞思想，提升视野，创新思维。两镇班子领导围绕学习贯彻十九届四中全会精神，结合完善基层治理体系和提升基层治理能力，从机制载体设计、农业产业发展、环境综合治理等多个角度交流了工作经验、有效做法以及思考和建议。在交流与沟通中携手并进，共谋发展。

对照主题教育"学原著读原文悟原理"的要求，全体理论学习中心组联组学习成员集体学习了党的十九届四中全会公报，并观看了视频《如何准确领会十九届四中全会精神》。会前，廊下镇领导一行还前往农创小镇和广陈镇党群服务中心进行实地考察调研。

为深入贯彻落实党的十九届五中全会精神，积极开展"十四五"规划编制工作，力争以高质量的"十四五"规划引领高质量发展，2020年11月17日上午，广陈与廊下开展中心组联组学习活动。广陈镇领导在讲话中结合对十九届五中全会精神的学习和对"十四五"期间广陈镇、廊下镇合作发展的思考，提出三方面意见：一是要联动贯彻落实十九届五中全会精神，具体要做好常态化开展联组联动学习交流，针对性贯彻落实工作举措，全局性思考两地联动发展长远计划；二是要同步谋划"十四五"发展规划，具体做到靠前沟通，找准合作点，同步谋划，拉长合作线，统筹谋划，形成合作面；三是要共同完成两地合作的重点工作，具体要加快筹办山塘论坛，及时完成"田园五镇"工作总结，提前谋划 2021 年两地合作事宜。廊下镇领导表示，关于广陈与廊下两地"十四五"期间的发展，可以用"充满期待"四字来描述，具体要做到共同开创党建联建新局面、共同深化两地联动新内涵和共同打造乡村振兴的标杆阵地。活动上两地班子领导围绕贯彻落实十九届五中全会精神及"十四五"发展规划等进行发言。

为继续共同谋划推进，将"一带一廊"品牌走深走实，不断提升合作层级，建强浙沪"毗邻党建"桥头堡，落实党史学习教育，深入学习贯彻习近平新时代中国特色社会主义思想，广陈和廊下开展了"学党史 开新局·毗邻党建引领乡村振兴"——廊下镇·广陈镇党委理论学习中心组联组学习活动。广陈、廊下两地领导班子成员参加本次活动。

活动中，广陈镇领导结合自身工作学习经验，就学党史、开新局、"毗邻党建"引领乡村振兴这一主题提出三方面要求：一要勇开发展新局，在党建凝聚力、"毗邻党建"推广、区域社会治理上再发力，助推"毗邻党建"从出发到走远走实；二要共绘振兴蓝图，在共谋产业发展、共商区域布局、共研合作机制上紧密协同，高质量打造农业农村现代化；三要追梦共同富裕，在物质富裕、精神富足、相对均衡方面补足短板，共同答好民生之卷。

廊下镇领导指出，要夯实基础，在学习党史中筑牢初心和使命；要知行结合，将学党史转化为推动工作的实际成果；要整合资源，将资源汇聚成建设长三角"田园五镇"乡村振兴先行区的强大动力。他强调，与会人员要充分认识到开展党史学习教育的重要意义，把理论学习贯彻到实践工作当中，持续打造"吃在南山塘、住在北山塘"格局，谋划"田园五镇"更高发展能级。

在中心组联组学习活动中，两镇还总结了 2020 年"一带一廊"联动发展推进情况，并共同发布了 2021 年广陈·廊下"一带一廊"共建项目，其中重点项目 10 个、一般项目 30 个。全体与会人员还一同观看了视频《金山第一位共产党员——李一谔》。

联组学习既是学习的好机会，也是推进工作的重要方式。联组学习既是对过去工作的总结会，也是对未来实践的谋划会。联组学习有两个方面的内容，一是共同学习中央文件、会议精神，提高认识水平，开拓思路和眼界，为进一步落实实践工作提供帮助；二是对"一带一廊"工作进行总结和展望，这需要两镇进行共同的商讨，碰撞思想的火花，并通过会议的形式将讨论成果固定下来。

在党建引领下，阵地共建还拓展到了人大、政协和纪检领域。法安天下，德润人心，2020 年 12 月 29 日，在中华人民共和国第一部以"法典"命名的法律即将生效之际，广陈镇与廊下镇共同举办"浙沪代表手拉手　普及法典我先行——广陈廊下人大代表宣传民法典知识行"活动。在《民法典》正式施行和辞旧迎新之际，浙沪两地领导与人大代表在"明月山塘"举行此次主题活动具有深意：一是有助于两地代表加强沟通互动；二是有助于代表先学先行；三是有助于《民法典》的普及与宣传，让《民法典》走到群众身边、走进群众心里。

活动从百姓舞台广场开始，途经北山塘老街、山塘桥、添却廊、半亩方塘、南山塘老街、南山塘毗邻党建广场、明月桥、北山塘党史馆八个民法知识问答关卡，走在路上，人大代表们一边感受两地美丽乡村建设成果，一边学习《民法典》知识。在廊下镇金家宅，人大代表与群众共同参与《民法典》学习和知识竞赛。两地人大代表还为百姓送福字、普及《民法典》知识。

浙沪两地人大代表聚在一起，做的不只有普法宣传，还进行了联合视察。为进一步贯彻长三角生态绿色一体化发展战略部署，加速推进浙沪毗邻区域一体化、协同式的生态环境建设，2021 年 4 月 21 日，金山、平湖两地人大常委会开展区域水环境联合视察。

浙沪两地人大在 2020 年就建立了区域生态环境联合监督机制。此次视察则是以"水"为题，剑指"一体化"区域水环境治理。视察组一行实地视察了上海金山区郊野公园市级土地整治项目、中华村生活污水处理站点、沪浙南北山塘界河和平湖市广陈塘沿岸生态拦截沟渠、水稻清洁生产项目 4 个点位的水环境治理情况。座谈会上，金山、平湖两地政府部门分别介绍了各自的专项治水工作和水环境综合治理工作情况，并重点展示了两地"河长制""三个治水行动日"等特色亮点工作，共享经验、共促提升。

与会区（市）人大代表、毗邻镇人大代表就视察中发现的问题、治理中存在的短板不足进行了精彩发言，提出了精准建议。与会领导充分肯定了联合监督机制的实际成效，并提出了相关建议。要坚持精准监督、有效监督，推进两地联合监督再展新作为。从"点、线、面"三个水环境治理的角度，有效履职、强化监督，助力长三角生态绿色一体化发展。要坚持问题导向、效果导向，推动两地联合监督再出新成效。重点把好"排查关""整治关""机制关"，进一步深化攻坚、持久作战，推动水环境实现污染共治、标本兼治。要坚持砥砺创新、协同创新，推进两地联合监督再上新台阶。在联合监督机制中，促进生态价值的转化、创新实践的转化和监督成果的转化，不断丰富人民代表大会制度在地方的生动实践。

共话乡村振兴新图景，政协委员齐发声。2018 年 11 月 3 日，廊下广陈两地政协暨青年与政协委员面对面活动如期举行。两地政协委员一行分别前往廊下三处民宿所在地，深入了解民宿发展规模、主题特色、项目体验、针对客户群体等民宿基本情况，就如何进一步推进民宿发展与各民宿负责人进行了交流探讨。

在本次活动中，围绕"产业支撑、青年回乡"，各位委员与青年代表纷纷发表了意见和建议。乡村振兴是现代社会对乡村生活的重新演绎和回归，但回归需要载体，由民宿形成民宿集群，不仅是对乡村生活进行高标准的演绎，更是高于城市生活的演绎。这种体验的极致性和多样性会对城市生活的人群形成强大吸引力，再带动农业发展，形成最终的乡村振兴。这也是此次两地活动举办的最终目标。

两地还曾举办过跨区域"请你来协商"活动，聚焦浙沪毗邻区域农旅产业联动发展。2020年6月，一场以"浙沪毗邻区域农旅产业联动发展"为主题的协商会在山塘村钹子书馆内举行，这是广陈和廊下举办的首场跨区域专题协商会。平湖市政协副主席，市政协提案委主任，市政协农业农村委主任、第十一界别组（农业）部分委员以及广陈、廊下两镇政协委员，广陈镇领导等参加。

会上，平湖市政协副主席表示，通过面对面的畅谈，与会人员就浙沪毗邻区域农旅产业联动发展进行了广泛而深入的分析探讨，既有实践经验的总结，又有现实问题的剖析，还有新思路新方法的启迪，对两地农旅发展起到积极作用。两地跨区域的协商会议将"请你来协商"向界别拓展，向基层延伸，希望广大政协委员积极参与，发表意见建议，为党政的科学民主决策提供有益参考。

协商会既是一次跨区域的政协专门协商，也是委员之间的智慧交流、头脑风暴。会上，与会人员围绕浙沪毗邻区域农旅联动发展这一主题，就产业联动、资源共享、学习借鉴等内容提出了意见建议，两镇农业、旅游分管领导就基本情况、农旅发展等作了介绍。会前，与会人员一行分别前往美郁花园农场、金塘番茄基地、南北山塘老街进行实地调研。

推进浙沪毗邻区域农旅一体化，委员会客厅里话发展。2020年9月27日，广陈廊下毗邻委员会客厅围绕浙沪毗邻区域农旅发展这一主题开展活动，广陈镇委员小组和廊下地区联络组全体委员参加本次活动。广陈廊下毗邻委员会客厅由政协广陈委组和金山区政协廊下地区联络组的近20名委员组成，分别由平湖市政协委员谢静方和金山区政协委员陈林根牵头，致力于浙沪两地毗邻区域农旅产业联动发展，助推乡村振兴产业发展。

让农业成为有奔头的产业，让农民成为有吸引力的职业，让农村成为宜居宜业的花园，这也是两镇委员协商议政共同持续关注的聚焦点。廊下镇委员说，上半年两地委组联组活动时，美郁花园还在建设中，今天再次过来完全不一样了。广陈镇的美郁花园农场和廊下镇的金廊马术俱乐部签订了合作协议，浙沪南北山塘的老街举行了开街仪式……浙沪两地农文旅产业发展的步子越来越快，合作越来越紧密。

浙沪毗邻区域农旅产业联动发展跨区域协商会后，南山塘的奇妙葫芦屋、铍子书馆，北山塘的青瓷馆、版画馆成了"明月山塘"景区的网红打卡点；美郁花园、星空度假营、金塘番茄基地串起了浙沪毗邻区域的亲子游线路。委员们建议：在浙沪两地毗邻区域农旅产业联动发展的基础上，结合广陈廊下两镇各自农业产业发展定位，进一步加深两地在产业升级、营销方式、产业链完善等方面的合作对接，真正实现两地农旅文产业高质量发展。通过广陈廊下毗邻委员会客厅，两地政协委员的协商更紧密、互动更频繁、交流更顺畅，促进区域联动发展的优势互补、共建共享，推动协商成果落地落实。

为加强广陈、廊下"毗邻党建"合作，实现共建共享，助推两地纪检监察工作实现新突破，两地纪检监察机关于2020年4月8日召开工作交流座谈会，总结分析过去的工作成效，探讨谋划未来工作部署。

广陈、廊下坚持用区域化党建成果引领纪检监察工作，深化"共享教育资源、共育廉政文化"活动氛围。会上，广陈、廊下两镇党委委员、纪委书记分别汇报交流了2019年纪检监察重点工作，并共同谋划2020年工作。两镇纪委副书记、监察办副主任分别就乡镇纪委监察办监督业务难点工作进行交流。

同时，两镇纪委兼职委员、部分村党总支部书记和村监会主任代表也列席会议，就执纪问责、巡察审计、全面从严治党、队伍建设、制度完善等问题展开交流讨论，发表意见建议，双方希望下一步加大合作共建，相互学习借鉴，取长补短，推动两地纪检监察工作高质量发展。会前，与会人员一行先后前往南陆村怡善堂、山塘村琼璞文化苑等廉政教育点等场所实地参观走访，深入了解廉政文化，不断强化纪检队伍廉政意识和担当精神。

扎实推进基层纪检监察工作区域联动，是廊下、广陈镇纪检监察工作的一项创新，学习互动制度化、疑难问诊经常化、成果共享常态化在不断坚持中有所深化。为了进一步提高广陈、廊下两地纪检监察干部队伍素质和能力，不断开创基层纪检监察工作新局面，2020年9月24日和2021年4月29日，广陈镇与廊下镇共同举办了两期年度基层纪检监察干部学习培训班。

浙江省平湖市广陈镇与上海市金山区廊下镇一桥之隔，紧密相连。在文化大融合的背景助推下，广陈与廊下广泛开展文化交流活动，取得了不俗成效。

2017年7月5日，广陈镇迎来了一批朝气蓬勃的廊下青年，他们是由金山区廊下镇信息中心成员、《新廊下》报编辑以及廊下各村宣传委员组成的文化调研团，在廊下镇新闻中心主任马晓锋的带领下来到广陈进行"文化走亲"，零距离感受广陈文化。"文化走亲"让广陈与廊下两镇文化宣传团队对彼此有了更加深入的了解与认识，让两镇的文化内涵得到更有效的融合，不仅拉近了两镇之间文化距离，同时也实现了区域间的文化资源共享，更拉进了共建繁荣文化的情节。

在宣传思想文化大融合的背景助推下，广陈与廊下广泛开展文化交流活动，两地越走越近。广陈镇龙萌村与廊下镇中华村自2017年6月30日进行结对签约后陆续开展了一系列活动，龙萌村与中华村再一次联手开展土布DIY活动和暑期安全知识培训，为两地孩子们的暑期生活奉上了一道精彩的"文化大餐"。

龙萌中华一家亲，在建党97周年来临之际，为进一步增强党员干部党性修养和使命意识，广陈龙萌村于2018年5月30日应邀出席了廊下中华村

"弘扬红色文化、助推美丽乡村"主题党日活动。这是龙萌村和中华村自结对共建以来，第一次共同开展主题党日活动，通过参观红色景点、美丽乡村等行程安排，两村党员进一步发挥党员先锋模范作用，助力乡村振兴发展。

2017年9月26日，恰逢中秋佳节来临之际，为庆祝新中国成立68周年，迎接党的十九大召开，廊下与广陈两地党委联合举办的"2017年迎国庆、庆中秋首届机关趣味农耕运动会"在廊下镇郊野公园内的草莓基地正式拉开帷幕。运动会通过有趣、好玩、体验的方式唤起人们的乡愁，使人们有机会感受源远流长的农耕文化。这是一次通过体验传统民俗及绿色健康感受到快乐的机会，更是落实廊下、广陈两地共建项目，深化两地联动发展的具体举措。

丹桂飘香，金秋送爽，为进一步落实浙江省委、嘉兴和平湖市委关于全面接轨上海的工作部署，广陈和廊下积极建立"一带一廊"合作共建项目，全面实施，促进两地协同发展。2017年9月27日晚上，"一轮明月寄相思 踏月吟诵共欢歌"廊下·广陈结对共建中秋吟诵会在广陈镇龙萌村隆重举行。在中秋佳节来临之际，两镇借"文化联姻"的纽带，增进两地共建结对的友好关系，共叙美好发展的前景心愿。

小小瓜灯牵起廊下广陈两地群众大大情谊。2018年9月23日，广陈镇孟坚文化园内热闹非凡，来自农开和廊下两地的刻瓜灯能手们齐聚一堂，开展了一次精彩的西瓜灯雕刻创意大赛。此次大赛也是2018年平湖西瓜灯文化节、长三角首届农民丰收节西瓜灯雕刻创意大赛的广陈镇分会场，现场还有重量级评委为选手们的作品进行评分，并选出最具含金量的"最佳雕刻奖"和"最佳创意奖"。

游孟坚故里·寻浙沪风韵——浙沪文物寻宝定向赛作为此次西瓜灯节期间最具期待的活动之一，招募预告一经上线便受到大家的热情响应，200多个名额一抢而空。本次比赛6人为一队，按照规定的线路"寻宝"并完成任务，完成所有任务且比赛用时最少的参赛小组将获得"特殊奖励"。随着到场领导嘉宾共同发枪鸣笛，200多名身着蓝色运动服的参赛选手起步开跑，在浙沪边界线上掀起了一股"蓝色旋风"。共计约5公里的路程途经广陈镇山塘村抗战遗址——碉堡、美丽乡村沿线、山塘老街、廊下镇山塘村琼璞文化苑、长港锁钥桥等，走过两座桥，横跨浙沪两个省，从浙江到上海，从上海回浙江，只需短短几分钟，却给所有参赛选手留下深刻印象。选手们穿梭于两地之间，于人于景，于一草一木，感受着历史变迁中浙沪两地的风土人情。

2019年1月25日，浙沪山塘首届乡村年货节正式开幕。这里有香飘四溢的传统小吃、五花八门的文创展品、琳琅满目的年货大礼、精彩绝伦的钹子书戏，还有人山人海的淘"宝"大军。自此以后，举办年货节也成为山塘的新传统。每到节庆，山塘都会举办相应的活动，让村民、游客齐欢乐。并且在举办的节庆活动中，他们会不断地融入时代和地域元素。

举办马拉松赛事是两地联动发展的重要表现。举办马拉松赛事并非易事，需要有个过程，并逐步积累经验。廊下与广陈的马拉松就是从徒步走开始，一步步走出来的。2017年4月21日，廊下镇党委、政府举办以"相约宅基先锋行"为主题的2017廊下郊野公益徒步活动，广陈镇团委、镇综合文化站受邀参加。此次徒步活动起终点为廊下山塘村村委会，途经姚家宅"事合院"党建服务点、廊下青年中心、廊下民俗文化体验点、田园驿站。活动人员到达这些点完成3道必答题和1个特殊任务后，以敲章打卡的方式完成任务。

徒步方式是开展红色教育的良好方法。在徒步活动的任务点上，必答题中有党建、团建知识的问答和与党、团相关的一个特殊任务。比如：请你说出今年是建党多少周年，建团多少周年、请你唱一首"红歌"等，让参加活动的党、团员和市民群众通过知识问答和特殊任务的方式了解更多党建、团建知识，提升对中国共产党、中国共产主义青年团的认识。活动的必答题中还涵盖了"中国古诗词""人类非物质文化遗产二十四节气"等相关知识，加强参与者对优秀传统文化的认识。徒步方式还很好地展现了青春正能量，因为这些活动需要参与人员通过小组形式共同完成，考验的是大家的团结协作能力。

近几年，广陈紧跟"与沪同城"的步伐，交流活动愈加频繁，从经济层面逐渐拓展到文化层面，不断实现两地宣传思想文化工作人才互动、文化互融、信息互通、媒体互往、优势互补，达到合作共赢、共同发展。

广陈廊下"步"期而遇，"阔步"丈量深秋浙沪最美路线。徒步，迈出的是脚步，踏上的是心路，同行的是挚友，收获的是真情。上海市第十届徒步大会于 2017 年 11 月 25 日在上海廊下生态园正式启动，共有来自上海、浙江的 50 余名徒步爱好者参加此次徒步大会。以此次徒步大会为契机，广陈与廊下加快融合步伐，为广陈—廊下跨省半程田园马拉松赛事打下坚实基础。

2017 年 12 月 16 日，广陈镇组织以"践行十九大精神，我在党建服务点打 CALL"为主题的入党积极分子、新党员"一带一廊"先锋行活动。作为深入学习宣传贯彻党的十九大精神，大力推进廊下广陈"一带一廊"项目共建活动之一。活动通过党章接力读、党徽我来剪、"红歌"大家唱等任务形式，以徒步方式践行十九大精神，感受行走的力量，合力推进党建示范带建设，形成党建红色辐射区，促成绿色生态走廊建设，实现两镇党建阵地、党建资源共建共享，有效提高党建阵地利用率和影响率。

全体成员共分为 8 组，以小组为单位分别到 5 个党建服务点，以盖章打卡方式完成任务，并以小组为单位认领结对一名老党员和一户困难户，近期上门走访慰问。通过新老党员结对，进一步继承和弘扬老一辈共产党员的优良作风，不忘初心，继续前行；通过结对困难户，进一步增强入党积极分子、新党员服务意识、责任意识、使命意识。参加徒步的同志说，在党的十九大精神的引领下，以徒步方式亲身体验了廊下广陈两地各类党建服务点，看到了两镇在党建工作上的合作共建，感受到了党建服务点为民服务的浓厚氛围，不由地要为这些党建服务点加油喝彩。作为一名新党员，既欣喜又骄傲。

为迎接"五一"国际劳动节，丰富职工业余文化生活，2018年4月28日，广陈廊下两地职工朋友齐聚廊下镇山塘村古戏台，共同参加"沪浙职工一家亲，创城携手走起来"表彰第六届优秀"新廊下人"暨"文明低碳健步行"职工徒步竞赛活动。

一边是通过举办多场徒步走积累经验，一边是政府间加强交流、对接具体事宜。正是通过双方的紧密互动，才没有将马拉松赛事的举办变成"马拉松"。从马拉松赛事筹办的节奏上，可以看到两镇奔跑的姿态。

2017年8月31日，广陈与金山区体育局、廊下镇现场对接沪浙乡村半程马拉松线路。

2017年9月30日，广陈与廊下就户外活动再次进行对接，预热沪浙乡村半程马拉松比赛。

2017年11月1日，广陈与廊下对接沪浙乡村半程马拉松赛事宜。

2017年12月14日，金山区公安局、体育局、廊下镇，平湖市公安局、广陈镇联合到现场踏看沪浙乡村半程马拉松赛路线。

2018年2月28日，广陈与廊下就沪浙乡村半程马拉松赛再次进行对接，明确责任事项，细化任务。

2018年3月21日，金山区和平湖市相关部门负责人就沪浙半程马拉松赛事相关事项进行讨论对接。

2018年3月25日上午，来自金山和平湖广陈的近300名骑游爱好者齐聚廊下，举行"2018年金山区全民健身大会田野百花节骑游活动"，为"田园廊下·水墨广陈—沪浙乡村半程马拉松"预热，共赴这一场"春天的约会"。

2018年3月28日，广陈镇领导带领涉及条线部门负责人踏看马拉松线路，现场交办，明确任务，抢抓时间节点。

2018年4月8日，为进一步实现区域联动发展，扎实推进乡村振兴战略，深化"一带一廊"项目化建设，广陈与廊下两地特别举办"相约三下

乡　情暖金平湖"金山廊下·平湖广陈党团员志愿者骑游创城宣传暨"国旗下成长"金山区青少年爱国主义教育活动。来自两镇的相关部门负责人、志愿服务团队代表和群众代表，以及参加骑游活动的党团员志愿者近300人到场。广陈镇七色联盟志愿服务团、广陈镇垃圾分类志愿服务队、廊下·广陈"一带一廊"党员志愿服务联队、廊下"点金石"青年志愿服务队以创城工作为契机，携手推进环境整治和美丽乡村建设，并启动"我为创城添砖加瓦"活动，为平湖市创建全国文明城市和金山区创建全国文明城区出征。

2018年4月15日8点30分，"田园廊下·水墨广陈"2018沪浙乡村半程马拉松赛顺利鸣枪开跑。2200多名来自各个国家、地区的马拉松爱好者在金山廊下生态园集结，以路为轴，以景为体，以田园风光为伴，挥洒汗水，畅快奔跑。此次赛道的最大亮点是"跨省"。在赛程1.8公里处就能从上海跨到浙江，在9.5公里处还能从浙江再一步跨回上海。主办方在赛道布置、赛事用品设计以及奖品设置等环节进行了精心策划，力求将地域文化充分融入赛事中，使广陈廊下的地方特色在参与者心中留下深刻记忆。赛道沿途准备了打莲湘、腰鼓、扇子舞等当地特色民俗文化表演。在比赛当天的特色文化集市上，廊下、广陈的水墨、剪纸、纺织匠人齐聚一堂，现场为观众表演当地文化与精湛手艺，作品现场义卖所得的所有款项均捐赠给民俗文化保护部门，用于继承和发扬文化遗产。地域文化与体育赛事完美结合，得到广大跑友的高度认可。一场跨省半马联通了两地文化，促进了两地交流，更为沪浙交界地区打造了一张独具特色的区域名片。

这条马拉松赛道是两镇党建引领下的协同发展之路。2017年2月，两镇党委签订全面合作框架协议，以"一带一廊"合作战略为统领，以"六联"项目化推进机制为抓手，共建一条"毗邻党建"示范带和跨界绿色生态走廊。在十九大精神引领下，两镇党委提出"'毗邻党建'引领区域协同发展，'一带一廊'推动跨界乡村振兴"的新目标，高质量开启党建引领全域联动发展的新征程。

本次马拉松也是"农开"新亮相。平湖农业经济开发区位于平湖市国家级现代农业园区"新广"核心区，毗邻上海金山区国家级现代农业园区廊下郊野公园，是浙沪两省协同发展的桥头堡、先行区。借助此次沪浙半马的举办，平湖农业经济开发区坚持以工业的理念打造农业经济开发区，围绕全域规划、区镇合一、基础开发、新型农业招商等加快建成新型农业先行区、产乡融合试验区、农旅结合集聚区、乡村振兴示范区。

本次半马的举办受到了来自各方跑友的大力支持，以及赛事各个部门的鼎力相助：贴心的医疗队、热情的志愿者、安全感 max 的警力……

半马结束亦是开始，广陈廊下又将全面开启"区域联动发展"新篇章。2018 年 4 月 16 日，广陈镇领导来到廊下，就两地区域联动发展开展对接会议。两镇领导在回顾总结此次半马赛事的同时，就赛道设置、组织维护、山塘共建、农业加旅游推进等方面发表意见看法，为明年半马的再一次举办做好充足准备。双方均表示，希望以"联动发展共赢地"为宗旨，全面开启两地资源共享、拓展合作、优势互补的区域化联动发展新模式，为打造跨界绿色生态走廊和宜居宜业宜游的"田园马拉松小镇"、建设幸福美丽廊下和田园小镇水墨广陈而共同努力。

现在，沪浙乡村马拉松已经成为当地的一张名片，每年都会举行，每次都吸引到众多马拉松爱好者参与其中。这场赛事越办越好，越办越成熟，越办越有吸引力。

联建联防与联育

联建主要指民生联建，幸福共享，反映群众的获得感和幸福感。联防就是平安联防，和谐同行，构建良好的社会秩序。联育就是人才联育，交流同步，通过各类群团组织的交流和活动，不断推动跨界人才振兴。

食品安全、消费者权益关系到群众的切身利益，是民生联建的重要内容。自 2017 年平湖市广陈市场监管所与金山区廊下市场监管所签订两地合作协议共建跨省食品安全示范小镇以来，两地频繁开展深入交流合作，就食安防控、农产品联合检测、联合执法检查、消费维权等方面开展多项工作。

2019 年 3 月 6 日，平湖市广陈所与金山区廊下所消费维权联席工作会议在金山区廊下市场监管所举行。2019 年是广陈所与廊下所围绕"七个一"创建、深入开展两地跨省合作的第三年，也是两地联合建立沪浙市场监管联合站的启动之年。消费维权是市场监管部门的一个重要职责，也是两地"七个一"创建中创建一个消费维权案件联合工作站的重要内容，与会人员就两地消费维权总体形势、特色专项工作创建、营造放心消费环境等方面工作展开探讨交流。此次会议是两地联合建立沪浙市场监管联合站的首次工作例会，对促进两地营造放心消费环境有着重要意义，为全面铺开两地市场监管领域更加密切的合作与交流打下了扎实基础。

广陈、廊下两地不断达成新合作，共建食品安全与"满意消费长三角"。为扎实推进广陈和廊下两镇食品安全工作，进一步深化"满意消费长三角""放心消费在浙江"建设，2020 年 10 月 19 日上午，由广陈、廊下两镇人民政府主办，两镇食安办共同承办的"绿色生活，乡厨在行动"启动仪式暨广陈、廊下两地厨师协会联盟成立与广陈、廊下放心消费教育培训基地启动仪式圆满落下帷幕。

本次会议发布了广陈、廊下两地乡村厨师协会联盟徽标，并为广陈、廊下放心消费教育培训基地揭牌。与会领导指出，本次活动进一步落实了《上海市金山区、浙江省平湖市食品安全区域合作协议》与浙江省"放心消费长三角"的主题，并从"完善一个体制、建立两个品牌、打造三个层面互动、做好四个机制"四个方面对两镇食品安全工作提出倡议。广陈镇和廊下镇乡村厨师协会代表作"绿色生活、乡厨在行动"主题表态发言。

此次活动提升了广陈、廊下两地的农村家宴食品安全水平,深化了两地食品安全工作交流和合作,使两地群众享受到更高水准的农村家宴安全保障和服务、真正做到放心消费。

平安工作需要大家的共同守护。2017年10月30日,广陈镇综治办联合派出所、司法所、禁毒办和山塘村共同携手金山区廊下镇综治办开展了一次两地联合巡防行动。主要内容有:一是在上海交界设防卡点对过往车辆进行查验;二是对边界地区的重点复杂场所、出租房屋进行检查;三是将平安宣传、法制宣传、禁毒宣传发放到每家每户;四是进入田间地头对重点人员的家属进行访问。

为维护两省边界处的治安环境,广陈镇与廊下镇定期进行两地联合巡防,促进两地维稳工作的进一步发展。两地边界联合整治,时刻维护边界和谐,为平安边界,平安平湖建设添砖加瓦。两地联合巡逻,有效填补了治安防控的"盲区"。

2017年12月15日,"一桥两山塘,平安一线牵——沪·浙平安边界山塘工作揭牌暨廊下·广陈两地平安边界志愿服务队授旗仪式"在广陈镇山塘村钱子书馆内隆重举行。来自廊下、广陈两地镇村相关领导以及两地平安边界志愿者均到场,共同见证两地平安工作携手合作。按照"互联、互补、互动、互助"的原则,结合沪浙毗邻地区区位优势,深化两村平安结对共建工作,扩展多样化区域服务内容,实现两地平安工作共同发展。两地主要开展的行动有平安边界·区域联动、平安共建·志愿携手、平安联防·和谐共创和平安宣传·联合巡逻。

在这次活动上,廊下、广陈两地签订平安边界建设"十联"活动合作协议,并为沪·浙平安边界山塘工作站揭牌,还为廊下、广陈两地平安边界志愿服务队授旗,平安边界志愿服务队进行了平安宣誓。"十联"是两地干部群众充分发挥地缘亲近优势加强区域联动，在长期工作联动、模式共享基础上摸索建立的"组织体系联合、警力支援联手、道口检查联合、工作制度联建、问题联处、矛盾联调、隐患联排、边界联守、平安联创、信息联通"平安边界工作机制。

廊下与广陈两地签订了结对共建框架协议，全面融合的发展为平安经济建设打下良好基础。立足当前，任重道远，展望未来，廊下、广陈两地发展建设让人信心满怀。廊下、广陈两地将继续坚持巩固与创新并举，深化平安结对共建工作，让平安边界建设"十联"活动品牌成为沪浙边界平安共建的一面新旗帜。

毗邻携手，交流共进，不仅实现了联动发展，还探索了跨界治理的新格局。2021年11月11日，广陈—廊下毗邻治理交流活动在广陈镇山塘驿的浙沪社会治理联合指挥中心开展。两地交流活动紧扣"提升毗邻社会治理现代化，推进平安建设高质量发展"这一主线，就平安建设、维稳安保、司法、防范电信网络诈骗等方面进行交流，共同商讨如何深化协同治理理念，打造广陈—廊下毗邻治理新样板，探索具有一体化特征的毗邻治理现代化新模式。

活动前，与会人员先后前往广陈镇矛盾纠纷调处化解中心、龙萌湾民宿和中以设施农业示范园等地参观走访，深入了解广陈镇的社会治理模式、人文文化、特色产业等方面。本次交流学习是廊下与广陈深化交往、密切合作、协同发展的又一有力见证，必将对提升区域社会治理体系和治理能力现代化水平，实现平安联建共治、共享、共赢起到重要的推动作用。

在长三角一体化发展战略指引下，浙沪一直在不断深化基层党建工作内涵，探索具有一体化特征的"毗邻党建"现代化新模式。广陈与廊下结合自身实际，创新打造"联享、联管、联调、联防、联宣"的五个联动机制，努力实现党建融合、协同治理的基层治理新目标，形成新时代、新发展阶段

"毗邻党建"区域现代化社会治理新样板。其工作要点有五：

一是实现同研判、同打击的社会资源"联享"机制。通过定期召开协作会议，加强信息情报交流，治安形势互通，协调解决边界警务协作过程中出现的问题，强化两地多发性案件发案特点及规律的分析研判，异地交叉用警，组织联合行动，共同打击区域内流窜赌博、盗窃、诈骗等违法犯罪行为。

二是实现同排摸、同管理的社会治安"联管"机制。加强实有人口管理、行业场所管理和旅馆住宿等实名制管理，打破地域边界，实行联管。联合开展集中清查行动，对边界周边的治安危险分子、精神病人等人员，在摸清底数、掌握行踪的基础上，将情况互通，实现联合管控，确保不发生现实危害。

三是实现同调处、同化解的矛盾纠纷"联调"机制。建立健全边界矛盾纠纷排查化解体系，组建联合调解队伍，整合两地社区民警、村干部、网格信息员等力量，加强矛盾纠纷调解工作的互联互通、互帮互助，逐步形成"内外结合、联防联调、协同作战"的调解格局。

四是实现同巡防、同安宁的治安巡逻"联防"机制。提升防控效能，优化巡防模式，调动两地网格员、群众积极参与平安边界共建，共同维护沪浙边界稳定，大力加强平安志愿者队伍建设，进一步拓宽联防的工作范围，共同商讨发展的新路子新办法，打造边际无"界限"的和谐氛围，逐步形成联合巡防、共唱安宁的"一盘棋"局面。

五是实现同宣传、同平安的平安法治"联宣"机制。按照"互联、互补、互动、互助"的原则，深入推进两地平安结对共建，充分发挥"沪浙平安边界山塘工作站"作用，开展平安法制宣传等工作，组建沪浙反诈联盟，有效提升两地群众防诈反诈能力。

人才是最为宝贵的财富。只有大量人才的涌现，才能将工作做实，真正实现乡村的振兴。在人才培养方面，廊下和广陈颇下了番功夫。2017年6月7日，党徽耀"两新"群团风尚秀——2017廊下·广陈两地群团服装设计展示大赛暨田园驿站授牌仪式在廊下镇如期举行。在本次活动中，两镇的总工会、妇联就结对共建工作进行签约。两镇的团委为两地青年搭建交流分享、共同成长平台——青春分享会，引导两地青年为广陈廊下区域共建贡献更多智慧和青春力量。两镇的工青妇负责人共同为田园驿站负责人授牌，并为廊下镇红马甲志愿者颁发聘书。这次活动是"一带一廊"建设的重要内容，也是群团共建、人才联育的重要开端。此次活动之后，群团的活动接续开展，不断走向深入。

2017年11月，在平湖市妇联和金山区妇联的指导下，沪浙山塘活动型妇联、沪浙山塘妇女之家正式揭牌成立。创新实施"山塘物·山塘情"服务项目。跨区域活动型妇联建立6个妇女小组。

活动型妇联旨在搭建两村妇联平台，发挥妇女特长，充分发挥沪浙山塘妇女的智慧和才能，助力美丽乡村建设，助力打造乡村振兴文化建设项目，挖掘沪浙山塘传统文化，传承好家风，推动沪浙活动型妇联轮值主席系列活动形成成果。不忘节俗初心、融入时代和地域元素，沪浙山塘活动型妇联的主席轮值系列活动，既是一种文明传承文化走亲，更是一种文化自信和精神坚守。

在嘉兴、金山两地妇联的指导支持下，沪浙山塘活动型妇联也在村居妇联组织中率先推行轮值主席项目，这是为了更好满足服务妇女儿童需求所做的一次创新和探索。沪浙山塘活动型妇联主席轮流当值，进一步推动基层妇联工作品牌化建设。比如，有"寻找最美书香家庭、倡导全民阅读""传承家美味，共叙山塘情"等项目。

为进一步提高妇女法律意识与自我保护意识，倡导全社会共同反对家庭暴力，促进反家暴法宣传教育常态化，2019年8月20日，广陈镇妇联携手廊下镇妇联在镇党群服务中心共同开展"沪浙姐妹一家亲·维权服务共同行"法治宣讲活动，来自两镇各村社区妇联主席、副主席、妇联执委等50余人参加此次活动。

通过学习，在场学员们充分认识到了家庭暴力的危害性，学会了如何应对家庭暴力，对《反家庭暴力法》也有了较为深入的了解。该活动进一步增强了基层妇女干部的法律素质、法治观念和维权意识，并号召大家要做反对家庭暴力的宣传者、实践者和维护者。这些法治宣讲活动加深了妇女姐妹对法律法规的认识和理解，增强了妇女姐妹的法治观念和依法维权的能力，为构建幸福家庭，促进社会稳定，营造和谐平等的社会环境起到了积极的推动作用。

青年是推进"一带一廊"建设的一支生力军，也是人才联育的重要方面。2017年12月15日，金山区青年创业者联谊会（以下简称"青创联"）廊下镇分会一行到广陈考察交流新生代企业家创业创新发展及"两新"党建工作，青创联企业家们先后走访参观了南北山塘联合党建基地、平湖妙农果蔬合作社、平湖市贝斯特童车有限公司。

浙、沪两地企业家们对企业面临的发展机遇、瓶颈进行了深入的探讨分析，纷纷发表了自己的看法。他们认为：应当多通过青年创业者联谊会等渠道，经常性开展活动，充分发挥新生代企业家年轻化、思想多元化、富有创新精神等优势，不断提升企业家信息共享、管理服务、合作共荣等能力。

为了进一步推动廊下、广陈两地"一带一廊"结对共建合作共赢，搭建两地政协与青年面对面沟通交流平台，在2018年的首个工作日，廊下·广陈政协联合活动暨青年与委员面对面交流会在广陈镇作战室内如期举行。

在学习贯彻党的十九大精神和深入实施乡村振兴战略背景下，以"一带一廊"沪浙两地联动发展为契机，为进一步深化两地合作共建，促进共赢发展，两地政协委员、青年代表们立足实际，就"六联"项目化推进、农旅发展、青年人才交流等方面积极建言，助力两地联动发展。在这次活动中，两地政协委员、青年代表围绕"一带一廊"合作共建、乡村振兴、青年人的婚恋观等主题进行了深入探讨，就如何创新形式、丰富内容载体，凝聚政协、青年力量等内容纷纷建言献策。

广陈、廊下两地青年再"牵手"，乡村振兴论坛擦出了别样的"火花"。2018年5月4日，广陈镇青年铁军训练营特别组织开展了"一带一廊"乡村振兴论坛暨青春分享会。广陈青年铁军训练营的48名学员与廊下镇的12名青年干部共同组成了本次论坛的6个代表小组，每组由10名青年干部和1位领导组成。围绕"如何让农业强、农民富、农村美"，两两分组共话乡村振兴的热点与难点，分享经验与思考，共谋"乡村振兴战略"的美好未来。

为了加强廊下、广陈两镇青年一代非公经济人士之间的沟通交流，拓展更多人脉，结识更多朋友，充分发挥两地资源，形成区域联动发展，共创双赢崭新局面，廊下青创联和广陈新生代企业家联合开展了"拓展联谊广交友 凝心聚力谋发展"青年企业家联谊活动。十多名广陈新生代企业家来到上海市金山区廊下镇参观廊下龙头企业开展探讨、学习与交流。两地青年企业家们就新时代背景下企业如何更长远发展、两地企业合作共赢等方面发表了意见看法。

新生代企业家联合会的创立目的是更好地服务企业，领导企业更好地服务社会。广陈镇领导希望廊下镇的青创联与广陈镇的新生代企业家联谊会今后能多多交流，互相传经送宝。下一步也将依托社情民意大走访、"八八战略"大宣讲和思想观念大解放三大活动，加强企业互动，更加深入走访企业，了解企业需求，帮助企业更好地发展。廊下领导对今后两地青年企业家的联合发展提出了建议，希望系紧组织纽带，推动双方联动再深化；把握历史机遇，推动项目合作再发力；立足工作全局，推动资源共享再拓展。

广陈、廊下的团委不断地创新形式，丰富青年人的交流活动方式。比如，他们曾组织农业创业青年们进行了为期一天的"游学"之旅。两地的青创客在参观学习中研讨经验技术，也加深了对彼此的认识和了解。一天的旅程虽然很短暂，但是青创客们都觉得受益匪浅，在交流中，他们既了解了农业领域不同产业的经营之道，也学习了如何更好地将农产品种植、营销融入美丽乡村建设中，不由纷纷为"游学"之旅点赞。

他们还探索出了沪浙"郊野漫步中的党课"。它是由廊下镇党委和广陈镇党委统筹部署、廊下镇社区党建服务中心和广陈镇党群服务中心牵头的 7.1 公里党建圈，梳理两镇辖区内的 13 个红色教学点，发布情景党课地图，开创了基层党建新格局。"郊野漫步中的党课"分别以广陈镇毗邻党建广场、廊下镇百姓舞台、天母果园、农业科普馆、农家乐锦江小楼、江南莲湘 6 个点位为现场教学点，邀请相关负责人为来自廊下和广陈的 100 名青年人才、党务干部进行讲解，让学员们乘着春风在行走中学习、在学习中感悟。该项活动通过情境教学，不仅展现了廊下广陈"毗邻党建"的成果，讲述了"党建 + 公益"、农业科普、菜饭故事、莲湘文化，更是达到了教员和学员双向促动、共同提高的目的。

为创造更优营商环境，更好帮助企业成长发展，搭建政府与企业之间的交流平台，平湖市团市委还于 2019 年成立了由经信、商务、司法、税务等多个部门组成的"青企智囊团"。2020 年以来，平湖市团市委整合多方力量，开展了形式多样的"暖心扶企"活动，为一批中小企业克服由疫情冲击、国际经济形势严峻所造成的困难提供了"暖心"保障。为打通服务企业"最后一公里"，2020 年 9 月，廊下镇也成立了"红色跑团"——一个由相关职能部门和银行等 20 家成员单位组成的智囊服务团。

2020 年 11 月 10 日，共青团"暖心扶企"青春助力团（平湖）活动暨广陈·廊下青创客联盟成立仪式在广陈镇隆重举行。青创客联盟将广陈和廊下从事农业农村创业创新工作的青年朋友们凝聚起来，实现多方共赢；同时整合多方力量，开展入企调研、金融服务、直播促销等多种形式的"暖心扶企"活动，为两地实现乡村全面振兴提供强劲动力和示范样板。这次活动上，进行了两地青创客联盟揭牌，并为浙沪"青邻之家"授牌。

"两新"组织（新经济组织、新社会组织）是经济社会发展的重要力量，也是推进一体化的重要内容，做好"两新"组织的党建有助于提高一体化水平。为进一步加强廊下、广陈两地"两新"组织党建工作，共同推动两地落实乡村振兴战略。2018年9月25日，"毗邻党建、乡村振兴"廊下、广陈"两新"组织书记论坛暨"双月"例会在廊下镇上海景红林专业种植合作社"田园驿站"党建服务点召开。此次活动是两地"两新"组织"毗邻党建"的一个良好开端，具有十分重要的意义。此后，两地逐渐形成活动机制、创新方式方法、加强沟通交流，两地感情不断增进，形成经验交流机制，共同破解实际问题，推进两地"两新"组织党建工作大提升。

会前，两地"两新"组织书记分别参观了上海联中蘑菇"田园驿站"党建服务点、上海琼璞文化苑"田园驿站"党建服务点、民宿"涵七"。在廊下镇优秀党员陈林根同志的讲解引导下，广陈、廊下一行参观了"联中蘑菇"党建服务点，对蘑菇工艺、栽培现状等进行深入了解，随后一行人前往蘑菇栽培地、果蔬保鲜组合冷库进一步考察蘑菇的生长环境和加工流程。廊下镇"琼璞文化苑"党建服务点站长吕春芳重点介绍了党建站点和琼璞文化苑，对青瓷馆内瓷器制作流程等内容进行了讲解。在"涵七精品民宿"党建服务点，大家发现该民宿集娱乐、餐厅、休息、客房于一体，经营体系成熟，周围空气清新、环境优美，十分适合"小隐隐于野"的生活。

2018年10月21日，"不忘初心 悦动两新"2018年廊下·广陈"两新"组织羽毛球比赛在廊下中学体育馆隆重举行。本次活动共有来自廊下和广陈两地共26家"两新"组织的60多名运动员参加了比赛。比赛过程扣人心弦，现场热闹非凡。

2019年2月18日，为进一步加强廊下、广陈两地"两新"组织书记交流联系，增进两地书记感情，"两新"组织书记论坛暨元宵节活动在广陈镇党群服务中心圆满举行。

"两新"组织书记一行实地参观考察了平湖农业展示馆，通过讲解，他们对馆内布局设置、平湖农业发展及农开区整体规划建设有了进一步深入了解。两地"两新"组织书记纷纷表示，农业展示馆是一个能发挥沪浙农业资源优势整合的良好平台，值得在今后的交流合作中继续实现突破和创新。

会上，两地"两新"组织书记代表分别从各自支部的情况简介、支部品牌特色和今后党建工作目标等多方面作了汇报和表态，通过交流进一步加强广陈、廊下两地两新组织党建工作，共同推动两地乡村振兴大发展。

会议结束后，两地"两新"组织书记共同制作汤圆，提前感受浓浓的元宵节氛围。小小汤圆合力制作，寓意两地"两新"组织在今后的党建工作中仍将秉持同促进、共发展的精神，创造出属于"两新"组织的一片党建天地。

为庆祝中国共产党成立98周年，进一步增强党员理想信念、加强党性修养，切实提高"两新"组织党员整体素质，2019年6月23日，广陈镇党委和廊下镇党委联合开展"两新"组织党员集体轮训第一期培训暨"不忘初心 牢记使命——广陈·廊下共庆'七一'主题活动"。党员们纷纷表示，这种就近就简、贴近实际并且既有红色教育又有时代精神的参观学习活动很有教育意义。此次集中轮训旨在进一步强化"两新"组织党建水平，有效补齐基层党建工作短板，抓实"两新"组织党组织规范化、精细化建设；进一步推进"不忘初心、牢记使命"等学习教育再深入，帮助"两新"组织党员学习领会上级精神和镇党委部署要求；进一步激发两镇"两新"组织党员热情，强化党员身份认同，增强党组织的凝聚力。

为进一步推进"不忘初心、牢记使命"主题教育，推进广陈、廊下两地"两新"组织党建工作，提升"两新"组织书记工作能力，共同推动两地乡村振兴战略，2019年10月29日，"毗邻共话初心 共谋振兴使命"广陈·廊下

"两新"组织书记双月论坛在广陈镇党群服务中心召开。

浙沪共建"长三角一体化"党建引领农业产业跨省联盟。为促进广陈、廊下两地同类型企业"非公党建"互利互赢、优势互补，在两地党委、食安办以及市场监管所党支部的指导和帮助下，在两地6家"非公党建"企业代表的见证下，浙江东郁广陈果业有限公司党支部和上海市联中食用菌专业合作社党支部签订了结对共建协议，通过组织联建、党员互动、工作互助、资源共享、经验共鉴等有效途径，有力推进"共建共享"产业联盟示范引领。

交流会上，与会人员开展了一场关于"党建引领产业联盟共同发展"的讨论，代表们纷纷表示，以党建引领构建一个同类型产业沟通联系的平台，可以完善产业形态，互补短板，为企业发展打开一片新天地。

为提升毗邻地区"非公党建""小个专"经济发展质量，浙沪两地以党建为引领，积极为两地"非公党建""小个专"搭建分享交流平台、构建结对共建机制以及创新为民服务模式，切实让国家"长三角高质量一体化发展"战略成为两地"非公党建"企业看得见的风景，摸得着的实惠。

下一步，两地将努力使"毗邻党建"与产业链、业务链深度融合，把党的政治优势转化为"小个专"创新优势、发展优势和竞争优势，形成有亮点、可复制、有成效、促共建的"非公党建"党建工作经验，以党建引领新成效迎接中国共产党成立100周年。

广陈、廊下在不断开展活动的基础上，还共同成立了社会组织党建联盟，并发布了多项新活动。为庆祝中国共产党成立100周年，增强社会组织、党组织的凝聚力和战斗力，推动党建引领下的社会组织和社工队伍服务能力实现提升，2021年6月29日，广陈镇联合廊下镇在"明月山塘"景区共同举行"学党史、守初心、跟党走"广陈、廊下社会组织党建联盟成立仪式暨党史学习教育"五个一"系列活动发布会。

此次活动是两地联合搭建社会组织党建载体、创新社会组织党建形式的有力举措，有利于激发社会组织活力，助推现代化社区治理实践探索。本次活动为两地社会组织党建联盟揭牌，并发布了党史学习教育"五个一"系列活动。社会组织党员代表作了表态发言。来自广陈、廊下的8家社会组织认领了不同困难家庭的微心愿，并将根据服务对象家庭情况提供心理关怀、社会融合等专业社工服务。在活动现场，与会人员一起欣赏了情景党课《1921·红船往事》。

会后，来自广陈、廊下的10支社工队伍参加了红色研学活动。他们在山塘驿·毗邻服务中心重温入党誓词，在钹子书馆学唱钹子书红色曲目，在沪浙山塘联合党支部开展合影集赞，在毗邻党建展示馆进行党史竞答。

乡贤是乡村振兴中不可或缺的部分，凝聚他们的力量、发挥他们的作用对乡村振兴而言至关重要。2018年4月3日，广陈镇乡贤代表来到金廊马术农庄，与廊下镇新的社会阶层人士代表共同参加了廊下镇新的社会阶层人士联谊会成立会议暨廊下镇新联会、广陈镇乡贤会结对共建签约仪式。此次签约是沪浙两地"同心家园"建设项目的重要一环，也是沪浙两地毗邻统战工作的新探索。

2019年7月6日，广陈镇、廊下镇共同举行浙沪南北山塘乡贤会成立大会，开启浙沪两地毗邻统战工作新篇章。南北山塘乡贤会由平湖市广陈镇山塘村和金山区廊下镇山塘村共计49名乡贤组成。乡贤会的成立旨在协助推动群众参与基层社会治理，服务农村经济社会建设，用乡贤的嘉言懿行垂范乡里，涵育乡风文明，"共谋、共建、共治、共享"美好幸福山塘家园。2020年12月，广陈、廊下两地还共同举行了"共话桑梓 共谋发展"南北山塘乡贤会活动，来自南北山塘社会各界的众多乡贤杰出代表济济一堂，共话乡音，共叙乡情，共谋发展。会上，南北山塘两村党总支书记汇报了南北山塘发展情况。与会乡贤代表畅谈感想，并为南北山塘发展出谋划策。

在疫情期间，乡贤会成员积极投身疫情防控志愿服务，为守护家乡贡献了自己的力量。在乡村振兴示范村创建、困难帮扶、乡风文明建设、配合开展环境综合整治以及矛盾协调化解等方面，乡贤们也都发挥了积极作用。

会前，全体与会人员先后参观了明月山塘游客服务中心、乡贤展示馆，走过新落成的明月桥，逛了山塘老街，亲身感受景区新颜。

妇女、青年和"两新"工作的特点在于：在起初阶段只是举办活动，建立双方联系；随后则会建立固定的阵地并进行授牌；最后均会上升到联盟的层次。组建联盟有赖于前期的活动，如果没有前期的基础，就没有后期的提升。每次看似不起眼的活动都是联动的一部分，都推动了一体化的实现。有了前期的一次次活动，才有后期的更高层次的联盟。建立联系，见面交流；举办论坛，相互激发；建立联盟，工作常态化，是不断发展的过程，也是基层合作中常用的工作方式。

六联机制的延展

"一带一廊"不只是廊下、广陈两镇的合作方式，还拓展到了周边的大云镇，三镇开展了更大范围的联动发展。为进一步深化"毗邻党建"引领区域联动发展，推动长三角更高质量一体化发展，2018年12月6日，廊下·大云·广陈乡村振兴联盟·旅居产业集群活动型党委正式成立。广陈、廊下、大云三地开展产业集群党建，是深入学习贯彻习近平新时代中国特色社会主义思想的需要、是全力服务长三角更高质量一体化发展的需要、是全面实施乡村振兴战略的需要。三镇充分发挥产业集群党建在区域联动发展中的功能作用，打好三镇乡村振兴联盟·产业集群党建牌，以党建红色引擎带动毗邻地区区域合作再拓展、再深化，率先走好毗邻地区联动发展"最先一公里"。

廊下、大云、广陈成立旅居产业集群活动型党委

乡村振兴联盟·旅居产业集群活动型党委以"毗邻党建"为统领，以"大开放、广吸纳"为原则，以三地现代乡村旅居产业经营主体为重点，通过搭建廊下、大云、广陈三地乡村振兴联盟·旅居产业集群党建工作平台，创新组织设置、整合三地资源、打破体制、地域的壁垒，打通纵向、横向关系，让隶属于不同地区乡村旅居经营主体有机结合，探索推进党组织和产业链同步延伸、组织活动与经济活动同步开展、党建工作和经济工作同步提升，实现党建工作和产业发展的同频共振和有机融合，推动区域联动发展。

廊下·大云·广陈乡村振兴联盟·旅居产业集群活动型党委工作覆盖乡村旅居经营主体32家、党组织13家。它们均为此条旅游线路提供精品旅居服务项目。根据三地旅居特色、市场发展实际，它们积极谋划、打造、推出旅游直通车、旅居套餐、旅游线路、私人定制旅居订单、农产品巡展等一批精品旅居项目，并制定好年度发展行动计划，按照计划分步实施，切实推动三地旅居产业发展壮大。

廊下·大云·广陈乡村振兴联盟·旅居产业集群活动型党委从构建党委日常运行制度、搭建精准服务平台、谋划旅居精品项目、创新"毗邻党建"模式等多方面切入，不断壮大党的力量，为推动三地乡村旅居产业集群加速腾飞提供强大的"红色引擎"，为长三角更高质量一体化发展当好"服务员"，共同实现乡村振兴。

三地团委通过举办读书交流会、青春分享会、志愿公益活动等青年喜闻乐见的青年项目，让三地青年有真正切实的获得感和认同感，为党组织发现、培养更多优秀青年，不断巩固和扩大党组织的青年群众基础，为三地乡村振兴、旅居产业注入新动力。2019年4月20日，上海廊下市郊野公园内人头攒动，一支支朝气蓬勃的队伍正在做着热身运动，场内充满了欢声笑语。这是由廊下·大云·广陈乡村振兴联盟·旅居产业集群活动型党委主办，三地党群服务中心等部门共同承办的"'书'说公益，沪浙同行"公益徒步活动的集合现场。来自三地的300余名选手、70多名义卖人员欢聚于此，共同享受这一场踏春行。5天后，广陈、廊下、大云三地青年齐聚，共同举行"青春心向党·建功新时代"主题活动。此次活动的举办目的是庆祝中华人民共和国成立70周年，纪念五四运动100周年，引导青年团员传承"五四"精神，坚定理想信念。这次活动为廊下·大云·广陈毗邻团建联盟进行了授牌。与会青年沿廊下·大云·广陈乡村振兴联盟·旅居产业集群活动型党委发布的金嘉平乡村旅居精品线路互观互学三地乡村振兴发展。

三镇举办的活动不只面向青年，还把少年也囊括其中，通过夏令营的形式增加少年群体对家乡的了解。2019年8月23日，浙沪乡村少年宫暑期夏令营暨广陈·廊下·大云三地青年学子看家乡活动如期举行，来自广陈、廊下、大云的青少年参观了"明月山塘"美丽乡村建设，感受长三角一体化战略下浙沪两地联动发展新态势，并在山塘琼璞文化苑体验葫芦绘画体验活动。三地青少年还参观了上海联中食用菌专业合作社、平湖市农业展示馆、廊下天母果园，亲身体验、用心感受农业的独特魅力。家乡行给三地青少年学子留下了深刻的印象。此次活动让青少年学子切实了解家乡发展现状，激发青少年学子心系家乡、服务家乡、为家乡振兴发展贡献青春力量的热情。

召开党委会是推进工作的重要方式。比如，廊下·大云·广陈乡村振兴联盟·旅居产业集群活动型党委第三次党委会在广陈镇召开，活动型党委成员及三镇相关部门负责人参加会议。会上，大家听取了廊下·大云·广陈乡村振兴联盟·旅居产业集群活动型党委首届廊下果蔬节系列活动、长三角"农开杯"龙舟斗牛邀请赛活动等议题，共同探讨并认真提出相关意见和建议。

"一带一廊"建设为"田园五镇"奠定了良好的基础。正是因为有了"一带一廊"的扎实推进，才有了后来的升级版，将共建拓展到了更大的区域范围。"毗邻党建"是"一带一廊"建设的起点，在党建引领下，共建涉及了两镇工作的方方面面。党建引领是重要的开端，若要将工作深入推进下去，还需要有相应的机制，六联就发挥了这样的作用。六联是推动"一带一廊"建设的重要机制。六联确定了工作的主要方面，提供了工作的框架，使工作每年可以围绕这六方面进行不断的深化。项目则是推动工作的重要抓手，将共建工作进行具体化。项目安排比较明晰，涉及人员、资金、活动等方面的内容，并且滚动向前，每年都有新的进步。"每年一小步，五年一大步。"每年看进展不大，但进行阶段性回顾时，就会发现其发生的巨大变化，先有后优，优中更优。

05

"双融双带"放光彩

当廊下、广陈正在忙着创建"一廊一带"时，结成对子的吕巷与新仓也在全力打造以产业为核心的"双融双带"。"双融双带"也是"毗邻党建"的一个亮点，构成了"田园五镇"发展的重要基础。

"双融双带"的形成

为了推进毗邻地区的合作，金山区吕巷镇和平湖市新仓镇在2017年6月就相关工作进行了初步接触。7月6日，新仓镇领导赴吕巷就两地结对共建事宜进行面对面的交流探讨，双方初步商定相关合作意向。8月8日，两镇再次就党建引领农业发展等具体工作进行对接，并商定农业领域的合作事宜。

2017年8月17日，浙江省平湖市与上海市金山区"毗邻党建"引领区域联动发展合作框架协议正式签订。会上，新仓镇党委与吕巷镇党委签署"毗邻党建"引领区域联动发展合作框架协议，为推进"毗邻党建"引领下的区域联动发展奠定了坚实的基础。

2017年9月29日，新仓·吕巷"双融双带"党建引领合作共建项目对接会在新仓镇举行。吕巷镇领导率共建领导小组成员单位相关负责人应邀前往开展结对共建工作洽谈。会上，新仓镇领导介绍了两镇"双融双带"党建引领合作共建相关内容及前期共建项目开展情况。

根据共建协议书，双方将围绕"幸福吕巷"与"美丽新仓"建设目标，按照"互通、互联、互补、互动"的原则，以"六个共"举措为具体抓手，发挥毗邻地区发展优势，深化区域化结对共建工作，通过以"党建融通，共创红色先锋带""产业融合，共建绿色示范带"为内容的"双融双带"工作，形成两镇"资源共享、党建共推、优势互补、协调发展"的新格局。

随后，共建领导小组成员单位相关负责人就党建共推、文化共生及旅游服务业发展、平安共创、产业共建、人才共育及工业经济发展和发展共享等对接项目分组作了交流。

经过40多分钟的讨论交流，各组就结对共建形成了诸多共识，部分领域形成了近期可对接开展的相关工作设想，每组召集人还就交流对接项目情况逐一作了介绍，并分组签订了初步合作意向备忘录。下一步，两镇将就具体

吕巷、新仓区域联动共建项目启动

对接事项推进合作交流。

吕巷镇领导在发言中表示，"双融双带"对接项目将新仓·吕巷两地的合作交流推向更高的层次，这标志着两地的合作发展进入崭新阶段。在工作过程中，两镇要坚持党建融通、产业融合和实现共建共享的方针，将共识落实到位。

党建接轨上海、经济接轨上海、农业接轨上海、文化接轨上海、医疗接轨上海、教育接轨上海……2018年，新仓镇在接轨上海的道路上硕果累累。特别是在"双融双带"结对共建协议框架下，吕巷镇和新仓镇牢牢牵住党建引领的"牛鼻子"，以区域化全方位的合作为党建注入新动能。

2018年元旦，吕巷·新仓2018年"双融双带"区域联动共建项目启动仪式暨元旦迎新健身长跑活动在吕巷水果公园举行。吕巷、新仓以"双融双带"为载体，按照"互通、互联、互补、互动"的原则，积极开展合作共建工作，大力推进"双融双带"区域联动共建项目建设。一是党建引领，建设农业发展新模式；二是党建融通，共创红色先锋带；三是产业融合，共建绿色示范带。

随着发令枪响，吕巷·新仓元旦迎新健身长跑活动正式开始，现场群众用崭新的姿态迎接新年。大家从世外桃源草坪出发，途经朱马路、和光路、红光路、蝶镜湖观光步道，全长约5公里。个个精神饱满，即使冬日的严寒也抵挡不住大家对长跑运动的热爱和对新年的憧憬。

本次活动的开展，为2018年新一轮吕巷、新仓"双融双带"区域联动共建项目开启了新的征程。在这次会议上，公布了新仓、吕巷"双融双带"党建引领合作共建2018年项目清单。

党建共推项目组：建立吕巷新仓基本干部教育培训教学点、开展书记工作室活动、组织合作社党建交流会、开展党代表述职交流活动。

文化共生及旅游服务业发展项目：两地文艺精品展、两地视觉艺术展、舌尖上的美食节、怀旧阅读会、文化共生共建"258"项目。

平安共创项目：建立领导小组、场馆共享、特殊人群共管、坊站对接、平安法治共宣。

产业共建项目组：农技人才挂职锻炼交流、开展种植技术对接、开展农产品展销对接、开展农业招商项目对接。

人才共育及工业经济发展项目：建立就业信息对接机制、开展产业发展交流会。

发展共享项目组：开展教育互访活动、规划对接。

群团联建项目组：开展群团共建活动。

这次的项目清单勾勒了两镇合作的框架，7个项目组确定了合作的方向。每年会根据工作实际调整、推进具体的项目，不断对清单细化。在项目的实施过程中，还以半年为单位进行总结和部署。

2018年7月20日，新仓·吕巷"双融双带"共建共享2018年工作推进会在吕巷镇召开。两镇"双融双带"共建共享7个项目工作组全体成员共同参加。会前，与会人员先后走访参观了上海敏蓝蓝莓种植专业合作社、吕巷镇施泉葡萄专业合作社，实地了解吕巷镇农旅发展、乡村振兴等工作。在随后的座谈会上，新仓·吕巷"双融双带"共建项目组负责人分别围绕工作推进情况以及下一步的计划作了交流发言。

上半年，各项目组在结对共建工作过程中积极沟通、对接，围绕"双融双带"共建共享项目做了大量的工作，开展了一系列深受两地干部群众乐于参加的活动，成效显著，为促进两镇的交流发挥了积极作用。

新仓镇领导充分肯定了两镇结对共建工作所取得的成效，就下一步如何推进工作从三个方面作了要求：一是牢牢抓住党建引领这个"牛鼻子"，要有强烈的政治意识坚持党建引领，将合作共建推向纵深；二是紧扣"6+1"框架下的29项合作共建项目，要久久为功，一张蓝图绘到底，坚持每个项目都有实效；三是出实招切实让百姓对合作共建有获得感，从加大宣传力度和从经济社会发展稳定的角度找好着力点，拿出实实在在的举措，取得实实在在的收获。

吕巷镇领导就下一步新仓·吕巷"双融双带"党建引领合作共建工作提出要求：一是要积极主动、开放融合，形成推动结对共建的强大合力；二是要优势互补、共同发展，搭建双融双带建设互促共建平台；三是要积极创新、善于总结，建立共建共赢的长效机制。希望两镇按照各自计划安排，有序推进29条合作共建项目，为"毗邻党建"增辉添彩。

除了围绕"双融双带"共建工作召开专门会议，联组学习也是他们推进工作的一种方式。为进一步拓展工作思路，更好地推动"乡村振兴"战略的实施，2018年11月17日，金山·吕巷—平湖·新仓"乡村振兴"战略中心组联组学习会在吕巷镇召开，两镇领导班子成员参加。会上，两镇领导班子成员结合各自实际工作，从规划布局、农业产业转型升级、人才振兴、文化振兴、党建引领等方面分别做了发言，共同探讨谋划两地"乡村振兴"新思路，研究解决"乡村振兴"战略实施过程中的问题和难题。

随后，双方围绕"乡村振兴"战略的重要意义、经验做法、实践成果以及两镇如何以"毗邻党建"为引领，优势互补、共建共享推进乡村振兴等方面展开了热烈讨论。新仓镇领导就新仓镇"乡村振兴"战略实施情况作了系统介绍，并对实施过程中的主要做法和面临的问题作了交流。吕巷镇领导表示，新仓镇和吕巷镇在美丽乡村建设过程中，因地制宜，形成了各自鲜明的特色，通过面对面交流学习，答疑解惑，能够为两镇实施"乡村振兴"战略提供新做法，注入新动力，打开新局面。金山·吕巷—平湖·新仓"乡村振兴"战略中心组联组学习会的举办，对于双方进一步开展工作具有重要的启发意义。希望两镇能够通过轮值方式，定期开展研讨学习，碰撞思想和智慧的火花，为两镇发展提供好经验、好做法；通过节庆活动，以项目共享方式，增进双方交流合作，促进两镇全域旅游更好地谋划和开展；通过两镇深度对接，在打造长三角现代农业园区方面形成规模化发展，推动"乡村振兴"战略全面实施。

2019年1月4日，2018年度新仓·吕巷"双融双带"共建共享总结交流会在新仓镇举行。会前，与会人员一同沿新仓镇盐船河绿道进行了实地踏看，并参观了新仓镇党群服务中心和毛泽东同志新仓经验批示展示馆。在随后的交流会上，大家一起观看了2018年度新仓·吕巷"双融双带"共建共享回顾视频。共建共享项目组负责人分别围绕2018年度共建共享工作情况及2019年度共建共享思路进行了发言。

吕巷镇领导就2018年共建共享工作进行了点评，充分肯定了2018年以来两镇共建共享取得的成果。关于下一步工作，强调应在项目化推进上更精准，产业融合上更紧密，不断加大工作力度。新的一年，两地"双融双带"工作将翻开新的篇章，要进一步解放思想、开拓进取、凝心聚力、砥砺奋进，以主动作为抢抓合作共建新机遇。在经验总结的基础上，进一步细化共建项目，明确工作措施，落实结对责任，大胆探索创新，形成共建的强大合力，为加快两镇发展做出应有贡献。

新仓·吕巷"双融双带"工作具有十分重要的意义，是推动长三角一体化发展的有益实践。2018年，两镇通过共同努力取得了一定成绩。2019年，两镇需要继续共同深化已有共建项目和待推进项目，进一步做出成效；加大创新力度，探索新的品牌项目，希望两地在形成长效共建共享机制的同时，加大力度做好总结宣传工作，扩大新仓·吕巷"双融双带"工作影响力，争取成为引爆长三角地区的一大热点。

新仓镇领导围绕"特、靓、富、美、安"对新仓镇2018年经济社会发展情况和2019年工作思路作了介绍。就2019年新仓·吕巷"双融双带"工作，他强调，两地要继续发扬优势，弥补创新发展薄弱之处，以长三角一体化发展为动力,发挥农业优势,推进乡村振兴取得实质性进展;深化两镇合作,深度挖掘特色,力争在党建方面开创出新品牌;加大产业合作,为两地发展提供更广阔的空间和市场。

党建共推是两镇共建共享的重要内容之一,两镇进行了充分对接和互动交流,将党建共推工作做实做细,做出特色。

主题沙龙成效明显。2018年,两镇共同举办了4期美丽新仓·幸福吕巷村社区党组织书记主题沙龙活动,先后针对"党建+"引领基层社区治理,践行乡村振兴战略,加强乡村旅游业态培育等9个主题开展沙龙活动,这些主题都是涉及基层党建、乡村振兴、基层治理等村社区书记最关心,也是联系最为紧密的工作。此外,每次沙龙活动,还安排了现场参观考察,互相学习了巷邻坊、先锋站的建设和管理以及特色农业产业的发展。

党建互动精彩纷呈。2018年,在基层党建工作推进上,双方交流互动相当频繁。双方互相派出代表队参加了2018年吕巷镇区域化党建联席会议暨寻找红色记忆活动、新仓镇迎"七一"锋领五美表彰大会暨"寻找红色记忆"绿道健步走活动,还分别组织巷邻坊站点负责人和村社区组织委员考察了对方的巷邻坊党建服务点和先锋站建设工作。

干部培养举措扎实。2018年,新仓镇石路村党组织负责人张杰前往吕巷镇白漾村挂职村党组织副书记,不仅学习到了非常鲜活的基层党组织建设、基层治理、村级集体经济发展、美丽乡村建设等方面的先进经验,而且还成功促使上海爱娥蔬菜种植专业合作社项目落户多彩石路沿线。该项目占地250亩,计划投资5000万元。

2018年9月,新仓镇青年铁军成长营的全体学员前往吕巷开展社会实践和现场教学,深入考察和调研了水果公园、施泉葡萄产业园等农业特色产业的发展状况,使新仓镇的青年干部开阔了视野,提升了做好工作的境界和格局。

载体建设突破创新。2018 年 12 月 18 日，举行了新仓·吕巷"毗邻"党建农业产业链党建联盟启动仪式，首批联盟共 2 个：分别为"吕巷·新仓葡萄产业党建联盟""新仓·吕巷芦笋产业党建联盟"，葡萄产业党建联盟设立在吕巷，芦笋产业党建联盟设在新仓。这是两镇积极探索党建引领农业特色产业发展、农业特色产业发展助推党建的有益尝试。

除了上述的工作，他们还进行了其他的探索，比如：新仓镇党代会年会特邀吕巷代表出席；通过 2018"百姓大舞台 浙沪共村晚"，新仓镇杉青港村和吕巷镇太平村成功达成文化"共生共建共享"结对；新仓村社区组织委员到吕巷镇参加"巷邻坊"现场会等。这些活动的开展，加大了两镇交往的频度和深度，由以前的随机性变成了周期性。在原来的交流中，双方还有些不好意思、有所保留，建立了机制之后，则变得更加开放、自然，减少了隔阂，增加了融合。

在前两年奠定的基础上，2019 年两镇将许多工作推向了深入。2019 年 3 月 21 日上午，新仓镇领导率党建、群团组织相关负责人赴吕巷镇，就 2019 年"毗邻党建"方面的工作与吕巷镇进行对接交流。会上，两地党建、群团组织负责人围绕 2019 年"毗邻党建"和群团工作等方面进行了深入细致交流，双方确定了农业产业党建联盟、干部联合培养等 16 项合作项目。

新仓镇领导在交流中就 2019 年两地党建和群团合作共建工作提出了要求，希望两地能充分发挥新仓·吕巷"双融双带"党建引领合作共建的积极作用，主动搭建平台，开展全方位、多元化的合作，共同打造区域联动创新品牌，为两地经济社会发展开拓新局面。吕巷镇领导提出，要进一步加强两地交流，提高走亲频率，丰富活动形式，加大"毗邻党建"推进力度；要做好整合，围绕 2019 年两地交流合作计划，做好梳理对接，进一步推动两地党建融通、产业融合、共建共享。

2020 年 1 月 1 日，新仓·吕巷"双融双带"共建共享 2019 年总结交流会在吕巷镇举行。新仓镇、吕巷镇党政领导及 7 个项目组的分管领导和成员出席会议。

吕巷镇领导指出：一要继续系紧组织纽带，以"毗邻党建"这个"红色引擎"带动区域经济社会高质量联动发展；二要牢牢把握最佳机遇，主动将合作共建工作融入长三角高质量一体化发展的大局中，推动项目合作再发力；三要立足各自优势资源，继续加强产业融合、社会治理、文化共生等方面的交流融合，推动两地"毗邻党建"朝着全方位、多元化的方向不断发展。

新仓镇领导表示，在新的一年里，一要主动接轨上海，积极参与长江三角洲地区的交流与合作，进一步拓展合作深度；二要不断促进党建品牌的有机融合和内涵提升，进一步扩展合作广度；三要将合作带入寻常百姓家，围绕两地群众需求开展各项活动，进一步提升合作温度。

会上，7 个项目组依次汇报了 2019 年共建共享工作的开展情况，并交流了 2020 年的工作思路。

互学互鉴，寻求合作共振点。2021 年 1 月 28 日上午，新仓·吕巷"双融双带"共建共享 2020 年总结交流会在新仓镇举行。新仓镇、吕巷镇党政领导及 7 个项目组的分管领导和成员出席会议。共建共享项目组负责人分别围绕 2020 年度共建共享工作情况及 2021 年度共建共享思路进行发言。

吕巷镇领导就共建共享工作作了点评，其中一位领导充分肯定了 2020 年以来两镇共建共享取得的成果。关于 2021 年工作，他表示两镇要紧紧围绕建党百年这一主题共谋"双融双带"新发展。同时，两地要继续深化在工业产业、人才科技等方面的合作，强长项补短板，进一步加强两地的信息交互，形成共建的强大合力，为加快两镇发展作出应有贡献。

另一位领导表示，新仓镇和吕巷镇要更好地处理好两地"融"与"共"的关系，在之前合作的基础上，继续深化交流和联系。围绕推进两地"双融双带"共建共享，他提出了两点意见：一是做实党建引领。2021 年是建党

100周年，两地要充分挖掘红色资源，进一步丰富活动载体，立足基层、服务基层，让党建活动更有针对性，具有感染力。二是注重产业融合。2021年也是"十四五"开局之年，两镇要统筹推进各领域工作全面协调发展，拉长长板、补齐短板。同时，也要深耕农业，打造特色品牌。

新仓镇领导首先对吕巷镇能在2020年疫情最严峻的时期，向新仓提供防疫物资支援表示感谢。他指出，两镇要紧紧抓住长三角一体化上升到国家战略和建党百年的"双契机"，以更高的政治站位、更实的全局谋划、更广的合作视野、更细的落实举措、更响的品牌成果来推动"双融双带"升级至2.0版，取得更丰厚的成果。

村居党组织沙龙

2018年，新仓镇与吕巷镇实施以"党建融通，共创红色先锋带""产业融合，共建绿色示范带"为内容的"双融双带"工作。其中，党建共推是两镇共建共享的重要内容之一，两镇进行了充分对接和互动交流，努力将党建共推工作做实做细做出特色。

2018年，两镇共同举办了4期"幸福吕巷·美丽新仓"村居党组织书记主题沙龙活动。第一期交流主题为"党建+"引领基层社区治理；找准百姓需求，在服务中凝聚党员群众；践行乡村振兴战略，加强乡村旅游业态培育。第二期交流主题为以环境综合整治为抓手，推进美丽乡村建设；多措并举，抓党员队伍、促先锋作用。第三期交流主题为在最基层做好群众工作的经验和体会；如何建好、用好党员先锋站（巷邻坊）。第四期交流主题为发挥基层党组织第一书记责任，规范提升村居党建（结合党支部工作条例学习）；培养农村青年人才，主力乡村振兴战略。这些主题都是涉及基层党建、乡村振兴、基层治理等村社区书记最关心，也是联系最紧密的工作。此外，每次沙龙活

动都安排了现场参观考察，学习巷邻坊、先锋站的建设和管理以及特色农业产业的发展经验。

比如，7月17日，2018年第二期主题沙龙活动在吕巷镇举行。活动中，新仓镇各村社区书记先后现场参观了吕巷镇社区党建服务中心、夹漏村党建服务站及"巷邻坊"党建服务点、和平村"巷邻坊"党建服务点、吕巷镇水果公园核心区以及施泉葡萄专业生产合作社，了解了吕巷镇党建服务阵地建设、党建引领农业产业发展和美丽乡村建设工作。

当天下午，新仓镇、吕巷镇的村社区书记们在施泉葡萄专业合作社开展了主题交流。围绕"以环境综合整治为抓手，推动美丽乡村建设"和"多措并举，抓党员队伍、促先锋作用"两大主题，两地村社区书记代表作了主题发言。

随后，大家就党建引领下如何做好环境综合整治工作、美丽乡村建设中的资金、农民增收抓手、农业产业发展、农村党员队伍建设及发挥先锋引领作用、居家养老服务体系建立等问题，展开了热烈的交流讨论。

吕巷镇领导在交流中指出，做好党建引领农业产业新发展、实现农民增收，要因地制宜，发展规模化、科技化、休闲化、安全化农业，同时充分带动农民了解政策走向，把握正确方向，从而更好地开辟现代化农业发展新途径。

新仓镇领导对本次主题沙龙活动作了点评，认为吕巷镇在党建阵地建设上突出务实、产业发展过程中突出特色，抓基层党建过程中用心、为民，为新仓镇提供了可借鉴的做法和经验。新仓镇将认真学习总结此次主题沙龙活动收获，并运用到各项工作开展中去。

"微党课"重本领提升。村里的书记往往干得多、讲得少，通过"毗邻党建"的平台，两镇组织村社书记开展沙龙活动进行交流。每期，两镇各安排两名书记围绕两个主题作主旨发言。在此基础上，两镇还推出书记"微党课"活动，两镇书记随机分为四组，根据各自特色自选主题，设计一堂时间不超过30分钟的"微党课"，书记们自行收集材料、撰稿、制作PPT，不仅增进了两镇村社书记间的交流，更提升了"讲"的本领，并在这个过程中加深了对本村社区发展的思考。

2019年4月9日，当年第一期"幸福吕巷·美丽新仓"村居党组织书记主题沙龙在吕巷镇举行，拉开了全年"毗邻党建"主题沙龙的序幕。

在村社书记们的集中学习阶段，邀请上海市委组织部相关处室同志为大家带来一堂生动精彩的党课——"抓党建促乡村振兴"。随后，书记们根据党课内容及村居实际工作，围绕"如何让党员成为乡村振兴的中坚力量"和"加强基层党组织的组织力建设"两个主题，面对面开展主题交流。新仓镇杉青港村的朱军、三叉河村的平建国、吕巷镇姚家村的夏懿峰、龙跃村的徐健4名党组织负责人进行主题发言。

在主题发言后，其他村社书记结合村社实际情况，就主题内容展开更加深入的交流讨论。他们就如何拉近百姓和干部之间的距离、召回在外乡贤为本村作贡献、加强党员教育工作等问题进行深入探讨，并就如何抓长效、落实处提出了各自的见解和举措。专题党课明确了基层书记们如何通过抓基层治理、基础环境、经济建设来做好党建工作。两个交流主题相辅相成，突出在加强组织力建设基础上，进一步让党员成为中坚力量，促进乡村振兴。镇级层面要建立健全相应工作机制，为基层党组织提供坚强后盾；基层党组织要有效抓好党员教育管理，健全"三会一课"等制度，以党建促进各项中心工作有力推进。

会上，还就两镇村社书记共同挖掘、合作设计"微党课"的相关工作进行了部署。会后，大家在荡田村党总支部书记带领下共同参观了金山区示范性党建服务站——荡田村党建服务站以及荡田村美丽一条埭的建设情况。大家还前往吕巷水果公园党建服务站，更深入了解吕巷乡村振兴工作。

2019年7月25日，第二期"幸福吕巷·美丽新仓"村居党组织书记主题沙龙活动举行。吕巷、新仓两镇领导，两地村社书记及农业产业链党建联盟成员共同参与。

2019年新仓镇与吕巷镇共同启动"书记微党课"书记沙龙特色工作，两镇村社书记5人一组，共分成4组，历经4个多月，通过实践、调研等多种方式，共同备课，设计一堂别出心裁的"微党课"。

第一堂书记"微党课"——"幸福吕巷·美丽新仓"之乡村振兴，在梨园村党群服务中心开讲。第一组在和平村、白漾村、颜圩村、三叉河村、友联村5位书记共同备课的基础上，由新仓镇友联村党委书记邓备锋担任主讲人。围绕产业兴旺、生态宜居、乡风文明、治理有效、生活富裕5个方向，以吕巷镇和平村、白漾村、颜圩村及新仓镇三叉河村的工作亮点和产业特色为典型案例，深入浅出地为大家讲述了"如何实施乡村振兴"。

会前，一行人来到袁花镇农合联、NI+（你家）菜园子和南方梨产业农合联进行实地参观，感受袁花镇农合联"一个核心、五大重点、多元服务"的运作模式，NI+（你家）菜园子在党建引领下"小生产大市场，小农户大合作"的创新生产模式以及南方梨产业农合联通过整合资源、产业融合的梨产业"抱团发展"模式。

为进一步推动"不忘初心、牢记使命"主题教育的开展，2019年9月18日，在吕巷镇举行了第三期"幸福吕巷·美丽新仓"村居党组织书记主题沙龙。

在本次主题沙龙上，开启了书记"微党课"的第二堂课。这堂课由龙跃、荡田、太平、石路、秦沙5个村的党支部书记共同准备，荡田村党总支书记、主任张琪担任主讲。他以"夯实支部规范化，让农村党员'动'起来"为题，从三个方面讲述了对农村党建工作的认识。

在主题交流阶段，与会人员围绕"基层党组织如何开展'不忘初心、牢记使命'主题教育活动"和"如何以网格化管理为抓手，落实各项村居重点工作"进行了热烈的交流讨论。马新村的顾益琼认为，"不忘初心、牢记使命"主题教育的开展能更好地凝聚大家的共识，推动基层工作。为了扎实有效地开展主题教育，马新村多次召开支委会，结合实际制定了详细的学习方案和学习计划。在动员会上，马新村党支部要求各位党员主动学习，将主题教育覆盖到每一位党员。杉青港村的朱军分享了他在吕巷镇马新村挂职的经历和感受。挂职期间，吕巷镇正在开展垃圾分类推进和"美丽家园"创建工作，这给他留下了深刻的印象。接着，他又谈了对如何在基层党组织中开展"不忘初心、牢记使命"主题教育活动的思考。他认为，开展主题教育"学是基础、做是关键"，党员干部要不断学习，在学习中提升，在学习中实践，在学习中更好地服务广大群众。荡田村的张琪介绍了该村网格化管理的情况。荡田村的特点是党员人数多，老党员占比较高，青年党员较少。网格化党建为推动农村党建提供了很好的抓手，既能更好地利用"巷邻坊"党建服务点，又能以网格化党支部、党小组的形式开展各项工作。面临新的形势和任务，需要在既有的基础上进一步深化网格化党建。秦沙村的张中林讲述了该村如何利用网格化管理推进中心工作的情况。一是以自然村落建立党小组，明确了党建网格；二是积极发挥 1955 民间督导团的作用，丰富了党建网格；三是工作常态化，"每周六"进行走访入户排查，及时发现、整改问题，调动了党建网格，推进了中心工作。

下午，一行人参观了吕巷镇骏马园、夹漏村生活垃圾分类现场及姚家村 12 组美丽一条埭。

2021 年 4 月 28 日下午，"幸福吕巷·美丽新仓"村居党组织书记主题沙龙活动在吕巷镇水果公园举行。会前，一行人参观了蝶镜湖、吕巷水果公园和三园里，感受吕巷镇在乡村振兴中高起点规划、高质量建设的丰硕成果。

享振兴经验，共促发展进步。和平村的陈笛结合时任上海市委书记李强同志调研和平村乡村振兴工作推进情况时，提出的"农业要更强、农村要更美、农民要更富"的指示要求，从"三着力、三努力"分享了和平村的乡村振兴经验。新仓镇全体村社书记纷纷表示这一发言有助于打开本村（社区）乡村振兴新思路，为本村（社区）经济发展提供借鉴参考。

陈笛在交流发言后，向两地书记提出了目前和平村在推进乡村振兴工作中遇到的两个困惑：一是如何有效引导全体百姓参与乡村振兴工作；二是如何让传统文化更好地助力乡村振兴工作。

畅谈凝聚共识，点亮乡村振兴。两地书记围绕这两个问题，立足自身实际，开展热烈讨论，用经验点子，"点"亮乡村振兴。

三叉河村平建国认为：三叉河村始终坚持党建引领，通过"三个治理"，即微网格精细化治理、骨干带头治理，百姓认同治理三方合力，提高百姓参与度，携手共助乡村振兴。

秦沙村的张中林认为：秦沙村以提升百姓满意度为切入点，通过积极落实惠民项目和精品打造多方联动党群服务阵地,从而不断夯实基层治理基础。

杉青港村的朱军认为:杉青港村始终围绕乡村振兴二十字方针,通过开展孝贤文化,建立健全村规民约等方式,不断推进乡村文化建设。

姚家村的陈炜认为:姚家村立足本村实际,通过深度挖掘乡村文化和乡贤文化,增强村民的文化自信,通过开展文化传承活动,助推青少年思想教育。

龙跃村的夏海忠认为:龙跃村围绕红色党建引领绿色发展,通过依托区域化党建平台、"巷邻坊"党群服务点,充分发挥党员先锋模范作用,以党风促民风,扎实推进乡村建设。

太平村的褚惠荣认为:太平村以创建美丽乡村示范村、非诉社区为抓手,通过发展农业产业,建立非诉讼纠纷解决机制,为产业振兴和村居和谐稳定提供有力保障。

奋楫扬帆再出发,乡村振兴谱新篇。新仓镇党领导对本次"书记沙龙"活动给予高度评价,他指出活动通过实地参观、党史学习、经验分享和互动交流4个环节,全方位聚焦产业振兴、文化振兴、村(社区)治理等方面,两地书记在交流沟通中互相取长补短,在分享探讨中互相进步成长,活动真正做到凝聚两地书记智慧,让"幸福吕巷"更美丽,"美丽新仓"更幸福。

吕巷镇领导对两地书记在乡村振兴中所付出的努力给予高度肯定,并就今后两镇互联互动提出三点期望与建议:一是希望以本次活动为新契机,两地要加强互动,用好两地党建阵地与资源,从而提升互学交流成效;二是希望以本次活动为新起点,不断思考深挖本村(社区)先进做法和经验,从而不断提升交流质量;三是希望以本次活动为新征程,做实做细基层党建工作,从而抓好乡村振兴关键环节。

两地书记共同表示希望能继续利用好、依托好"书记沙龙"这一"毗邻党建"平台,互相加强交流分享,共同探讨困惑难题,激发展现"毗邻党建"

新活力，推动打造乡村振兴新格局。

可以说，新仓、吕巷两镇深化"毗邻党建"，通过开展一系列的活动，在互动互学互比中助推干部共成长。

互动——村社书记主题沙龙探究真知识。以"毗邻党建"为平台，新仓镇与吕巷镇建立村社书记定期互动交流机制，开展"幸福吕巷·美丽新仓"村居党组织书记主题沙龙活动，以基层治理、服务群众、美丽乡村建设等方面为重点内容，加强交流、相互学习、取长补短、共同提高，推动两镇村社干部队伍成长，推动两地经济社会全面发展。村社书记先后围绕多个主题开展交流，探索两地村社互动机制建立、项目化合作等内容，以党建为引领，推动新仓、吕巷两地经济社会发展。书记们在沙龙活动中加深了认识、学到了知识，为进一步全方位合作创造了条件。

互学——选派干部挂职锻炼提升真才干。积极探索建立人才共育机制，重点加强两地专业技术人才、党政人才之间的交流互动，新仓镇选派 5 名优秀干部到金山区吕巷镇挂职锻炼，吕巷镇先后选派 4 名农技人才到新仓镇蹲点交流学习，互相深入学习党建服务点、生态农业产业以及美丽经济发展等方面的成功做法，使两镇干部能够更好适应新形势下乡镇基层工作的要求，出色地完成好各项工作任务。

互比——青年铁军携手磨砺锤炼真本领。新仓镇高度重视青年干部队伍建设，2018 年、2019 年先后与金山区吕巷镇联合开展青年铁军成长营训练，来自两地各条线的近 200 名青年干部参训。通过磨砺训练、现场教学、研讨调研等多种形式，并结合中心工作开展实践锻炼。先后开展两地青年共同学习党的十九大精神主题交流活动、两地农村创业青年交流活动、两地纪念五四运动 100 周年主题活动等，通过比学赶超，青年干部的精神面貌、个人素质都有了很大提升，切实提高了青年干部的忠诚意识、工作作风和履职能力。

产业链党建联盟

农业产业链党建联盟是"双融双带"工作的一大亮点。2018年12月18日下午，吕巷·新仓"毗邻"党建农业产业链党建联盟启动仪式在吕巷镇人民政府举行，"吕巷·新仓葡萄产业党建联盟""新仓·吕巷芦笋产业党建联盟"揭牌。

会上，两地合作社代表上海施泉葡萄专业合作社党支部书记、理事长卢玉金，平湖市华凰果蔬专业合作社党支部书记许静华，上海九嵊果蔬种植专业合作社负责人彭艳妹，平湖市银丰果蔬专业合作社负责人廖帮银，上海圣泉葡萄种植专业合作社党支部书记、理事长王子有进行了交流发言。双方合作社负责人也就种植心得，销售技巧等方面进行了座谈交流。

吕巷镇领导对今后的工作提出了三点要求：一是要完善制度，夯实基础。进一步规范两地农业产业链党建联盟规章制度，扩大党建工作覆盖面。二是要深化平台，主动作为。通过定期召开座谈会、不定期举办各类专业技术培训会及考察活动，加强两镇合作社的沟通联系。三是要龙头带建，助力发展。两地的龙头合作社今后要多关心两地合作社种植户的心声，帮助解决合作社最关心、最直接、最现实的技术、管理、销售等问题。

新仓镇领导表示，"毗邻"党建农业产业链党建联盟是两镇"双融双带""毗邻党建"合作框架下的载体创新，今后要通过这一载体，进一步加强合作社支部党员的学习教育，通过学习理论、工学结合，建强合作社党支部，发展好农业合作社，从而在整体上推进两镇农业产业的发展。会后，一行人还前往上海圣泉葡萄种植专业合作社参观考察。

2019年4月2日，新仓·吕巷农业产业链党建联盟一季度活动在新仓镇举行。这是自新仓·吕巷芦笋产业党建联盟成立以来，围绕芦笋产业生产发展情况开展的第一次交流活动。以农业产业链党建联盟为依托，两镇不断探索党建引领农业特色产业发展、农业特色产业发展助推党建工作的新模式。在此次交流活动中，新仓镇领导表示，两镇紧紧围绕"幸福吕巷"与"美丽新仓"的发展目标，通过"双融双带"党建共建引领合作共推，不断加强两镇间的交流和沟通，助推两镇优势互补，共同发展。

两镇芦笋产业合作社负责人围绕种植经验、品种培育、农业保险、用工等共同关心的话题进行座谈交流。围绕主题，各位行家里手谈困惑、说经验，不断碰撞出新火花，活动高潮迭起。会后，他们还前往毛泽东同志新仓经验批示展示馆和平湖市华凰果蔬专业合作社进行了实地参观、学习，并积极准备下一次的交流活动。

新仓·吕巷合作共建产业基地，科技惠农发展"新仓经验"。2020 年 6 月 11 日，新仓·吕巷科普惠农示范基地暨"银丰·施泉葡萄技术示范区"成立仪式在新仓镇举行。

新仓·吕巷科普惠农示范基地的建立是新仓、吕巷两镇党委深化"双融双带""毗邻党建"的成果之一。这是在毛泽东同志对"新仓经验"作出批示 65 周年之际，对"三位一体"合作模式的创新实践。示范基地的建立发挥了群团组织的力量，为乡村振兴注入基层力量，为农民增收走出新路子。[①] 后续，两镇将进一步发挥党建的力量、科技的力量、线上线下的力量，让基地的发展带动两地更多的农业产业的合作发展。

会上，新仓·吕巷科普惠农示范基地暨"银丰·施泉葡萄技术示范区"揭牌。上海施泉葡萄专业合作社和平湖市银丰果蔬专业合作社签订技术指导和销售协议。平湖市银丰果蔬专业合作社与金平湖"鲜到家"线上销售平台、新仓镇供销合作社签订销售协议。上海施泉葡萄专业合作社党支部书记、理

---

① 丁江：《浙江平湖开启农业产业链党建联盟跨省发展新模式》，《中国产经新闻》2020 年 11 月 27 日。

事长卢玉金作示范区项目介绍，平湖市新仓镇供销合作社有限公司负责人作表态发言。

此次技术示范区的成立，标志着两镇农业产业链党建联盟工作更上一个台阶。这也预示着，两镇将继续坚持党建引领，布局发展"一盘棋"；坚持产业联动，构造合作"线路图"；坚持发展共享，唱响致富"双赢戏"。本次活动之后，新仓、吕巷两镇将进一步加强合作交流，心手相牵、同舟共济、团结奋斗，以"党建融通"实现"产业融合"，写好产业富民、农业增效、农民增收的乡村振兴大文章，为建设美丽新仓，幸福吕巷作出更大贡献。

银丰·施泉葡萄技术示范区位于新仓镇石路村的平湖市银丰果蔬专业合作社内，示范区面积85亩，接下来将由上海施泉葡萄专业合作社提供理论培训和田间指导，提高银丰葡萄的产量及品质，打造当地特色葡萄产业。同时，通过示范区先行先试，带动周边种植户提升葡萄种植技术，实现农业增效、农民增收。

金山区吕巷镇拥有施泉葡萄、皇母蟠桃、敏蓝蓝莓等多种优质农产品生产基地，被称为沪郊的"果盘子"。作为农业大镇，吕巷一直思考如何将特色农业产业继续做大做强，加快建成"三个百里"。为了更好地回答这个问题，2020年7月30日下午，金山区委组织部、区社工委、区农委、吕巷镇在施泉葡萄合作社共同召开了"红领圆桌会"吕巷专场。参加此次会议的不仅有金山区的从业者，还有毗邻地区合作社党组织负责人。他们在"三篱巷"走着听党课，重温了习近平总书记在上海工作时提出建设"百里花园、百里果园、百里菜园，成为上海后花园"的指示精神。他们还在葡萄架下，回顾社会主义发展史上农业发展的历史、展望新时代农业发展的未来。通过置身其中的情景党课和坦诚的交流，与会者明晰了方向、增强了信心。

施泉葡萄是通过党建联盟不断发挥带动作用的佼佼者。比如，施泉葡萄专业合作社党支部通过党建联盟等平台，向金山区内1500余亩基地直接输出

"施泉"技术规范标准，间接辐射种植面积达 1.1 万亩，并在统一销售方面进行了积极探索。通过品牌带动，葡萄的平均价格提高了将近四成，平均亩产值达到了 3 万元左右，还带动了 400 多人创业、2000 多人就业。为了更好地传播种植技术，合作社党支部书记、理事长卢玉金积极探索新方式，在葡萄架下开启了直播，开设了葡萄种植"空中课堂"。这弥补了部分果农因各种原因无法上门"取经"的遗憾。

体验到党建联盟带动作用的还有上海圣泉葡萄种植专业合作社党支部书记王子有。他说，原来他的党组织关系在施泉合作社，对自己合作社的引领带动作用有限。2018 年，在自己的合作社成立了党支部，很好地将党建工作与业务工作融合了起来。在支部带领下，大家凝心聚力，不断地探索新技术、开拓新渠道、尝试新模式，提高了葡萄的品质和销路，还获得了多项市级、国家级金奖，合作社步入了发展的快车道。

吕巷镇看到了合作社党建所具有的强大动力，因时因势开展了"红领合作社"孵化行动。这项行动希望能够在更多的合作社中孵化独立党组织，并通过"党建＋技术培训""党建＋指导推介""党建＋精准服务"等活动发挥党建引领产业孵化的作用。"红领合作社"孵化行动的目的是把党组织的政治优势转化为产业的发展优势，实现组织强与产业兴的同频共振。

形式轻松、内容灵活是红领圆桌会的特点之一。在活动过程中，与会者可以畅所欲言，开拓新思路，甚至产生合作新机遇。本次圆桌会，两地党建联盟成员共同关心的话题是如何更好地让党建链接产业，构建更加强有力的"党建大联盟"和"产业大联盟"。他们希望经过共同努力，把长三角一体化高质量发展的国家战略落实在两镇的特色农业培育中。

红领示范，党建领航金山农业合作社发展之路。金山区各镇的综合工作党委负责人和合作社带头人都参加了红领圆桌会。在活动现场，他们望着葡萄架上的累累硕果，讲着做实党建、做强产业的具体案例，达成了通过合作社党建促进农业产业链发展的共识。这场红领圆桌会，让他们找到了抓党建引领特色农业发展的切入点与着力点，也让"抓党群、强产业、促增收"和建设"三个百里"的先进经验真正走进了合作社带头人的心里。后续，他们还将出台一系列的示范带动举措，引导金山特色农业和合作社实现高质量发展。

红领圆桌会仅仅是推进工作的一个平台，吕巷还有更大的抱负，希望打造成"组织强、产业兴、农民富"的农业"红色硅谷"。作为"三个百里"的诞生地，吕巷镇肩负着不断探索长三角一体化背景下"两新"合作社党建工作发展与创新的重任。在长三角一体化高质量发展的国家战略背景下，吕巷不断推动"三农"领域党建工作从"有"迈向"精"，以"红领合作社"党建项目的形式在金山和平湖农业产业培育中落实落地。为了做好这项工作，吕巷在以下几个方面不断用力。

一是摸清底数，盘活"存量"。截至目前，"田园五镇"共有农业合作社500余家、农业企业30余家、党支部10余个。面对众多合作者、农业企业，"红领合作社"党建项目的主要做法是将致富能手发展为党员，将龙头合作社打造成红领合作者，把产业链支部打造成结对平台。经过不断地努力，逐步建构起"以党建引领发展、以合作促进发展"的联动体系，推动"农业合作社＋农业企业＋党支部"的一体化发展，进而实现"红色能量"引领农业产业发展的目标。

二是示范引领，用好"增量"。在建构起"存量"体系之后，如何发挥"增量"作用，就是要重点关注的问题。吕巷积极通过典型人物和模范合作社来擦亮品牌，经过共同努力，已培育2名党建名师、2名红领新星和1名红领IDOL。这些典型和模范将点串成线、线连成面，把"田园五镇"的合作社拧成了一股绳。他们在红领党课、红领述职等活动中积极发挥党组织的战斗堡垒作用和党员的先锋模范作用，为"红领合作社"的发展提供坚强保障。

三是整合资源，增强朋友圈"向心引力"。在葡萄和芦笋党建联盟的基础上，他们又成立了吕巷·新仓绿化花卉产业党建联盟，不断拓宽"朋友圈"，培育更多的毗邻地区现代农业产业集群党建联盟。这些产业联盟的建立，增加了联系的纽带和方式，扩大了党建联盟的影响力和覆盖面。同时，借助吕巷·新仓科普惠农基地暨银丰·施泉葡萄技术示范区，他们孵化了许多新的实质化项目。比如，传授葡萄种植技术、培育葡萄品牌，形成了示范一家、带动一群、辐射一片的引领效应。

四是互通互融，激发协同发展"内生动力"。在长三角"田园五镇"的平台上，吕巷镇积极作为，促进了五地农业产业的区域协同发展。比如，联合举办党建引领长三角"田园五镇"乡村振兴先行区项目发布，组织"红领合作社"MV宣传拍摄，开展葡萄产业党建联盟现场技术指导，组织"田园五镇"农业代表来圣泉葡萄合作社参观学习等活动。在党建引领下，这些活动有助于经验交流、技术改进、产值提高，大大增强了合作社和农户的获得感。

长三角一体化的推进，既为党建工作提出了新要求，也为产业发展提供了新机遇。吕巷镇探索的"红领合作社"模式，以党组织为纽带，以组织生活为抓手，打破了阵地、制度和管理的三重壁垒，极大地促进了区域产业一体化发展。在"田园五镇"还有很多类似的平台和探索，共同构成了一体化高质量发展的合作机制。

施泉葡萄品牌是长三角一体化环境下成长起来的，合作社愿意输出施泉品牌，促进长三角葡萄产业振兴。

卢玉金是浙江人，1992年大学毕业后就走上了"子承父业"的道路——种葡萄。只是，他不在自己的老家种植，而是到上海来当新农人，走的是现代农业之路。上海农业从业者有很多像卢玉金一样的"客耕农"，经济作物的种植尤为明显。他先在青浦种植葡萄，于2001年来到了金山。在金山，他从50亩葡萄园开始起步，第二年就注册了"施泉"商标，立志种出上海最好的葡萄。

2007年，在金山区农委、吕巷镇政府等部门的大力支持下，他成立了上海施泉葡萄合作社，覆盖面积达到了1720亩。一个浙江人成了上海规模化葡萄经营者，这只是施泉融入长三角一体化的开篇。有人说，施泉葡萄品牌的成长，最能体现长三角一体化背景下新农人和事业发展的内涵。

在卢玉金看来，施泉葡萄品牌的成长得益于政府、企业、研究机构三方的协同努力。在高标准的品质理念指导下，施泉葡萄赢得了10个全国金奖和20个上海市金奖。国家葡萄产业技术体系上海综合试验站站长、上海市农科院林果所葡萄团队领头人蒋爱丽说，施泉葡萄之所以走在上海前列，关键是合作社持续追求科学种植，在新品种试种、设施栽培等方面可以说引领了上海葡萄产业的发展。

早在20多年前，当卢玉金获悉上海农科院已经基本掌握了葡萄设施栽培技术之后，就第一时间决定投身设施葡萄种植。在上海农科院的指导下，他在设施大棚里，先后培育出夏黑、金手指、巨玫瑰、申华、阳光玫瑰等近30个品种的葡萄。

他还积极地钻研嫁接技术。在上海施泉葡萄合作社核心基地内有一棵闻名长三角的葡萄树——"'联合国'葡萄王"。这棵葡萄树共有18个品种，成熟时期分为早、中、晚三个时期，采摘时间从6月中旬至11月上旬。它就是卢玉金亲手嫁接的。如今卢玉金的葡萄嫁接技术在金山区广为传播，为产业发展、农民增收作出了积极贡献。

若要形成农业的强势品牌，除了品质好，还需要进行不断的培育。施泉品牌成长过程得到了金山区、吕巷镇及职能部门的大力支持。以政府主导办节庆促品牌建设成了金山区打造农业品牌的最大亮点。2013年，金山区农委主办了第一届上海施泉葡萄节，如今已经连续举办了10届，每一届持续3个月左右。借力节庆活动，施泉品牌获得越来越多市民的认可，并培养了一批忠实的"粉丝"。

因为品牌的影响力,施泉葡萄合作社和卢玉金获得了诸多荣誉:2010年,合作社被评为上海市专业农民合作社示范社;2015年,合作社被评为全国科普惠农兴村示范先进单位;2017年,卢玉金被评为"金山工匠"……同样,因为品牌的影响力,"施泉"技术标准已辐射到安徽、云南、湖北等全国8个省份,指导葡萄种植面积约一万亩,浙江、江苏的4家合作社也加入施泉葡萄品牌朋友圈。[①]

卢玉金认为,品牌输出比技术输出要复杂得多。技术可以手把手地教,至于其他人学到什么程度则视具体情况而定。但若要进行品牌输出,则要解决种植户执行技术标准、品质标准和品牌标准等难题,将参差不齐变为统一。只有这样,施泉才能越走越远。卢玉金不仅自己爱学习、爱钻研,引进新品种、推广新技术,还带动了整个金山区的果农做大葡萄产业。他自己的基地种植面积在450亩,但辐射带动全区的种植面积达到了1500亩,其他基地若按照他的技术要求进行安全和品质把控,就可以统一打"施泉葡萄"的品牌,实现优质优价。施泉葡萄的售价稳定在25元/斤左右,基本不愁销,大部分客户都是直接订购的"回头客",还进入了盒马鲜生大卖场,一天供应近万斤。

徐炳君是浙江平湖农业领域的佼佼者。他的合作社在最辉煌时曾达到了2700万元的销售额,妻子还因此获得了浙江省劳模的称号。但是,他也会受到上海师傅的批评。比如,他种植巨玫瑰最为拿手,2012年还获得了全国金奖,但是在种植其他品种时就犯了经验主义错误,将巨玫瑰的种植方法用到了其他品种上。结果花费了时间和金钱,但是产量不高、品种特色没有显示出来。对于师傅的批评和指正,他表示心服口服,并连声道谢,自己回去后

---

① 胡立刚:《品牌培育让"施泉"葡萄行稳致远》,《农民日报》2019年8月14日。

立即改正，争取有好的收成。

徐炳君是个充满故事的人。20多年前，他就在吕巷镇域内开过饭店、做过皮鞋、养过虾，获得了赚钱的幸福感，也受到了亏钱的辛酸。大约在2004年，他与卢玉金结识，其中还有个戏剧性的小插曲。当时，有一名老顾客在老徐开的饭店里用餐，顺便给他留了两盒葡萄。老徐也没有当回事儿，就顺手送给了另一个顾客品尝。没想到，过了几天，品尝过葡萄的顾客特意给老徐打电话，让他帮忙买葡萄送过去，并且还不止一次让他买葡萄。这让他感到很奇怪，什么样的葡萄价格那么高，顾客还抢着购买。当时，路边的葡萄才2—3元/斤，而顾客指定购买的葡萄却要8元。经过与卢玉金的多次深入交流，他才知道了秘密所在。

很快，老徐作出了惊人的决定：关掉饭店回家种葡萄。2005年春节后，他就流转了10亩土地，开启了自己的葡萄种植生涯。由于老徐新入这个行业，对葡萄的特性及种植一窍不通，卢玉金特地带着工人赶过去，手把手教他怎么挖沟、施肥、搭架子。等到需要修剪时，卢玉金就派人帮他修剪枝条。需要打药时，卢玉金就写好纸条，告诉他要买什么药，打多少、怎么打。在葡萄收获的季节，卢玉金还开车来拿货帮助他销售，并不断地开拓市场。有次，卢玉金的车子陷到了路边的田地里，老徐叫了好几个人才把车抬出来……经过两年多的努力，老徐逐步掌握了普通的种植技术，首次参赛就获了奖，以后几乎是年年都获奖。①

让他感到骄傲是在平湖当地最有名的葡萄卖到7元/斤时，自己家的都已经卖到了8元/斤。此后，他不断扩大种植规模，并成立了金丝娘水果专业合作社，还办起了农家乐。他曾经放弃的餐饮业又捡了起来，实现了多种经营。到2012年时，他的合作社种植面积已达800多亩，农家乐可接待

---

① 黄勇娣、何洁：《沪浙毗邻区师徒多，农业合作社联动发展》，《解放日报》2021年12月16日。

500—600 人同时用餐，年营业额超过了 2700 万元。正是在上海师父的一路带教下，老徐才从一名"门外汉"成长为平湖市的"农业明星"。

老徐算是卢玉金在金山带教的第一个徒弟。之后，随着卢玉金种植的施泉葡萄面积越来越大、名气越来越响亮，向他学习的人也越来越多。他至少带出了 400 多户种植户，最多时带动金山葡萄种植面积 1.1 万余亩。在浙江平湖他还有 10 多个徒弟，总面积达到了 1000 多亩。这是一个不错的成绩。当他的亩产值在 3 万元时，徒弟们的平均亩产值也在 1.5 万元以上，远高于种植其他经济作物。在许多人看来，务农的收入不比务工的少。这也是他们加入普通种植行列的主要原因，葡萄成了人们眼中的"摇钱树"。

为了更高效地把技术传授给徒弟们，在上海市、金山区农业部门的支持下，卢玉金每年都要举办 10 多次免费培训课，每次都有四五百人前来听课，其中还有不少是从奉贤、青浦、松江慕名而来。他清晰地记得，有一次他在吕巷镇政府的会议室上课，学员们的电瓶车把镇政府大门都堵了，没有想到会来那么多人。结果，会议室里实在坐不下，许多人只能站在外面坚持把课听完。足见卢玉金的受欢迎程度，以及人们对种植技术的重视与渴盼。

人们常说"教会徒弟，饿死师傅"，有人对卢玉金毫不保留地传授经验表示不理解。而他的理由则很简单，老徐把饭店关了，后路都没有留，自己必须把人家带出来，否则的话怎么对得起老徐的信任，老徐以后该怎么生活呢。他之所以有将技术倾囊相授的底气，还与他不断地钻研新技术，始终保持领先优势有关。近年来，虽然上海郊区的葡萄种植面积越来越大，从事这一行业的人越来越多，但是卢玉金的葡萄一直处于塔尖地位。当市面上优质葡萄的售价在 5—6 元 / 斤时，他的能卖到 10 元 / 斤；当市面上的价格上涨到 10 元 / 斤时，他的能卖到 20 元 / 斤；别人好不容易卖到了 20 元 / 斤，他的则又翻了一番。可以说，别人的葡萄对他的影响不是很大。

师父可以毫无保留带教徒弟，更多的还在于他们的眼光。他们看到了消费升级的总体性趋势。人们对于健康食材的需求高涨，不怕花钱，就怕没有能够满足需求的产品。长三角优质高端农产品的潜在市场很大，没有谁能够独自占有，大家一起来培育和供给，更能推动产业的发展，让参与者都能分享发展的成果。

卢玉金经常说，一个产业，单靠一个农户、一个品种是发展起不来的。为了引领上海南部郊区葡萄产业的发展，这些年，他除了在300亩基地里种植10多个主打品种外，还每年试种20多个新品种，不断进行培育和摸索。经过三五年的种植，发现了几个有优势的新品种，就进行推广种植。在不断丰富市民果盘子的同时，也让整个产业持续保持吸引力和竞争力。经过数年的试种试销，他发现了一些表现比较好的新品种，其市场前景可能会超越那些外国品种。比如，申华，粒大、无核、好种、丰产、肉厚、口感好、有酒香，比夏黑粒大，比醉金香好种、省力，也便于运输、不掉粒……

卢玉金还常说，自己本是浙江杭州人，2000年来上海种葡萄，靠近大市场发展特色产业。这些年来，因为在技术推广上发挥了突出作用，他逐渐成了上海市农业领域的领军人才，获得政府的支持和认可，还在2018年成功落沪，成了一名"新上海人"。所以，不管是过去还是现在，卢玉金和徒弟们身上演绎的，正是"长三角一体化发展"的进行曲。[①]

花卉棚里的党建，新仓·吕巷农业产业党建联盟再添新成员。为进一步扩大新仓·吕巷"双融双带""毗邻党建"合作共建成果，以党建引领产业发展，共同点亮两镇绿化花卉产业的美丽经济，2021年1月8日，新仓·吕巷绿化花卉产业党建联盟成立仪式在新仓镇杉青港村临沪花卉产业园举行。新仓·吕巷绿化花卉产业党建联盟的成立，是两镇在"双融双带""毗邻党建"合作框架下，继葡萄产业、芦笋产业党建联盟后的又一次深化合作。

[①] 黄勇娣、何洁：《沪浙毗邻区师徒多，农业合作社联动发展》，《解放日报》2021年12月16日。

会上，吕巷镇领导回顾了近年来两镇农业产业党建联盟的合作共建情况，并详细解读了吕巷·新仓农业产业党建联盟规章制度，对新成立的绿化花卉产业党建联盟的合作发展表示期待。他还对下一步推进两镇农业产业党建联盟合作共建提出了三点希望：一是坚持党建先行，打通融合渠道。新仓、吕巷的合作共建建立在高度共识、互利共赢的基础上，要充分发挥党组织的纽带作用，以党建为引领，将合作共建推向纵深。二是立足本土优势，推动资源共享。要坚持久久为功的原则，将各项合作成果落细落小落地，把两地资源互补、共建共享的合作动能不断转化为发展成果。三是深化精准服务，共谋长效发展。建立常态化服务机制，坚持下沉一线、主动对接、服务靠前，积极探索产业发展新路子，同谋农业产业更加美好的未来。随后，新仓·吕巷两镇的绿化花卉产业代表就种植品种、种植技巧、产销模式、基础设施建设等进行了热烈的座谈交流。会前，一行人还共同参观考察了新仓镇杉青港村临沪花卉产业园。

建立农业产业党建联盟是"双融双带"的重要内容，是两镇和产业从事者共同努力的结果。建设党建联盟具有深厚的产业基础和组织优势，两镇也都从各自的优势出发，推动、促成了这件事情。新仓、吕巷两镇同属农业大镇，有着许多共同之处，2003年和2007年习近平同志在担任浙江省委书记和上海市委书记期间分别来到新仓和吕巷调研，为两镇的发展指明了方向。新仓镇认为，农业产业链党建联盟，让"新仓经验"联沪合作发展熠熠生辉。农业产业"党建联盟"的建立，以党建聚合实现联沪合作，做大做强了"新仓特色"。

让党建联盟发挥"聚能量"。新仓镇在确立打造"绿色美镇"目标的初期，就非常重视特色农业产业的发展，并将其作为重要工作。为了解决本地农业产业特色不足的问题，新仓镇通过深化党建引领乡村振兴，与合作已久的吕巷镇联动开展党建联建和农业产业项目合作。两镇以党组织为纽带，以合作项目为抓手，打破地域壁垒、技术壁垒和管理壁垒，实现了产业内合作社的深度融合。产业党建联盟的建立，为产业发展提供了方向和便利，也为党建找到了载体，扎实推进了两镇的合作。

在长三角一体化高质量发展的大背景和吕巷·新仓"双融双带""毗邻党建"引领合作框架下，吕巷、新仓两镇积极进行优势资源互补，建立了葡萄、芦笋和花卉农业产业联盟。这三个联盟的建立，坚持以"毗邻党建"为引领，凝聚群团力量，不断形成和优化"信息共享、工作联动、阵地联建"的工作机制。在发展的过程中，农业产业链党建联盟吸引了多家合作社加入，真正发挥了党建联盟聚合力量作用。如果没有党建引领、没有"双融双带"的共建协议，就不会有农业产业联盟的建立，也就无法实现能量的聚集，无法打破种植户、合作社呈现分散状态。

让党建联盟"强强联合"。党建联盟的本质是抓党建、促发展，主要在于建强组织，以党建联盟推动两地农业产业优势资源的整合和利用，互惠互利，实现毗邻区域特色农业产业的联合发展。

"毗邻党建"农业产业链党建联盟是两镇"双融双带""毗邻党建"合作框架下的载体创新。通过积极发挥这一载体的作用，两地农业产业链党建联盟规章制度得到了进一步规范，党建工作覆盖面也在不断扩大。通过定期召开座谈会、不定期举办各类专业技术培训会及考察活动，两镇合作社的沟通联系得到了加强，认识了新朋友、学到了新技术。在两地龙头合作社的带领下，广大的种植户、合作社反映了自己遇到的困难、问题，引起了政府的高度关注。当地积极协调各种资源，切实解决种植户和合作社最关心最直接最现实的技术、管理、销售等问题，促进了农业产业的发展。

2019年，两地"农业产业链党建联盟"项目被列入金山平湖"毗邻党建"四大示范合作项目，并获得金山区"两新"组织优秀党建项目。

让党建联盟"领跑"示范。基层党组织作用的发挥，党建联盟新模式的构建，大大提升了农业产业优势，增强了基层党组织的服务与领导能力。

平湖市银丰果蔬专业合作社作为新仓的一家老牌农村合作社，早在 2013 年就开始种植葡萄，后来又新增草莓种植，总种植面积增加到 85 亩。但是随着本地葡萄、草莓种植产业的增加，产品的供应量大增，但是销售渠道开拓有限，销售难的问题逐渐显现出来。2018 年，在银丰果蔬专业合作社加入"毗邻"党建农业产业链党建联盟之后，其面临的难题得到了解决。一是积极利用电商平台，拥抱互联网经济。合作社与市供销社签订协议，搭建"鲜到家"电商平台，进行线上线下的互动，拓宽了销售渠道。二是加强行业之间的合作，进行资源共享。银丰果蔬专业合作社与上海施泉葡萄专业合作社结对合作，收获了市场、供销渠道、品牌宣传等一大批优质资源。同时，它还借鉴施泉葡萄合作社 30 多年的种植经验，领先的技术和导向鲜明的品牌发展策略，极大地提升了品质，促进了产品的销售。

从上述内容可以看出，"双融双带"和"田园五镇"建设对吕巷、新仓来说是放大器，不但没有对各自发展路径产生阻碍，反而扩大了影响、提升了层次，让单个镇的事情变成两个镇、五个镇乃至长三角区域的事情。合作有赖于参与主体发挥积极性，也不能对参与各方造成消极影响。

"双融双带"的深化

除了开展村居书记沙龙、建设农业产业联盟，其他方面的合作也在稳步推进。比如，2018 年 3 月，吕巷中学与新仓中学共同签署了《上海市吕巷中学与平湖市新仓中学缔结友好联谊学校协议书》，两校正式结为友好联谊学校，也为新仓镇教育接轨上海增添了绚烂的一笔。

自 2017 年新仓镇党委与吕巷镇党委结为结对共建单位之后，两地交往不断加强，合作日趋广泛，吕巷中学与新仓中学缔结友好联谊学校，是双方在教育领域优势互补、携手发展的成果。

吕巷中学与新仓中学以"合作拓内涵，共建同发展"的主题展开合作，本着增进友谊、互惠互利、共同发展的原则，在办学理念交流、教学经验分享、挂职锻炼和骨干教师培养、特色学校建设、优势资源共享等方面进一步扩大交流领域，丰富合作内涵，实现两校教育事业的共同进步。

2018年6月1日，新仓镇领导带领镇党群办、总工会、团委、妇联、科协等部门到吕巷镇对接群团组织合作共建工作。在吕巷镇领导和各群团组织负责人的陪同下，新仓镇领导一行实地参观了吕巷水果公园核心区和群团活动阵地。随后，两镇群团组织围绕合作共建工作进行了交流。各群团组织就群团改革推进过程中的做法、经验作了探讨，并分别就本组织工作合作共建项目进行了头脑风暴。

会上，新仓镇领导表示，吕巷镇在群团组织工作等方面有许多先进经验，希望两地能搭建起学习平台，加强工作交流，相互促进，共同发展。吕巷镇领导对新仓镇群团组织来吕巷进行交流表示欢迎，希望两地能够加强交流合作，实现互利共赢，不断推动两地经济社会快速发展。

通过本次交流，双方初步确定了工匠劳模宣讲、农业青年创业沙龙、交友联谊会、青年职业规划培训、农副产品对接会、家风家训和家庭教育节、科普教育基地7个项目。接下来，两镇群团组织将加强互动，争取将合作项目尽快落地。

通过交流互动，产生了"新巷印"群团改革品牌。"新巷印"取"新仓、吕巷心心相印"之意，重点推进新仓、吕巷群团改革合作共建，以结对共建单位之经验，推群团改革迈上新台阶。

"双融双带"不只是开展两镇的平安共建，在此基础上，还不断进行拓展，构建浙沪毗邻平安法治边界。新仓镇牢牢把握平湖市接轨上海"桥头堡"的独特地域优势，积极融入长三角一体化发展，整合浙沪两地边界各类法治资源，通过与邻沪兄弟镇加强协作，共同密织横向到底、纵向到边、不留缝隙的平安法治网络，创新跨区域司法联动机制取得明显成效。

一是强化联动机制建立。新仓镇和吕巷镇签订了《综治工作（平安建设）结对共建协议书》《平安边界建设协议书》等文件，深化合作、细化项目，共谋浙沪毗邻法治联动发展。浙江省嘉兴市的新仓镇、新埭镇与上海市金山区的吕巷镇共同签署《区域社会治理能力现代化共建共治共享协议》，不断深化"新新巷印""六互"工作机制和平安边界"十联机制"。在具体的工作中，围绕毗邻地区法治宣传、矛盾纠纷化解等问题，通过参观、座谈等方式找原因、寻对策、建机制，使得浙沪毗邻法治共建工作逐步走向深入。

二是推进法治文化融合。新仓镇、吕巷镇及相关毗邻乡镇，依托本土文化，积极组织开展法治文化走亲活动。比如，2019年在新仓镇杉青港村举办了第四届"白鱼望娘节"，普法教育是其中的重要板块，主要有绘制法治草帽、观看禁毒快板节目、参观青少年法治教育实践基地等。通过一系列普法活动，大大增强了群众的法治意识。新仓镇和吕巷镇还开展了特色法治文化作品展示交流和阵地建设参观活动，推进浙沪普法联动工作。

三是加强特殊人群联管。为了从源头上遏制违法、犯罪发生，新仓镇、吕巷镇及相关毗邻地区多措并举、联防联治，共同守护平安防线。针对区域内特殊人群容易流动的实际情况，他们实施联合帮、带、稳控措施，积极落实多项管控手段。经过不断地探索和磨合，他们建立了友好互信的教育、管理、帮教、监管、互管等工作机制，有效防止了特殊人群的失联、失管和失脱。他们还及时通报各方界线管理及维护情况，深入分析排查因管理不当而引发的不稳定因素，详细制定维护边界平安稳定的对策及措施。

四是实行临界道口联查。在重大活动的维稳安保期间，他们共同研究部署浙沪接壤道口值守工作。针对各自辖区维稳治安形势、重点人员稳控、特殊人群管控等情况，镇村干部建立边界联控工作微信群，及时进行交流、对接，进一步强化既有的边界安全"十联"机制。他们共同盯牢重点人、管牢重点物、防好重点事，将工作触角最大限度地延伸到了各个角度。

"双融双带"起始于"毗邻党建"，为"田园五镇"的发展奠定了良好的基础。正是因为有了吕巷、新仓两镇的良好合作和持续努力，让后期的"田园五镇"变得顺理成章。当发起人有新的倡议时，参与者是一拍即合，基本没有犹豫与迟疑。因为，前期的合作给各方都带来了实惠，促进了发展，开阔了视野，盘活了资源。

"双融双带"和"一带一廊"是两个略有不同的"毗邻党建"模式。因为廊下镇和广陈镇在地域上紧密相连，所以，可以从基础设施建设开始做起，打破物理空间的阻隔，实现直观的一体化。吕巷镇和新仓镇没有空间上的接触，要想推进一体化，就必须在要素和机制上做文章。所以，"双融双带"更加注重产业、人才之间的交流，让要素进行充分的流动。当"田园五镇"进行整体性发展时，这两种模式都将发挥重要的作用，既有空间上的整合，又有机制上的创新。所以说，这两个探索都非常必要，看似是无心之柳，结果则会产生叠加、乘数效应。

06

"田园五镇"开新局

有了前期的良好互动合作，五镇成立抱团联盟就成了水到渠成的事情。共建长三角"田园五镇"乡村振兴先行区是沪浙两地的有益探索和大胆尝试，将叠加五镇的优势，共谋合作发展之路。

"田园五镇"的脉络

统筹城乡发展、推进城乡一体化，是长三角区域一体化发展的应有之义。2019 年 3 月 25 日，长三角"田园五镇"乡村振兴先行区启动会召开，金山的廊下、吕巷、张堰与平湖的广陈、新仓五镇签署联盟共建协议，全面启动长三角"田园五镇"乡村振兴先行区建设。这标志着，浙沪交界处，一片总计255 平方公里的区域，将共同探索乡村振兴，携手打造浙沪两地乡村振兴一体化发展的"试验田"。

当天，五镇签署《长三角"田园五镇"乡村振兴先行区五镇联盟共建协议》。根据协议，五镇将建立"田园五镇"乡村振兴先行区联盟联席会议机制，以镇为前台，市（区）为后台，负责先行区建设过程中各方面工作的统筹，包括基础设施配套、重大事项协调、政策支持等。同时，联盟将每年至少召开 2 次联席会议，建立日常联络机构，建立常态化、长效化的对接联络制度。

"田园五镇"设立和建设目的是：希望通过做出"田园五镇"先行区这个"棋眼"，做活长三角乡村振兴一体化发展"一盘棋"。先行区建设不是五镇简单叠加，而是文化、资源、产业、空间、政策等多层次、多维度的错位发展、互补发展。通过党建联心、文化联姻、发展联动、民生联建、平安联防、人才联育的"六联"合作机制，探索形成一批可复制、可推广的经验做法和制度成果，逐步放大"田园五镇"的整体优势和溢出效应，最终实现体制机制上的优势聚合、产业功能上的优势互补、政策措施上的优势叠加。

长三角"田园五镇"乡村振兴先行区启动

"田园五镇"联盟自成立以来，一步一个脚印，扎实前行。2019 年，成功举办首届"山塘论坛"，共话长三角"田园五镇"乡村振兴，同时还举办首届长三角"田园五镇"农业农村创业创新大赛，取得了很好的效果。同时，"明月山塘""长三角乡村振兴协同发展研究中心""长三角农民丰收节""沪浙半程马拉松"等项目和活动也顺利开展或启动建设。

2020 年，编制完成《长三角"田园五镇"乡村振兴先行区协同规划（纲要）》，同时也成功举办 2020 年长三角田园乡村骑游大会暨"田园五镇"骑游嘉年华、第三届浙沪乡村田园马拉松赛、第二届长三角"田园五镇"农业农村创业创新大赛等活动，发布了廊下蘑菇、吕巷蟠桃、张堰树莓、广陈西瓜、新仓芦笋等"田园五镇"区域公用品牌。与此同时，近些年来，"田园五镇"相互间横向交流频繁，在公共设施建设、环境治理和乡村振兴方面，都取得了很好的效果。

2021 年，主要围绕"一个纲要、三个联合体"来开展工作。"一个纲要"，就是结合五镇现有的产业布局和发展，编制《长三角"田园五镇"乡村旅游联动发展规划纲要》。五镇在乡村旅游方面都有比较好的基础，也有联动发展的内在要求，通过编制专业规划，形成互联互动的产业发展机制。"三个联合体"，就是发起成立"田园五镇"乡村旅游发展联合体、特色果蔬产业发展联合体、红色基因党建联合体，深化区域联动发展，助推长三角"田园五镇"乡村振兴先行区建设。同时，继续开展在这几年中形成的一些好的项目和活动，使这些项目和活动能够不断发展，成为"田园五镇"品牌项目，不断提升"田园五镇"的影响力、示范作用和溢出效应，进一步促进长三角高质量一体化发展。

乡村振兴一体化发展，产业振兴是"硬核"。"田园五镇"将产业协同发展放在了突出位置。原来各镇是独自发展，在产业布局上具有同质化的特征，相互竞争比较严重。最为关键的是在这种发展态势下，各自的特色也无法彰显出来。现在是"一盘棋"协同布局，更加强调区域优势。为协同推进产业振兴高地建设，五镇已实现招商信息共享、产业布局共谋，打通产业链，提升价值链，共创区域辐射力。五镇统筹布局廊平公路"百里菜园"精品蔬菜生产带、金石公路"百里果园"特色农产品种植和体验带、漕廊公路"百里花园"乡村休闲带，打造世界级都市绿色现代农业品牌，实现到 2022 年农产品绿色认证率达到 90%。同时培育若干个特色农产品"六次产业园"（一二三产融合空间），大力推进特色农产品生产、加工、体验和消费融合的"地产地销"模式，实现到 2022 年特色农产品地产地销比例超过 30%。

产业兴旺，项目是关键。"田园五镇"每年发布数十个合作项目，以项目抓手驱动高质量一体化发展。2019 年推进的 20 个项目中，包括产业项目、人才项目、文化项目等，总投资达到 56 亿元。[1] 更为可喜的是，在"田园五镇"的项目推进中，正在形成一股合力，项目建设的成果也开始辐射五镇，甚至长三角地区。

在启动长三角"田园五镇"乡村振兴先行区建设后，各镇就"奔跑"起来了，一个个合作项目陆续落地，加速推动体制机制一体化、新型农业一体化、公共配套一体化，全力打造长三角一体化背景下浙沪乡村协同振兴的示范样板。

梳理政策取长补短。制度一体化是区域一体化发展的基本保障，也是一大难点。因此，2019 年 3 月下旬，长三角"田园五镇"乡村振兴先行区建设启动后，广陈镇、新仓镇和金山区廊下镇、吕巷镇、张堰镇建立健全了"田园五镇"工作联席机制，五镇主要领导将担任轮值主席，以定期的联席会议具体协商推进各项工作落地。"田园五镇"联盟成立以来，2019 年的轮值主席是廊下镇，2020 年是平湖广陈镇，2021 年是吕巷镇，2022 年是新仓镇，2023 年是张堰镇。

面对机遇，五镇积极筹备创设了长三角"田园五镇"产业合作基金。该基金主要用于产业项目补助、基础设施提升、乡村环境整治等，以推进乡村

---

[1] 农汇：《金山嘉兴联手共建长三角"田园五镇"乡村振兴先行区》，《上海农村经济》2019 年第 5 期。

振兴先行区的建设。它由平湖市、金山区及五镇共同出资 5000 万元建立母基金，然后联合市场化风投基金组成总规模约 5 亿元的产业基金，并将制定产业合作基金资金使用办法，确保资金使用规范高效。基金的运作和使用为"田园五镇"的建设提供了重要的抓手，实现了风险共担、利益共享。

产业互动走向竞合。"田园五镇"地相接、人相亲、业相近，在产业发展方面具有一定的趋同性，竞争在所难免。如何协调，使之能真正实现一体化，需要五镇拿出大智慧。他们做得更多的是扩大规模、联合发展，抛弃了简单竞争的低层次思维。比如，南北山塘共同打造了"明月山塘"项目，完成了集镇区域的风貌改造、滨河两侧的景观带修建，在 300 米长的老街上引进了不少文旅新业态。在发展的过程中，他们共享招商信息，让产业项目库更齐全；共谋协同发展，让产业链价值链更长；共创辐射模式，让产业的带动能力更强。他们携手推动了众多优质项目成功落地，实现了合作共赢。

产业振兴目的在于促进农民增收。位于广陈镇的国际植物新品种研究院，是国内首个与发达国家保持同步商用的高规格种苗繁育基地，年产值将达 1亿元。廊下镇联中蘑菇的标准化生产模式，将为平湖食用菌产业转型升级提供技术支撑，预计每年可向平湖输出标准化菌种 1000 万平方尺，带动菇农创收超过 1 亿元。

公共配套夯实基础。从上海金山廊下前往浙江平湖广陈的广山公路沿线，两旁种起了红枫、豆梨等品种的乔木，这是专门为沪浙马拉松赛所做的准备。2018 年，广陈与廊下合作承办了首届跨省田园半程马拉松大赛，吸引了 2200余名马拉松爱好者参加。随后，"田园五镇"全长 42 公里的马拉松赛道建设、5 个马拉松赛事集散点和周边村落景区化建设已经完成，形成了一条充分展现大湾区大田园风光的精品乡村风景线。[①]

[①] 孔越：《"田园五镇"加速打造乡村协同振兴示范样板》，《嘉兴日报》2019 年 4 月 29 日。

2019 年 5 月 20 日，平湖金山"圆梦百年""毗邻党建"引领区域联动发展第四次联席会议，共同发布了 2020 年 12 个"毗邻党建"重点合作项目，"田园五镇"先行区建设就是其中之一，在建党 99 周年七一前夕，平湖市全面深化区域联动发展模式，举办党建引领长三角"田园五镇"乡村振兴先行区项目发布暨美郁花园农场开园仪式，进一步推进长三角"田园五镇"乡村振兴先行区建设。在农开区（广陈镇）举行的平湖市"破难扶企"专项行动驻点破难对接会暨浙江东郁广陈果业有限公司党支部成立仪式，既是贯彻落实上级精神的具体体现，也是推动党的路线方针政策在基层落地生根的生动写照。

为庆祝建党 99 周年，全面深化"毗邻党建"引领区域联动发展模式，推进长三角"田园五镇"乡村振兴先行区建设，2020 年 7 月 2 日，作为嘉兴市庆祝建党 99 周年系列活动之一的党建引领长三角"田园五镇"乡村振兴先行区项目发布暨美郁花园农场开园仪式在广陈镇的国际新品种研究院项目区举行。

"田园五镇" 2020 年项目清单发布

五镇领导共同发布党建引领长三角"田园五镇"乡村振兴先行区 2020 年项目。项目共计 73 个，涉及乡村产业振兴项目 22 个、人才振兴项目 5 个、生态振兴项目 25 个、文化振兴项目 9 个、组织振兴项目 12 个，项目总投资 68.59 亿元，当年度投资 25.34 亿元。

在这次活动上，有关领导为嘉兴市·金山区干部联合实训基地授牌，并启动了长三角"田园五镇"党员干部现场教学精品线路。该线路由每个镇 2 个点共 10 个点组成，包括广陈镇东郁国际植物新品种研究院、"明月山塘"景区，廊下镇上海联中食用菌专业合作社、特色民居，吕巷镇水果公园、姚家村，新仓镇毛泽东同志新仓经验批示展示馆、许明清烈士事迹陈列馆，张堰镇上海南社纪念馆、走马楼。

为进一步鼓励和吸引"三农"人才主动投身农业事业，平湖市创新出台了乡村人才振兴政策。包括引育集聚农业领域高端人才、鼓励中高级专业技术人才扎根乡村、助力在校大学生和高校毕业生乡村创业、推进千万农民素质提升工程、实施农业产业人才素质提升工程、加大农创平台入驻扶持力度、完善乡村文化名师工作室激励机制、深入推动"两进两回"行动计划、支持引导各群体投身农业领域创业创新、推动"最多跑一次"改革向农村深化等 10 条。平湖市组织领导为海外工程师代表兑付首批农业人才政策资金 50 万，浙江东郁广陈果业有限公司董事长黄彦文向海外工程师交付人才公寓钥匙。

嘉兴市委组织部领导为红船旁党群创业孵化基地授牌。2020 年 6 月 19 日，浙江东郁广陈果业有限公司党支部正式孵化成立，这是广陈镇在农业产业党建上的进一步突破，也是农开区通过农业产业党建服务联盟、产业党组织、党建指导员"1+1+1"红色组合套餐的具体成效。组织部领导希望东郁党支部要立足自身特点，充分发挥创业先锋带头作用，做好创业孵化工作。

这次活动上，还举行了美郁花园农场开园仪式。美郁花园农场是东郁集团旗下主张自然健康生活理念的体验式农场，总投资 3000 万元。花园农场主要有六大功能，分别提供休闲观光、亲子科普教育、产品展览、健康美食、亲子游乐、商品购买、度假住宿等服务。还有九大核心产品模块，卡乐莓浆果乐园、天鹅湖、科技农场、萌宠乐园、美郁花园餐厅、甜心草坪、专类植物园、布布自然绘本馆、帐篷营地，用大自然点亮孩子们的好奇心，让家庭温暖陪伴。

举办长三角"田园五镇"乡村振兴先行区项目发布暨美郁花园农场开园仪式，是嘉兴平湖与金山以"毗邻党建"为媒，协同推进长三角一体化发展国家战略的生动实践，也是平湖金山"圆梦百年""毗邻党建"引领区域联动发展第四次联席会议的成果。两地以此为契机，进一步深化合作交流，推进长三角"田园五镇"一体化发展新的探索实践。

2021年3月24日，广陈镇召开长三角"田园五镇"乡村振兴先行区轮值主席单位交接仪式。会上，进行了"田园五镇"第三届联席会议主席单位的交接，两届轮值单位分别作了工作总结和履职规划。来自"田园五镇"的主要领导、分管领导等参加了此次会议。

广陈镇领导在交流中对过去一年作为第二届联席会议主席单位所获得的各项支持表示感谢，同时，针对新一年的工作提出四点建议：一是要在组织架构上有所完善；二是要在项目统筹、基础设施、区域自治上要有所辨识度；三是要在规划园区上有所深化；四是要在建党百年之际有所显现。

第三届轮值主席单位吕巷镇领导在履职讲话中指出，吕巷镇作为"田园五镇"第三届联席会议的主席单位，要继续搭好台，唱好戏，统筹协调"田园五镇"协同发展，扩大"田园五镇"影响力。具体要做到：一是进一步突出党建引领，要以学习党史为契机，打造毗邻共建合作；二是进一步整合优势资源，取长补短，加强协同合作；三是进一步细化实施路线，共建新江南图景。

此外，来自平湖市广陈镇、新仓镇，以及金山区廊下镇、吕巷镇、张堰镇的主要领导和分管领导也畅所欲言，对2021年"田园五镇"要如何进一步协同发展提出建议。

为打造长三角"田园五镇"共同富裕先行区，进一步梳理和明确共富项目，2022 年 8 月 26 日，长三角"田园五镇"联席会议在新仓镇嘉创智谷举行。与会人员讨论了《2022 年田园五镇工作要点》，听取了"田园五镇"共富体组建方案和共同富裕先行示范区未来发展规划思路。随后，与会人员共同会商"田园五镇"共富体建设事宜，围绕共富体做大做强，全方位高质量发展展开探讨交流，并提出要在项目选择上好中择优，共同推进长三角"田园五镇"共同富裕先行区建设发展。

搭建发展新平台

"山塘论坛"是"田园五镇"重点建设的项目之一。"山塘论坛"是"田园五镇"的发布平台，许多重要的信息从这里发出；是"田园五镇"的交流平台，在这个论坛上，有来自政府、企业、科研院所和社会组织等各方面的高手，大家就感兴趣的话题尽情交流；还是重要的课堂，是培训、学习的平台，许多参会者都感到受益良多。

第一届"山塘论坛"

11 月 18 日，2019 年长三角"田园五镇"乡村振兴先行区建设之"山塘

论坛"在上海市金山区召开，来自上海市、嘉兴市及"田园五镇"的相关领导，以及来自海内外农业农村发展专家齐聚一堂，以学术交流推进乡村振兴战略规划、政策与行动的落地落实，促进廊下、广陈、吕巷、新仓、张堰五地更深层次、更宽领域的合作与交流。

上海市发展改革委副主任、长三角区域合作办公室常务副主任阮青对《国家战略下的长三角一体化发展》进行了深刻分析与解读，从重大机遇、战略定位、推进实施三个方面发表了主旨演讲。金山区领导在致辞中表示，长三角"田园五镇"乡村振兴先行区建设是金山区的有益探索和大胆尝试。以廊下、广陈、吕巷、新仓、张堰五镇本土乡村特色为出发点，将各镇资源进行有机融合，着力打造以都市农业、品牌农业为代表的现代绿色生态农业，以中央厨房、鲜食加工等为代表的农产品加工业，以文化商业、休闲体验等为代表的文旅产业等。

廊下镇领导以"一个共同振兴的愿景"为题，介绍了"田园五镇"的建设和规划蓝图，并汇报了2019年"田园五镇"在生态环境共治、第六产业联动、公共服务共享、基础设施共建、乡村文化共荣等方面所开展的工作进展情况。

广陈镇领导以"发展在农业硅谷 生活在美丽花园"为题，从区位优势、发展定位、精准政策等角度全面介绍了平湖农业经济开发区。

现场揭牌成立蚂蚁桃子学院、蘑菇学院、荷兰羊角村学院，希望搭建更广阔的农创平台，吸引新生代的年轻人才回流，培养一大批热爱农业、愿意扎根农村的青年农创人才，造就懂农业、爱农村的乡村干部，培育新型职业农民和乡土人才，为"田园五镇"乡村振兴一体化提供人才支撑。

上海市农业农村委汪琦介绍了上海市乡村振兴建设推进情况、乡村振兴示范村建设情况和实践探索案例，并表示在乡村振兴战略背景下，美丽乡村建设"高位推动是关键、制度保障是基础、创新机制是手段、党建引领是核心"。

荷兰 HAS 大学校长托因（Toine）以"农创科研在企业中的实际推广"为题，介绍了荷兰现代农业以科研和技术服务输出为发展方向，培养现代农业人才的过程。

荷兰羊角村村长盖比以"乡村社区的专业培训服务乡村振兴战略"为题，把羊角村的酒店服务业、美食学、农业和可持续旅游业的深度融合，以及创造高品质乡村生活的经验，分享给长三角"田园五镇"的村长们。

荷兰羊角村村长盖比在"山塘论坛"上作演讲

来自意大利的未来食品研究院首席执行官安德里亚（Andrea）则以"食物教育创新和食物创新社群构建如何产生巨大正向影响"为主题，介绍了食物创新如何助力农业工作者和人类的发展。

浙江大学中国农村发展研究院首席专家黄祖辉对本期"山塘论坛"进行了点评和总结。他对于此次论坛的成功举行给予高度评价和赞赏，并表示，此次活动是启动长三角"田园五镇"先行区建设的重要成果展示。

"山塘论坛"是"田园五镇"建设的重点项目之一。它是以长三角区域一体化发展背景下的乡村振兴为研讨主题，以推动长三角地区跨区域合作、城乡融合发展和乡村振兴为宗旨的高端专业论坛。在论坛的筹备和举办过程中，得到了以"长三角乡村振兴协同发展中心"为代表的智库、机构的大力支持。论坛以沪浙跨区域合作乡村振兴先行区"田园五镇"中的廊下—广陈两镇为主要研究实践基地，由国家部委直属机构、长三角跨区域发展协调机构和国内知名智库、媒体冠名主办，由金山区廊下镇和平湖市广陈镇轮值承办，以金山区廊下镇（北）山塘村和平湖市广陈镇（南）山塘村为常设联合承办场所。许多人对该论坛寄予厚望，希望能将其打造为研究、推动长三角地区跨区域合作、城乡融合发展和乡村振兴理论、政策与实践为主要议题的年度精品论坛。

第二届"山塘论坛"

2020 年 12 月 12 日上午，由广陈镇主办的"产业振兴 数字赋能"2020 长三角"田园五镇"乡村振兴"山塘论坛"在平湖市举行。

经过近年的发展，"田园五镇"以"毗邻党建"为引领，将红色基因植入绿色发展，精心打造一条"毗邻党建"示范带和绿色生态走廊，取得了不错的成绩。"田园五镇"不断深化合作机制、共造区域品牌、推进共建共享、促进合作共赢、联动外宣展示合作成果，实现了农创品牌跨区域共建、乡村旅游跨区域共赢、文化传承跨区域共享的目标。经过五镇的共同努力，毗邻地区协同发展的"盆景"逐步转化成为长三角一体化发展的亮丽"风景"。

此次论坛发布了"田园五镇"区域公用品牌，旨在以五镇共建为核心，建立一个覆盖农业农村领域产业应用的区域公用品牌，加速"田园五镇"内部的资源整合，为乡村振兴提供内生动力，提高"田园五镇"之间乡村产业协同发展的速度，为区域协同提供有力抓手。同时，公用品牌还能提升"田园五镇"区域协同发展的知名度，为五镇在长三角一体化进程中提供强大竞争力。论坛上还举行了"田园五镇"农业科技走廊建设启动仪式，发布成立长三角乡村振兴百村联盟倡议。五镇将发扬在"蚂蚁学院"农业教育品牌取得的成功经验，不断扩大五镇区域公用品牌的影响。

青年农创大赛

举办青年农创大赛是长三角"田园五镇"乡村振兴先行区探索合作发展的重要举措，进一步深入探索了长三角区域一体化建设，实现乡村振兴的路径。许多青年创新创业人才在大赛上，贡献了金点子，碰撞出了新的火花，为"田园五镇"农业农村的创业创新注入了新活力。2019年5月，"创业助振兴·创新谋发展"首届"田园五镇"青年农创大赛正式拉开帷幕。

大赛由平湖市农业农村局、共青团平湖市委、平湖农业经济开发区主办，由平湖市广陈镇、新仓镇，金山区廊下镇、张堰镇、吕巷镇协办，由平湖农商银行提供特别赞助。这是长三角"田园五镇"乡村振兴先行区探索合作发展的重要举措。

举办农创大赛的主要目的是搭建农业发展大舞台，让社会更多的目光关注到新型农业生产项目，激发农业农村创业创新活力，吸引更多有想法、有创意、有情怀的青年创客投身乡村振兴的盛大赛事，培养新一批的美丽乡村建设主力军。

本次农创大赛是平湖市首届农创大赛，是继平湖农业经济开发区在广陈镇创建以来，举办的第一次以农业为主题的创业大赛，旨在推动"绿色、创新、融合"的理念传导，让更多的优秀人才参与到农业项目。

共青团平湖市委作为青年群体的引领者，加大本次大赛在青年群体中的宣传，让更多的院校高素质青年投身新型农业产业，构建集规模生产、精深加工、物流营销、休闲观光于一体的新型农业产业体系，突出绿色生态打造，推动"田园五镇"逐步走上高效生态农业的发展道路。

最终得奖项目如果落户农开区,能享受不少优惠政策。一方面,对于高端农业项目,农业经济开发区出台了《高质量新型农业发展扶持政策》和《农开区农业人才新政》,在农业项目建设和农业人才引育上提供了资金扶持。另一方面,符合平湖市级农业扶持政策要求的将享受面上普惠政策。同时,在农旅融合项目方面,如在场地的租金、游客的引流方面将给予大幅度的优惠和支持。

入住农创园的项目,将按照农创园运行管理办法,提供租金减免、技术指导等扶持。另外,本次大赛的合作方——农商银行大力提供金融扶持,最大限度提高贷款额度、简化贷款流程、降低贷款利率。

根据参赛项目的创办时限、落地可行性,大赛分设创业组和创意组两个组别。其中,创业组主要针对已经在金山区和平湖市落地有主体的项目,而创意组则不设限制,只要具备独特性、创意性和投资价值的想法、技术、模式、产品等均可参赛。根据组别,大赛分别设置有一、二、三等奖及入围奖,其中创业组最高奖金 50000 元,创意组最高奖金 20000 元。同时,项目一旦落地,还可获得如贷款贴息、设施大棚租金和人才公寓租金减免、人才项目奖励等一系列优惠政策。

4 个月后,由平湖市农业农村局、共青团平湖市委、平湖农业经济开发区联合主办的首届"田园五镇"青年农创大赛总决赛在平湖举行,来自全国各地 29 名青年选手带着农业创业创新项目开展总决赛路演。相关部门、镇街道有关领导,青年干部代表等近 200 多人观摩总决赛。

赛场上,会员加盟的"无花果第六产业项目",设施栽培葡萄和樱桃使成熟采收期提前或延迟等创业项目受到了评委的专业指点和建议,手绘乡村风景、农产品社区团购等创意项目的"金点子"为乡村振兴的未来发展注入了新动力。

2020年9月，由平湖市委、平湖市政府主办，平湖市委组织部（人才办）、金山区委组织部（人才办）、平湖市农业农村局、金山区农业农村委、共青团平湖市委、平湖农业经济开发区承办的"平湖农商银行杯第二届长三角'田园五镇'农业农村创业创新大赛"总决赛在平湖圆满落幕，来自国内外的25名农创选手带着农业创业创新项目开展总决赛路演。

本届大赛是为广大致力于乡村振兴的人才搭建的沟通交流的大平台、展示风采的大舞台，为此要打造最好的创业创新环境，激励更多的人才，让人才集聚"田园五镇"，让更多海内外高层次人才选择"田园五镇"，共同为长三角现代化农业一体化发展这块试验田，贡献科技创新的磅礴力量。

大赛自8月13日启动以来，受到社会各界的广泛关注和咨询。参赛选手踊跃报名，积极备战，共收到来自国内外的创业组和创新组项目共计101个。其中来自上海、浙江、江苏等高校的参赛项目39个，社会参赛项目62个。参赛项目申报人中有硕士45人，博士26人，项目层次远超首届大赛。本届大赛以"农业创新，耕耘精彩"为主题，旨在把项目资金人才引进农村，投身农业发展，有效推动长三角"田园五镇"创新平台建设，为农业农村现代化创新实践区提供更多的技术项目和平台赋能。

"第三届长三角'田园五镇'农业农村创业创新大赛"于2019年5月28日正式启动。大赛以"农创数智汇·赋能乡村兴"为主题，围绕农业农村现代化和产乡融合发展，旨在让有点子、有创意、有情怀的农业人才、农业专家在平湖、金山以及"田园五镇"农村广阔天地施才能、展才华、显身手。

2021年9月，第三届长三角"田园五镇"农业农村创业创新大赛总决赛如期举行。作为2021中国·浙江"星耀南湖·长三角精英峰会"重点活动和2021中国·平湖西瓜灯文化节活动之一，大赛从5月正式启动网络报名通道以来一共收集到国内外参赛项目近百份。最终有25名实力选手晋级总决赛。

本届大赛作为"星耀南湖·长三角精英峰会"的重要活动，延续了前两届的成功经验，建立了农创平台的独家品牌。大赛创业创新项目涉及数字农业、乡村环境治理、高附加值农产品种植、特色渔业产品养殖等许多技术领域，这些参赛项目的技术以及成果的转换，必将对"田园五镇"乃至长三角的产业发展产生深远的影响。

连续三届长三角"田园五镇"农业农村创业创新大赛的成功举办，体现了"田园五镇"对于优质农业项目和优秀农业人才的高度重视。未来，平湖农业经济开发区作为"田园五镇"成员之一，将继续为农业人才提供创业创新沃土，在跨省域乡村振兴协同发展的实践中探索出一条共同富裕的新路径。

升级活动新气象

"田园五镇"联盟形成之后，搭建了更大的舞台，为各镇升级原来的活动提供了良好的机遇，展现了蓬勃发展的新气象。原来，各镇举办活动时，所面对的对象主要是本镇，现在则是五镇，乃至更加广泛的长三角地区。这不仅发挥了本镇的影响，让本镇走了出去，也将其他镇、地区的人才和资源请了进来。

2019年10月10日，由中国田径协会、浙江省平湖市人民政府、上海市金山区人民政府主办，广陈镇、廊下镇承办的2019第二届浙沪乡村半程马拉松赛事协调会在广陈镇召开。

会议介绍了马拉松赛前期准备总体情况和筹备进度，安排部署了赛事筹备阶段各部门职责，平湖金山两地各成员单位就各自职责展开讨论交流，围绕安全、交通、医疗等主题，分别从时间安排、氛围营造、人员落实等方面明确分工，精心策划，及时查漏补缺，确保各项筹备工作有序推进。

举办浙沪乡村半程马拉松赛是推动两地体育与文化、旅游融合发展的重要举措和有效途径，也是长三角一体化战略背景下浙沪两地的又一次携手同行。与会人员表示，要吸取举办首届赛事的成功经验，在传承中创新，在创新中提升，全力打造一届精品马拉松赛。在这个过程中，两地积极发挥赛事平台作用，做好"马拉松＋"文章，擦亮浙沪文化品牌，提升两地知名度。会前，与会人员实地察看了2019第二届浙沪乡村半程马拉松赛道路线及相关筹备情况。

11月17日，万众期待的2019浙沪乡村马拉松正式开跑！赛事设21.0975公里半程马拉松和7公里欢乐跑两个项目。本次马拉松以浙江省广陈镇为起点，经过10.5公里后跑入上海市廊下镇界内。来自国内外的2500多名选手，用脚步感知浙沪两地融合发展的城市魅力，用奔跑传递"田美农开 田园廊下"毗邻共建的热情与活力。浙沪乡村马拉松，跑的是乡间道路，赏的是乡村美景，展现的是长三角一体化发展背景下浙沪联动，同频共振，共建乡村振兴示范先行区的丰硕成果。

浙沪十村党建联盟代表合影

经过一番激烈角逐，来自乌干达的选手以 1 小时 7 分 39 秒的成绩夺得半程男子组冠军，肯尼亚选手和中国选手陶泽良获得男子组第二、三名。孔洁以 1 小时 27 分的成绩夺得半程女子组第一名，李梅、沈玉夺得女子组第二、三名。

这不是一场普通的乡村马拉松赛事。2019 年浙沪马拉松升级为中国田径协会认证 A 类赛事，成为国家级马拉松赛事。此次赛事由平湖市与金山区共同举办，这是国家认证的更专业更具自然生态特色的乡村马拉松。

这不是一场简单的乡村马拉松赛事。浙沪马拉松是一场横跨浙江、上海两地的长三角地区跨省马拉松赛。你能领略到浙江平湖广陈的乡风湖影、旖旎风光，也能欣赏到上海金山廊下的花开烂漫、落日余晖。

这不是一场平常的乡村马拉松赛事。浙沪乡村半马给你最美的田园生态体验。在这里，没有高楼大厦，没有车水马龙，没有霓虹闪烁，没有人声嘈杂。平湖市广陈镇重新规划赛道景观，以一年四季与田园农耕作业为核心的设计，让参赛者切实感受乡村的辛苦劳作与丰收喜悦。

此外，赛道沿途设置的多个人文民俗加油站，打莲湘、剪纸、土布、舞龙、钹子书、花鼓戏，让我们感受到广陈与廊下的历史民宿与文化底蕴。还有吃货的福音——乡村集市，在这个秋收的季节，落叶正飘，果子正香，秋色正浓。品类繁多的农副产品，熟透了的瓜果晶莹剔透、皮薄肉厚。田埂上的土布时尚秀，传统与现代的完美结合，中国传统与欧美时尚的无缝衔接。两侧稻谷泛起金黄波浪，人在画中行，这边是乡村田埂上最潮的"中国范"。

田间美术馆，乡村特有的艺术气息，百年古物深藏历史底蕴。别具一格的乡村田园赛道。乡村田园独有的秋日美景通过这条赛道向五湖四海的选手展现其魅力。赛道沿途经过的各具特色的村庄，让选手纵享乡村美景。

泗泾村，蓝天作幕，绿野为席，乡村文化底蕴在文化礼堂中被挖掘。山塘中心路，一座山塘古桥连起了广陈与廊下，是故"一桥两山塘"。赛道蜿

南山塘村一角

蜓于金黄稻田中，古朴的大树、宜人的花香，山塘河装着故事流淌。廊下生态园，白云飘飘，阳光不燥，岁月安好，清风拂过开花的香樟树，生态园里湖光水色，采摘园里郁郁青青。中华村，田野深处的小村庄，缓缓升起的袅袅炊烟，是记忆中的故乡。港中村，厚重的石板路、层叠的树木与房屋，历史气息扑面而来，仿佛穿梭于时光隧道之中。龙萌村，白墙黛瓦，小桥流水。踩着一片树荫，踏着一汪清水，溪水边的树叶沙沙作响，路边的稻草人宛若有了灵气，画中仙境，如痴如醉，流连忘返。

赛道沿途还可以看到苗圃、湿地、农家乐。田野的裙裾，兜着树群与房屋，赛后不妨挑几处探寻一番，可以体验城市中寻觅不到的野趣。白墙青瓦，云淡风轻。无处安放的灵魂，遇上洗去铅华的田园美景，最终在这场浙沪乡村半马中得到抚慰。

本届比赛专门邀请了马拉松国家一级运动员、广陈媳妇孔洁和赛艇冠军运动员吴林、王楠楠夫妇参加。他们不只是领跑者，还是家乡美丽赛道和重大赛事的代言人。主办方专门对赛道进行了升级,让参赛者在奔跑的过程中可以欣赏田园风光,感到身心愉悦。一路跑来,要经过马拉松驿站、彩虹赛道,跨过山塘桥进入上海,途中的蔬果宝宝、西瓜娃娃、幸福恋人、我和我的祖国等造型和造景为比赛增添了不少乐趣。经过前期的共同努力,本次赛事的规格也进行了升级,成为由中国田径协会认证的 A 类赛事。所以,曾参加过浙沪半马的孔洁说,这场家门口的赛事既是广陈、廊下的骄傲,也是平湖、金山长跑爱好者的喜事、乐事。

吴林、王楠楠都是专业运动员,对于他们来说,参加比赛就是享受运动。不过,这次在家乡举办比赛,意义更加丰富。吴林说,他的外婆就是广陈镇龙萌村人,妈妈的童年也是在这里度过的,所以他对这里充满着特殊的感情。巧的是,本次马拉松比赛最具乡村特色的一段赛道就在龙萌村。在成为浙江省首个农业经济开发区后,其核心区的变化是比较显著的,吴林也很高兴能为家乡代言,让更多的人知道龙萌、了解广陈、喜欢农开。

农开区成立之后,引进的第一个高科技农业项目就是东郁国际植物新品种研究院及产业化体系。该项目见证了农开区的发展,遇到在家门口举办的赛事,东郁项目的员工以实际行动支持。陈金豪是长期驻扎在此的东郁员工,已经深深爱上了这里。他和同事们一直在积极为赛事做准备,为它加油、呐喊。

优质服务,助力乡马。精彩赛事背后,还有浙沪两地近 600 名新时代文明实践志愿者的默默付出,他们身着绿白相间志愿者马甲,穿梭在沿途马拉松驿站、医疗点、补给点等重要服务点,参与赛道指引、秩序维护、医疗救护、紧急服务等各个环节,保障大赛有条不紊地进行。

只留美丽,不留垃圾。本次赛事共接待选手、志愿者、工作人员、观众等共计约 5000 人,赛后主会场、乡村赛道等重要节点不留一片垃圾,垃圾分类人人参与,共同守护最美农开。

2020 年 11 月,在浙沪边界,一场由浙江省平湖市广陈镇、上海市金山区廊下镇联合举办的跨省乡村欢乐跑热闹开跑。随着一声发令枪响，来自浙沪两地的 100 多组家庭、马拉松沿线"十村联盟"的村民以及专业跑团的近 400 名长跑爱好者越过起跑线，开启欢乐的美丽乡村之旅，他们用脚步丈量浙沪的尺度，用心去感受"田美农开·田园廊下"的魅力。

本次比赛分为 5 公里家庭跑和 10 公里欢乐跑两个项目，以廊下生态园为起终点，穿过绿树成荫的赛道，跑过满眼金黄的稻田，一路由上海到浙江，尽享浙沪两地风光。赛事以"田美农开·田园廊下"为主题，赛事路线紧紧围绕长三角一体化发展、乡村振兴两大战略交汇下，浙沪合作共融的定位，把浙沪两地美丽乡村风景线凝聚于欢乐跑赛道，全面展示浙沪现代农业先行区的国际化风貌，讲述浙沪边界一体化发展的故事。

沿途风光相伴，精彩一路随行。钹子书表演、稻草展示、腰鼓庆祝等民俗活动为赛事增色不少，装扮一新的"明月山塘"景区游客服务中心搜罗了产自农开区的各式农副产品，尽展农开特色。赛道旁，更有农开区 IP 形象狮小农亲自"站台"，全力为参赛选手加油助威。同时，五谷丰登、迎风吐艳、鱼米之乡、春意盎然等六大主题特色景观，以丰收为底色，将广陈、廊下两镇的人文风貌和历史内涵融入其中，这不仅是助推全民健身、深化农旅文融合的赛事，更是展示浙沪两地深厚文化底蕴、发展崭新形象、未来精彩纷呈的盛会。

作为浙沪联合举办跑步赛事的第三个年头，由于受到疫情影响，赛事规模有所缩小，但两地还是延续了跨省马拉松品牌，沿用跨省马拉松赛道，以马拉松运动为纽带，精心打造浙沪乡村欢乐跑，进一步擦亮浙沪马拉松"金名片"。

马拉松赛事作为联动发展的载体，具有一定的偶然性。廊下镇为了发挥郊野公园的功能，策划举办了面向全市的徒步走大赛，获得了参与者的一致好评。他们希望将此类活动年年办下去，并且越办越好。于是就将其升级为乡村马拉松比赛，并与广陈镇联合举办。马拉松赛事在促进联动发展方面发挥了重要作用：一是提供了载体，为合作提供了重要的抓手；二是为乡村的建设提供了目标，可以整合资源、突出主题，增加资金使用的效用；三是可以扩大宣传，提高区域的知名度和美誉度，这也是较好的招商引资平台。

农民丰收节

2018年9月23日秋分时节，以"乡村振兴幸福家园，城乡融合共享丰收"为主题的长三角首届农民丰收节开幕式在上海市金山区廊下镇举行。开幕式上，既有反映上海市金山区、浙江省嘉善县、平湖市三地风土人情的文艺表演，又有沪浙"毗邻党建"阶段性成果、三地名优农产品、三地传统民俗文化展示等活动。开幕式现场，来自沪浙的近600名农民齐聚一堂，共同欢庆中国首届农民丰收节这个属于亿万农民自己的节日。

当天，廊下生态园内一派五谷丰登、诗情画意。农场主们摆起"摊头"，15家农场工作人员忙着推介自产自销的新鲜果蔬。上海联中食用菌专业合作社的蘑菇盒子和嘉善云帆家庭生态农场的红心猕猴桃销售格外火爆。"对我们农户来说，长三角联动一体化发展有利于提高我们农产品的知名度，而且我们可以相互沟通，取长补短。"上海联中食用菌专业合作社理事长陈林根说。

另一边，沪浙农副产品展销区也别有趣味。一直以来，浙江平湖都有做西瓜灯的传统，那年平湖西瓜迎来大丰收，手艺人在西瓜表面刻上各式图画，让西瓜瞬间"身价翻倍"。这种现场"第一手"销售农副产品的形式也让不少市民近距离接触了日常难以体验到的丰收喜悦。有游客说："感觉农村更现代化了，产品质量更好了。"

金山区着力打造长三角高质量一体化发展的桥头堡和实施乡村振兴战略的先行区。作为沪浙毗邻地区，上海市金山区和浙江省嘉善县、平湖市，不仅一衣带水、地理相连、人缘相亲、文化相通，随着国家长三角区域一体化战略的推进和乡村振兴战略的实施，在基层党建和经济社会交往方面也日趋紧密。2016年，金山区在总结提炼多年跨省毗邻区域协同发展经验做法的基础上，首次提出"毗邻党建"概念。坚持以党建为媒，与嘉兴市签署区域联动发展全面战略合作框架协议，并与嘉善县、平湖市签订"毗邻党建"引领区域联动发展合作框架协议，共同推动三地在党建引领下全面深化经济、民生、平安、生态、文化、科技、人才等各个方面的协作共建与合作，打造"联动发展共赢地"。

为加强沪浙两地农民之间的沟通交流，搭建互学互比互助的平台，此次金山区、嘉善县、平湖市三地联合举办了长三角首届农民丰收节，通过党建引领、政府搭台、百姓唱戏，促进三地现代农业的合作，展示三地农村的美丽风貌，加深三地农民的互相了解，真正让老百姓参与到活动中，让农民成为实施乡村振兴战略的主力军。

丰收节期间，三地还围绕庆丰收、晒丰收、话丰收、享丰收、助丰收等五大主题开展系列活动。庆丰收：在上海市金山区举办三地全民健身广场舞大会；晒丰收：在浙江省平湖市举办长三角西瓜灯雕刻创意大赛；话丰收：在浙江省嘉善县举办三地新型职业农民论坛；享丰收：在沪浙三地举办美丽乡村走一走，休闲农业游一游等活动；助丰收：在沪浙三地组织当地农产品企业与电商对接，形成线上销售、线下体验相结合的助力丰收模式。

自2018年起，每年农历秋分为"中国农民丰收节"。全国各地从实际出发，结合当地的民俗文化、农时农事，组织开展好农民群众喜闻乐见的活动，做到天南地北、精彩纷呈。同时，国家层面正在推进长三角区域一体化战略以及实施乡村振兴战略，上海市金山区、浙江省嘉兴市、江苏省盐城市、安徽省马鞍山市，近几年在基层党建和经济社会交往方面也是日趋紧密。

2019年9月23日，来自沪苏浙皖四地的近700名农民齐聚一堂，共同欢庆中国农民丰收节。以"乡村振兴幸福家园，城乡融合共享丰收"为主题的"党建引领·毗邻共建长三角农民丰收节"开幕式在上海市金山区廊下镇举行。

开幕式活动按照"因地制宜、节俭热烈、平等互助、通力协作"的原则，由上海市金山区、浙江省嘉兴市、江苏省盐城市、安徽省马鞍山市四地党委政府联合主办。开幕式入选2019年中国农民丰收节70地庆丰收全媒体联动直播活动，被全国网民收看、关注。

此次长三角农民丰收节围绕话丰收、迎丰收、诵丰收、庆丰收、助丰收、画丰收、享丰收、贺丰收、展丰收、宴丰收等十大主题开展，还举办首届长三角乡村振兴青年创新创业大赛颁奖典礼、2019年第十三届马自骑大赛总决赛（安徽绩溪—上海金山）等跨省市活动。

2020年9月20日，以"浙沪情·瓜乡韵"为主题的中国农民丰收节长三角农民庆祝活动在浙江平湖赵家桥举行。

平湖素有"金平湖"的美誉，自古因农业名扬天下，如今进入新时代，沐浴着长三角一体化发展和乡村振兴这两大战略东风，平湖农业发展精彩纷呈、硕果累累。当下的丰收令人自豪、值得高兴，未来的丰收更令人向往、激励前行，作为"新仓经验"的发源地，平湖理应有更大的作为、更强的担当。

此次丰收节在民俗节目《着癫子》的丰收景象中拉开序幕。随后，举行了老乡说小康、西瓜传统精品文化展示、平湖西瓜振兴计划签约仪式、西瓜扶贫义拍和"双百双创"强村富民项目集中启动仪式等活动。现场来宾共同见证了平湖农业农村蓬勃发展，共同研究了现代农业产业发展新模式。

稍后的长三角农民"西瓜运动会"更是吸引了成百上千的农民驻足观看。由浙江平湖和上海金山农民分别组成的12支队伍，在百亩瓜田上开展摘西瓜、抛西瓜、挑西瓜、吃西瓜的活动，展现了长三角农民朋友拼搏竞技的精神和收获丰收、庆祝丰收的生动场景。

　　本次活动延续前两届"1+X"的庆祝形式，即一个开幕式和十多项系列庆祝活动。主要包括首届长三角赛艇邀请赛暨平湖赛艇小镇启动仪式、第三届浙沪乡村半程马拉松、"一个顶瓜呱的郁见"2020农开区（广陈镇）全域风情旅游文化节暨萌瓜呱造物节活动等。秉持"农民节日农民办，农民节日农民乐"的理念，平湖把丰收节办成了农业的嘉年华、农村的成果展、农民的欢乐颂，为平湖建设"重要窗口"的精彩板块增添了靓丽的色彩。①

长三角西瓜灯雕刻创意大赛

　　近年来，张堰镇立足打造成为金山区中部生态绿心的核心城镇及金山滨海地区城镇圈生活服务的后花园，在长三角区域一体化和乡村振兴发展两大国家级战略下，聚焦"田园五镇"区位发展优势，从传统农业到效益农业、多功能农业到休闲农业，大力探索推进农业转型发展模式，多个特色鲜明的

---

① 张应隆：《中国农民丰收节长三角农民庆祝活动在平湖开幕》，《嘉兴日报》2020年9月21日。

农产品基地相继涌现。如百草园、松园景观林、红豆杉基地等已逐步被打造成集休闲、观光、养生等多种功能于一体的现代农庄，而墙门里田园综合体则正在依托社会资本整合村民闲置用房资源，探索建设农业旅游基地，并于2019年成功打造农业节庆"三部曲"。

玫瑰节是张堰镇全力推进农业节庆"三部曲"活动的第一部。5月19日，张堰玫瑰节在日脚农场拉开帷幕，以"2019遇见玫瑰·遇见爱"为主题，构建赏花游精品路线。活动期间共设立四大主题活动，分别是玫瑰扦插、玫瑰会友、玫瑰摄影、玫瑰DIY，一起感受玫瑰节芬芳魅力。举办此次活动，主要希望以"花"为媒，提升乡村文化品牌形象，奏响美丽乡村建设"最强音"；以"花"会友，打造花香四溢、姹紫嫣红的世外桃源；以"花"为引，开辟产业发展的新路径，走出一条具有张堰特色的农业旅游产业发展道路，为张堰乡村振兴发展添上浓墨重彩的一笔。

6月14日，以"'莓'好生活，'莓'丽绽放"为主题的"田园五镇"第二届上海张堰树莓节开幕式在金山百联购物中心广场隆重举行。这是"三部曲"活动的第二部。本届树莓节在汲取第一届树莓节成功经验的基础上，进一步拓展了辐射范围。开幕式现场，除了由位于旧港村的树莓基地带来的不同品种的树莓产品外，还首次邀请了"田园五镇"相关农业合作社现场设摊，阿婆瓜、杜瓜子、西甜瓜等拳头产品陆续登场，吸引不少市民驻足品尝，场面十分火爆。作为一个以树莓为媒、展农业风采、兴富民产业的宣传平台，树莓节共设四大主题活动，分别为"张堰之果味"现场推介会、"发现眼中美"视频大赛、"知识乐享会"知识竞赛、"红色采摘行"畅谈会。

张堰镇树莓基地位于旧港村，种植面积在151.57亩，包括黑树莓、红树莓、黄树莓、奇异莓四大类。其中，黑树莓有4个品种，即阿甜、海洋一号、黑大莓和晚夏；红树莓有2个双季品种，即海尔特兹和洛娃；黄树莓有2个品种，即单季波兰黄和双季波兰黄。在此基础上，2019年基地又发展了奇异莓。

几年前，为了填补市场空白，上海倍奇葩树莓农业科技发展有限公司与中国农科院合作，引进了红色、黑色、黄色三个颜色品种各不同的树莓，在张堰试种。张偃树莓已作为金山农业金字招牌"一葡二桃三莓四瓜"之一。基地主要以超市鲜果销售、休闲采摘、树莓鲜果批发、蛋糕店的树莓冻果和树莓礼盒销售为主。近年来，当地通过向树莓的深加工发展，已形成一条以树莓种植、加工和销售为主的产业链。

7月26日，2019金山张堰"阿婆瓜"节暨农产品推介会在百联金山购物中心拉开帷幕。这是张堰镇农业节庆系列活动"三部曲"中的最后一部，旨在通过打造张堰健康农产品品牌，使健康农产品深入人心。同时唤起人们儿时的记忆，寻找属于自己的古镇乡愁。

作为张堰特色农产品的"阿婆瓜"，也就是市民们儿时所追捧的青皮绿肉瓜，具有深厚的金山历史文化底蕴。其果肉呈淡绿色，肉质脆、甜，深受市民消费者喜爱，是夏季必吃品之一。本次节庆以农产品推介会形式作为活动开展的主要内容，汇集了镇域范围内的8家优质龙头企业、农民专业合作社，通过展销张堰镇优质农产品，提升农产品知名度，促进农业产业化发展，以此加大本地农产品市场化运作力度。

"互联网＋农业"模式是张堰镇紧跟互联网时代新浪潮所作出的一次巨大改变。2020年10月，"森活百家"品牌发布，通过建立农产品电商直供平台，拓宽特色农产品销售渠道；2021年4月，青年网络主播直播季活动开启，上海中侨职业技术大学学生直播售卖张堰本地8款特色农产品；2021年6月，第三届张堰"阿婆瓜"节暨森活百家农产品展示会在上海中侨职业技术大学召开，采用现场展销和网络直播两种方式进行宣介。在线下推介、传统电商、直播电商的"互补互助"下，张堰特色农产品知名度进一步提升，特色农业发展更为茁壮，"张堰味道"这一品牌更为深入人心。

除了张堰举办农业节庆"三部曲"，吕巷也在举办水果盛会。2019年7月20日，金山缤纷百果节系列活动之长三角"田园五镇"第十三届上海金山蟠桃节在吕巷水果公园开幕。上午9时30分，伴随着精彩的文艺演出，蟠桃节序幕正式拉开。除了主角皇母蟠桃，施泉葡萄、敏蓝蓝莓、绿田火龙果等当地特色水果以及来自"田园五镇"的优质农产品也纷纷亮相。当天下午，以桃为媒，"幸福吕巷，茶韵桃香"休闲品茗活动在热带水果科普展示馆内举行。游果园，品茶香，在诗情画意的蟠桃之乡，茶艺与桃文化完美融合。

2019年8月6日，以"铸造'施泉'品牌，推动葡萄产业高质量发展"为主题的长三角"田园五镇"2019年第七届金山施泉葡萄节在吕巷镇施泉葡萄合作社开幕。在葡萄产业振兴乡村研讨会上，来自上海市农业农村委、市农科院、市瓜果协会等单位的葡萄专家齐聚一堂，就葡萄产业智能化、机械化等问题开展讨论，共谋葡萄产业未来发展。

为进一步拓展平湖金山两地劳模工匠合作、交流平台，加深两地跨区域、跨领域交流合作，激发劳模工匠创新、创造、创优活力，2020年6月22日，"匠心领航共发展 毗邻工建同圆梦"主题活动暨长三角"田园五镇"稻田插秧大赛在广陈镇龙萌村隆重举行。

嘉兴作为浙江全面融入长三角的核心区和主阵地，正紧抓机遇，努力成为"重要窗口"中的"精彩板块"。平湖对接金山，加快毗邻一体化发展，迎来了历史性的黄金机遇，围绕两地进一步深化"毗邻工建"，要顺应时代要求，在长三角一体化发展中凝聚工会力量；奋力建功立业，在促进区域协调发展中彰显工会担当；深化联动合作，在推进毗邻协同发展中打造工会样板。

2020年是"鑫＋平"毗邻工建的第三年，两地围绕"1+4+N"合作模式，整合服务资源，深化合作共建，通过共建"鑫＋平"劳模工匠技能服务联盟，切实发挥劳模工匠在助力浙沪毗邻地区一体化建设中的中流砥柱作用，为助推两地高质量发展作出工会组织应有的贡献。

在这次活动上，举行了"鑫＋平"农匠学堂揭牌仪式，并聘任首批"鑫＋平"农匠学堂导师。"鑫＋平"农匠学堂将设在农开区（广陈镇）乡村振兴学院，开展多种形式教学活动，助力农匠师的培养。首批聘任的农匠学堂导师将以培养更多高素质职业农民为目标，为平湖乡村振兴添砖加瓦。在本次活动上还成立了"鑫＋平"劳模工匠技能服务联盟，表彰了农开区现代农业技术新匠人。

"匠心领航共发展　毗邻工建同圆梦"主题活动暨长三角"田园五镇"稻田插秧大赛的成功举办，不仅充分展示了广陈镇悠久农耕历史和灿烂文化，彰显了"农业硅谷、田园绿镇、孟坚故里"的时代风采和独特魅力，同时在"鑫＋平"毗邻工建合作项目的基础上，用匠心领航深化"鑫＋平"毗邻工建，促进了两地工会优势互补、共同圆梦。

2020年6月25日上午，"粽情端午·玩转浙沪"系列活动启动仪式暨第三届长三角"田园五镇"龙舟斗牛邀请赛在"明月山塘"景区举行。

龙舟斗牛邀请赛是广陈镇端午民俗文化系列活动的一项保留节目，不仅有广陈镇本土选手，更有来自长三角"田园五镇"、嘉善大云镇和南北山塘村的共8支队伍参赛，大家同舟共济、跃浪争先，以赛会友，一时间，山塘河畔鼓声阵阵，一派热闹场景，更有来自四面八方的市民和游客围在山塘桥两岸观看比赛，为选手加油鼓劲。

借端午之际，举办"粽情端午·玩转浙沪""明月山塘"端午系列活动，致力于为浙沪百姓营造浓厚端午民俗文化氛围，全方位展示农开区作为平湖市"重要窗口"中"最精彩板块"的平台作用，共扬传统文化，共话浙沪情缘，共谋毗邻发展，共同开启合作新篇章。

如果没有"田园五镇"作为平台，这些活动可能会规模较小、影响有限。"田园五镇"提供了更大的舞台，让一个个项目进行展演。当然，展演还会带来要素的流动、发展的联动，这些会在展演之后不断地体现出来。也许，"田园五镇"努力的方向不在制度的创新，而是在具体的项目上。正是通过一个个项目进行良好的互动，逐步产生了一体化的效应。当然，通过具体项目的推动，为制度的对接提供了机遇，最终会实现制度的突破和创新。这也是自下而上推动一体化的特点和优势，看起来走的是一小步，做的是某项具体的工作，但为后续的工作奠定了坚实的基础。五镇联盟的成立为各镇都提供了良好的机遇，非但没有成为羁绊和拖累，反而助力了各镇的发展，达到了共赢的效果。

"毗邻党建"再出发

2021年是建党百年，"田园五镇"举办了许多主题活动，丰富了"毗邻党建"的意义和内容。比如，3月26日，在桃花盛开的吕巷水果公园，来自长三角"田园五镇"的党员群众齐聚一堂，以快闪的形式献唱"红歌"，用《唱支山歌给党听》的美好寓意献礼建党百年。

当天，同步启动党建引领长三角"田园五镇"乡村振兴先行区项目发布暨吕巷镇庆祝建党百年系列活动启动仪式，共同发布长三角"田园五镇"党史学习教育地图。为庆祝党的百年华诞，举办各类会议、活动49个，其中党建、群团类活动16个，如"田园五镇"红领圆桌会、毗邻党建综合服务中心启动、"建党百年"系列主题作品征集活动、"田园五镇"百名村居书记素养提升工程、沪浙乡村马拉松赛事等，持续奏响长三角高质量一体化发展、乡村振兴新乐章。

为深入开展党史学习教育，认真学习贯彻习近平总书记关于推进长三角一体化发展系列重要讲话精神，进一步推动金山平湖"毗邻党建"工作，深化两地合作交流和区域联动，6月2日下午，金山平湖"毗邻党建"引领区域联动发展第五次联席会议暨"党史印记·巴士寻访"党员学习活动启动仪式在金山区吕巷水果公园举行。

会上，"党史印记·巴士寻访"学习活动正式启动，聘任金山平湖"党史印记"基层宣讲员，开通8条"毗邻党建"党史学习教育"巴士寻访"专线。这是从沪浙"毗邻党建"党史学习教育精品线路的100个点位中，精选的具有两地内在联系和特色的15个重要学习点，并以"巴士寻访"的形式，串联成8条专线，含有毗邻线路、初心线和乡村振兴线等，供两地党员群众寻访学习。

值得一提的是，初心线和乡村振兴线这两条线路，专程制作了红色的巴士车辆，格外醒目。车厢内的线路牌、座位挡板、手拉环等位置设置了"奋斗百年路，启航新征程""不忘初心、牢记使命"等红色文化宣传标语。预约登记功能已在"心联鑫"服务号、"金组工"公众号、"平湖先锋"公众号等平台正式上线，供两地基层党组织和党员群众使用预约。

同时，金山平湖两地签订了2021年"毗邻党建"引领区域联动发展合作项目协议，两地在产业发展、道路交通、文化科创、人才交流、党建联建等领域，共同选定了12项具有代表性的示范合作项目，重点探索张江长三角科技城数字经济平台建设、深化长三角"田园五镇"乡村振兴先行区年度合作等，实现经济社会发展同频共振。现场还发布了金山平湖"我为群众办实事"十件事，解决两地群众在教育互联、乡村振兴、环境保护、政务服务等领域的重点难点问题，比如省际断头路兴豪路通车、深入推进长三角政务服务"一网通办"、深化吕巷新仓特色农业产业合作等实事项目。

事实上，金山和平湖的红色基因渊源颇深，金山区第一位共产党员李一谔领导的金山（浦南）县委在平湖独山港转角湾地区活动时，建立了平湖市第一个党支部——中共衙前支部，并发展了平湖的第一位共产党员朱轶凡。

两地首次提出"毗邻党建"概念是在2016年，并于2017年8月签署《"毗邻党建"引领区域联动发展合作框架协议》，在全国开创以党建引领跨省市联动发展的先河。多年来，金山平湖两地以党建为引领，创新建立"毗邻党建"引领区域联动发展工作模式，不断深化互动交流、开展项目合作、构筑长效机制。

未来，金山平湖两地将共守红色根脉，在更广范围、更深领域不断深入合作，为推进长三角一体化发展，提供更加鲜活的实践经验和样本。

为贯彻长三角区域一体化国家战略，深化沪浙"毗邻党建"引领合作共建，推进长三角"田园五镇"乡村振兴先行区建设，做好村社（居）组织换届后半篇文章，提升村社（居）党组织书记现代化能力，共庆中国共产党成立100周年，6月19日，长三角"田园五镇"百名村社（居）党组织书记现代化能力提升工程启动仪式暨百名书记学党史活动在浙江平湖新仓镇举行。来自吕巷镇和平村、廊下镇勇敢村、张堰镇百家村、广陈镇龙萌村、新仓镇杉青港村的村居书记，从党建引领"三治"、村社产业发展、乡风文明建设、村居环境打造、农文旅融合等方面分享经验、畅谈思路、共谋发展。

活动上，有领导表示，希望他们当好乡村振兴和共同富裕的"领雁人"。一是恪尽职守，做坚守一线的"领雁人"，有思想、会创新，敢担当、善执行，讲廉洁、守规矩。二是锐意进取，做乡村振兴的"领雁人"，抓牢强村富民的"金钥匙"，搭好为民服务的"连心桥"，织密基层治理"一张网"。三是探求合作，做"毗邻党建"的"领雁人"，把握"毗邻党建"共建模式，聚力党建联盟组团发展，擦亮"毗邻党建"金字招牌。长三角"田园五镇"百名村社（居）党组织书记现代化能力提升工程的启动，将全方位提升村社（居）党组织书记的理论储备、实践能力和眼界意识，成为奔跑在乡村振兴道路上的领跑者。

一个月后，"数字赋能产业发展 头雁领飞共同富裕"长三角"田园五镇"百名村社党组织书记现代化能力提升工程（广陈站）活动在广陈镇举行。此次活动分为"数字农业"培训和领雁课堂两部分。浙江绿迹农业科技有限公司总经理余魁详细介绍了发展"数字农业"的意义以及相关系统的运营及管理，为全体与会人员带来一堂含金量高、专业性强的农业培训课。来自廊下镇中联村、吕巷镇夹漏村、张堰镇建农村、新仓镇三叉河村、广陈镇泗泾村的村居书记围绕"产业兴旺、生态宜居、乡风文明、治理有效、生活富裕"五方面进行交流，分享兴村治社经验。会前，全体与会人员现场参观了山塘驿·毗邻服务中心和龙萌湾民宿，亲临感受"毗邻党建"的各项成果与农开区产业发展的蓬勃动力。

在村居党建不断推进的同时，"两新"党建也开展了活动。9月18日，为了进一步探索长三角一体化背景下"两新"党建和"毗邻党建"的发展与创新，2021年长三角"田园五镇"红领圆桌会在金山区吕巷水果公园顺利举行。

会前，与会人员品鉴了"田园五镇"的特色瓜果，观看了"田园五镇"农业带头人发挥党员骨干带头作用积极为一方产业作贡献的短片，欣赏了一堂生动鲜活的红领情景党课。此次党课，展示了优秀农民专业合作社带头人和党员骨干的风采。在他们的带领下，农民实现了致富，农业获得了增收，农村得到了发展。

在会上，"田园五镇"红领合作社的带头人们围绕"党建引领产业、助推乡村振兴"，畅谈了正在进行的生动实践。在交流的过程中，他们还获得了其他同志带来的"金点子"。此次会议标志着"田园五镇'红基因'党建联合体"的正式启动。借此机会，他们还发布了"红领合作社"党建项目和百人红色宣讲团成员名单。

非遗龙狮展演、小白龙缤纷巡游、非遗美食品鉴、互动景点打卡……2021年10月31日，以"行走的民俗"为主题的长三角非遗龙狮精品展演暨首届金山小白龙民俗文化旅游节开幕式在吕巷水果公园拉开了序幕。

在开幕仪式上，吕巷、新仓、廊下、广陈和张堰的主要领导共同签订了长三角"田园五镇"全域旅游战略规划框架协议。该协议的签订是为了加快推动长三角"田园五镇"全域旅游产业,促进长三角"一体化"高质量发展。在活动现场,还成立了夏懿峰"小白龙信俗"保护传承工作室,为吕巷镇"一村一品"10支舞龙队命名,开通了"金山小白龙"抖音账号,展示了吕巷非遗文化的魅力。

2021年,"小白龙信俗"成功入选第五批国家级非物质文化遗产代表性项目名录。这不仅是每一位金山人的骄傲,更为传承吕巷世代厚积沉淀的民俗文化创造了良好的条件。"小白龙信俗"发源于吕巷民间,是百姓为了祈求风调雨顺、五谷丰登、安居乐业、幸福祥和的美好生活而逐步形成的。这项活动对当地民众生活产生了积极的影响,已经深深植入了日常生活中,成为节庆习俗中必不可少的部分。每逢重大节庆,当地民众便通过吃小白龙糕、剪白龙图纸、做龙头鞋、舞白龙等形式祈福和表达自己的喜悦心情。

长三角非遗龙狮精品展演在展示长三角舞龙舞狮文化、展现舞龙舞狮健儿昂扬向上的拼搏精神的同时,也极大促进了长三角地区龙狮文化的深度交流。该活动为持续推进长三角地区传统文化互通互惠、联展联动提供了机遇和平台。

伴随着铿锵有力的音乐,首届金山小白龙民俗文化旅游节正式拉开帷幕。来自苏浙沪皖的6支舞龙队依次走进主会场,他们手舞长龙,步伐矫健,腾飞云霄,展现了精湛的技艺和独特的区域传统文化。

当天下午,在充满童趣与欢快的金山小白龙民俗游园会中举办了本次文化旅游节系列活动。在这里,可以观赏小白龙的缤纷巡游,也可以品鉴长三角"田园五镇"农产品和非遗美食,还可以体验皮影戏、土布纺织、手工织带、平湖西瓜灯等非遗项目。如果时间允许的话,还可以做做糖画、剪剪窗花,寻找儿时的记忆。游客们在互动景点打卡、品尝民俗小食等活动中,感受到了传统文化的魅力,也寻找到了昔日的乐趣。

　　漫漫长路十余载，踽踽前行终圆梦。"小白龙信俗"国家级非遗申请成功，不是"小白龙信俗"的终点，而是一个全新的起点。吕巷镇乘势而上，以春夏秋冬四季为本、二十四节气为用，根据不同节气和民俗节日，定期在线上线下开展多元化的小白龙民俗活动，传播小白龙文化，增加节日氛围。金山小白龙串起了"行走的民俗"在长三角的联展联动，为促进长三角地区的文化交流进行了有益的探索。当前，各地都在通过以节兴市的方式推动乡村旅游、促进乡村振兴，吕巷的系列活动是其中的代表，逐渐成为长三角地区文旅产业的新名片。

　　"田园五镇"的发展是一个从无到有，从弱到强的过程。刚开始的时候，只是有了抱团发展的理念，希望能够联动发展。那就在"毗邻党建"结对的基础上扩大朋友圈，由两两结对变成了五镇抱团。当五镇联盟成立之后，那就想运行的办法，于是就搭建了许多的平台，产生了轮值、联席会议制度。有了平台之后，接着就是展开具体的行动，让大家能够看到，于是就有了以项目制为代表的滚动发展方式。这些项目本来是各镇都存在或者将要做的，将其放在更大的平台，就产生了合作的可能，为共同发展创造了条件。不管是"毗邻党建"，还是"田园五镇"，都是遵循着这样的发展模式。理念、平台和项目构成了区域合作的三个重要要素。先有理念的产生，然后想办法凝聚力量去落实，结果要通过项目来检验。能够成为项目，说明可以付诸实践、落地了。在合作的过程中，务虚很重要，它主要解决的是思想认识的问题。通过开会，逐步地达成了共识，消除了分歧。只有达成了共识，才会向下推进工作。所以，许多工作都是从理念出发的，先有一个美好的愿望，然后再去想办法怎么去实现。这也就决定了许多的区域合作是无中生有的。

　　有了之后，能够变得更大、更强，则取决于许多的条件。比如，共同的愿望是否强烈，大家是不是真的做到了心往一处想。当想法有了之后，还要考虑平台、机制的问题，这就是把资源、力量进行统合的问题。不能只是思想的统一，还要将力量进行协调一致，劲往一处使。平台搭建得不合理，不能理顺其中的各种关系，也不会很好地推进各种工作，反而会滋生新的问题。理顺了关系、形成了机制之后，则要进行具体化的操作，那就是要实行各种项目。项目之所以成为发展、治理的重要方式，就是因为它可以统合各种资源，并可以落地，变成可操作的内容。不能转化为项目，说明还是停留在空中，还没有接地气。从这个角度也可以理解，为何有些工作推进得有声有色，有些工作却是雷声大雨点小，虎头蛇尾。主要是因为三个环节不完备，没有形成一个完整的系统。

当"田园五镇"的联动发展形成项目化之后，就可以不断地进行滚动发展。每年都加入新的元素和特色，或者根据当地的工作重点进行适当的调整。如果没有联盟的存在，每个镇依然还会按照各自的路径进行发展。拥有了联盟之后，就为每个镇叠加了新的元素和机遇。它不会因为某个镇要发展，而耽误其他镇的发展，或者形成不利影响。当然，各镇之间也有一定的竞争，也会被进行用脚投票。即便没有五镇联盟，也会有这种事情的发生，毕竟许多渠道、信息是相通的。因为有了五镇，渠道、信息会更加的通畅，带来的资金、人才和信息会更多，共同的发展更加能够实现。

07
结　论

　　"田园五镇"是乡村振兴战略的践行者，也是高质量一体化发展的缩影，还是实现共同富裕的探索者。"田园五镇"在发展的过程中，产生了许多经验，给人很大的启发，值得进行深入思考和认真总结。"田园五镇"是无中生有的"田园五镇"，是守正创新的"田园五镇"，是值得期待的"田园五镇"。

"无中生有"的"田园五镇"

　　廊下、广陈、吕巷、新仓和张堰作为集镇已有上千年的历史，但作为抱团发展的"田园五镇"却只有短短4年多的时光。打造成长三角一体化的试验田，不得不说是"田园五镇"在"自我加戏"。正是这种"自我加戏"，更加反映了长三角一体化的大势所趋，也更加凸显了"田园五镇"探索的意义。

　　"田园五镇"产生的偶然与必然。"田园五镇"这个概念的产生具有一定的偶然性，来源于某次会议上的交流。与会者在谈论各镇发展的困境、畅想未来的发展前景的过程中，逐步形成了共识：要坚定落实国家战略，要借重大机遇的春风。当前，有两个重大战略摆在他们的面前，一个是乡村振兴战略，一个是长三角一体化上升为国家战略。五镇作为乡村地区，必然要实施乡村振兴战略。因为所处的地理位置，落实长三角一体化也算是责无旁贷。可是，他们并没有太大优势，也没有更多的政策倾斜。乡村振兴战略各地都在实施，都有各自的探索和路径，政策的倾斜力度也不同。长三角一体化重点推进的是示范区，正在进行政策的创新和试点，这里只是属于推广区。从大的层面来看，这里没有太多优势，有的只是自身的资源和无限的探索空间。尽管并不占有太多优势，但统一了思想之后，就有了创新的可能。所以说，将两个国家战略进行叠加，对他们来说，这一想法的形成具有一定的偶然性。但正是通过一次交流，开辟了新的路径。

有了共识之后，他们就想办法去落实，将想法变成实践。经过分析，他们认为若还是坚持单打独斗，并不能突破既有的限制，不能走出一条新路，需要抱团，促进资源和要素的相互流动。几个镇在一起发展比较有利，这成为他们考虑的一个想法。"一带一廊"和"双融双带"已经实践了4个年头，拥有了相应的基础。但是还需要进行拓展，廊下与广陈、新仓均交界，廊下可以在与广陈共建的基础上，再与新仓建立新的联系。况且，廊下与新仓原来也有一定的联系，只是没有上升到定期活动的层次。而这次有了新的机遇。当廊下与新仓加强联系时，势必也要加上吕巷，这就有了4个镇的加入。在讨论的过程中，他们认为4个镇还是有些单薄。张堰与廊下、吕巷同处金山区的中部地区，被称为"生态绿核"，属于同一发展单元，与广陈、新仓具有很强的同质性。这又加上了张堰，形成了五镇的架构。

五镇能够走到一起并不那么偶然，而是暗含着某种必然性。因为，"毗邻党建"和接轨上海，早已是两地的目标，"一带一廊"和"双融双带"已经建设了一段时间，相关各方都有了共识，并在某些方面进行了探索，形成了相应的经验。同时，他们也面临着一定的难题，需要进行不断的拓展。新的国家战略的提出，为他们提供了新的机遇、汇集了所需的要素，一场新的变革就顺势而生了。

当有了更高的目标之后，他们的视野更加开阔，思路也更加清晰。原来，只是考虑两镇之间如何进行互动，如何争取区级的资源。现在则是要考虑在长三角一体化中该扮演什么样的角色，积极地争取上海市、浙江省乃至国家层面的关注和资源，也更加自觉地承担起了探索、先行的任务。所以，它们积极援引上海市、浙江省以及国际的各类人才、各种资源，参加到"田园五镇"的建设中去。

从这个角度来说，"田园五镇"在一体化方面的探索是自下而上的，是自发、自觉的。上级政府并没有给"田园五镇"明确的任务和要求，只是让他们自主地进行探索，这就给了"田园五镇"更大的空间和自由度。没有硬性任务的要求，做出来的都是成绩，能够展示的都是惊喜。"田园五镇"与长三角一体化示范区，形成了探索的两种路径和风格，都是一体化的有益尝试。

守正创新的"田园五镇"

虽然，"田园五镇"没有被赋予明确的任务，但它们始终坚持一体化的要求，自我加压，不断地进行探索。实行区域一体化的目标之一，就是打破"行政区行政"和"行政区经济"的藩篱，在不改变行政区划的条件下，实现要素的自由流动。为了实现这一目标，"田园五镇"创造性地构建了梦想合伙机制。

"田园五镇"能够实现梦想合伙，具有良好的基础。一是具有落实区域发展战略的共同压力。金山区是上海农业资源富集、基础厚实的农业大区，是上海南翼、杭州湾北岸的先进制造业基地，也是连接沪浙的枢纽之地、长三角城市群的重要节点。上海市希望金山区努力成为打响"上海制造"品牌的重要承载区、实施乡村振兴战略的先行区、长三角高质量一体化发展的桥头堡（即"两区一堡"）。"上海制造"是上海打响的"四大品牌"之一，是实现高质量发展的重要路径。乡村振兴是 2017 年后实施的国家战略，尽管上海的农业产值占比比较低，农村数量比较少，但是农业、农村、农民问题的重要性不容低估。金山区的乡村振兴工作代表着上海的整体水平，需要金山区狠抓落实，不断创新突破。长三角一体化是重要的国家战略，毗邻地区拥有更优越的条件，理应走在前列。建设"两区一堡"是金山区的工作重心。

嘉兴市被浙江省赋予当好接轨上海的桥头堡、承接上海辐射门户的重任。在长三角一体化上升为国家战略之后，嘉兴决心把全面融入长三角一体化发展作为首位战略，并结合自身实际特色和优势，提出了在一体化发展中的四大定位，争当乡村振兴、长三角一体化发展的先锋，努力建设新时代接轨上海的桥头堡。嘉兴希望能够发挥处于上海都市圈与杭州都市圈叠加的优势，大力提升中心城市能级，加快集聚创新资源，迎接上海非核心功能的疏解，着力打造面向未来的创新活力新城、水乡名城、湾区明珠和枢纽中心。在嘉兴确定发展方向之后，与上海毗邻的地区就成了重中之重，平湖就成了落实桥头堡任务的重点区域。这既是平湖的责任，也是平湖的机遇。

金山和嘉兴、平湖都是所在区域的战略承载区，若要实现既定的目标，就必须携起手来、共谋发展。对上海来说，加强金山与周边地区的联系拓展了上海的发展空间；而对平湖来说，加强与金山的联系则是直接对接上了上海的资源。这种合作对双方来说，有必要、有收益、基本无损失，共同的压力让它们凝聚在了一起。

二是区位因素导致的发展路径差异。"田园五镇"能够合伙的重要原因之一是可以进行差异化发展，实现优势互补。"田园五镇"不属于同一个行政区，没有更高层级的行政组织进行统一的领导，更多的是采用协作的方式来进行。五镇之所以能够进行协作与两地的定位和发展路径有关。上海是全国最大的城市，中心城区集聚度高，获得了大量建设用地指标。这就造成郊区的发展动力不足，缺乏建设用地指标，并且只能发展农业。所以，上海郊区的定位是农产品的主要来源地，重要的生态保护屏障。金山区的各镇在建设用地指标比较紧缺的情况下，还要发展经济，有一定的财税收入。它的发展路径只能是选择注册型企业，进行招商引税。为了吸引企业在此地落户，金山区出台了有竞争力的返税政策。企业注册在此地便可被称为上海企业，尽管是在郊区，充分利用了上海地域的品牌效应。

邻近的平湖各镇的发展路径则与金山有很大不同。浙江的块状经济比较发达，而中心城区的存在感比较弱，对嘉兴来说尤其如此。嘉兴下辖的各县、县级市及其镇各有特色，经济实力雄厚。这些县（市）、镇追求的目标是实现城镇化，有更多的居住人口，有更多的投资，有更多的生产型企业。平湖各镇的土地指标比较宽裕，欢迎生产型企业落户，不断地拉长产业链条，培育具有本地特色的产业集群，对注册型企业的关注度则不高。所以，对注册型企业基本上没有出台返税政策。

在此情况下，企业就进行了分步走的策略。先在金山区的下辖镇注册总部，然后再以总部的名义到平湖投资、开设工厂。如此一来，双方的优势资源都进行了利用，也满足了两地的各自需求。对于返税，各方还可以成立平台公司进行分享。在这种操作模式下，平湖不会计较企业的总部注册在何地。当企业开工之后，创造了大量的就业，吸引了很多的年轻人。再加上上海的房价比较高，且有一定的限购条件，而平湖的房价比较低。所以，许多年轻人工作、生活在平湖，休闲到金山的郊野公园，就医到金山的三甲医院，大大提高了生活品质。各方在既有的要素制约下，均获得了发展的空间，实现了自我设定的目标。这是双方可以进行合作的重要基础。

三是合伙模式本身的兼顾性。合伙模式不是排除竞争，而是将竞争作为促进发展的手段，不让竞争转化为内耗。这种竞争主要体现在以下几个方面：一是在本行政区域内的排名。金山区、平湖市每年对各镇进行排名，工作突出者可以获得奖励。这对每个镇来说都是非常重要的任务。此类竞争会促使每个镇提供优质、高效的服务，让项目在本镇进行落地，并加速推进。二是居民的评价。因为地域相邻，居民之间的走动比较多，对周边的情况非常了解。居民们会将自己的镇与邻镇进行比较，尤其是不同行政区的镇，在公共设施建设上体现得最为明显。居民的这种评价会成为无形的压力传导到政府，也可能通过人大代表形成新的提案。三是企业之间的相互交流。企业对政策的优惠力度和政府工作人员的服务态度非常敏感，它们希望获得最大程度的政府支持和优质的服务。并且，它们之间会形成圈子进行交流，吸引同行业来某镇进行落地。它们更会将自己的上下游企业也介绍到这里来，共同形成产业集群。此即政府提出的"以商招商"。若企业服务不到位，企业会快速离开，政府形象也会受损。

这种竞争会对各镇产生一定的影响，但合作会让它们获得的机会更多。首先，这些镇之间本身就有分工，进行差异化的发展。张堰的发展目标是成为科教小镇，吸引更多的人入住，这与廊下、吕巷有很大的不同。广陈主要是建设现代农业园区，而新仓则是要实现城镇化，吸引更多的人入住。即便是同质发展的两个镇，也会形成重要的合作关系，相互介绍资源，并不影响各自的发展。比如，某个企业希望在上海落户，但并不符合上海的政策要求，上海的镇就会推荐其到邻近的浙江的镇。廊下、吕巷和广陈虽都是农业大镇，企业在落户时会有比较和选择。但它们联合起来能够做到事情，远比争取一两个企业更有收益、更得机遇。"田园五镇"连续举办的浙沪乡村马拉松，把五镇的美丽乡村串联了起来，吸引了更多的人前来参与，逐渐成为地区性的品牌项目。此类活动单靠某个镇举办，效果要大打折扣。在"田园五镇"的建设中，政府之间的合作还有很多，常常会有意外的收获。比如，上海的企业希望在新仓镇发展房地产、建设工厂，但是对当地的情况不是很了解，或者说没有办法与主要领导建立更加紧密的联系。那么，他可以让金山的负责人发挥协调作用。这种作用，金山的负责人是乐于参与的，对自己的镇没有损失，对整体的发展有益。同理，平湖的负责人也乐意将浙江的企业介绍到上海来。五镇的合作中，可能与自己有竞争关系的是一个，但是有其他三个镇提供了更多的新信息，即便是跟自己竞争的镇也会共享信息。这种竞争不只是取决于本地是否努力，还与整个的产业导向、政策有关，仅靠自己的封闭不能解决问题。所以，合伙的总体收益会大于竞争所带来的损失。

"田园五镇"之所以能够进行合伙，有许多的条件。落实区域的战略任务，让它们面临着共同的压力；差异化的发展路径，为它们的合伙提供了可能；既有竞争又有合作的合伙方式，将竞争所带来的负面效果大大降低，让整体的收益获得极大的提高。

五镇的轮值与联席机制也为实现合伙提供了保障。五镇轮值就是由五个镇轮流担任轮值主席。在担任轮值主席期间，每个镇都可以根据自身的优势发出倡议和制定工作计划。当一个制定计划之后，其他四镇基本上没有异议。因为每个镇的优势、资源有差异，既然某个镇选择了某个方向，意味着它在这方面更加有经验，可以发挥积极带动作用。对于非轮值镇来说，可能原来没有思考过这个问题，或者角度、程度不同，刚好可以利用这个机会让自己有所提升。即便是所在镇没有相应的发展意向，或者是不想用力太多，也没有关系，至少不会成负担。轮值镇在选择项目、方案时会充分考虑各镇的情况，尽可能寻找最大公约数，让每个镇都能从中受益。

在联席会议上，实行的是一致通过原则，即五镇都认可才能通过，若一镇有不同意见，就对问题进行再思考和斟酌。这样不存在大镇小镇、强镇弱镇之分，可以保障每个镇的利益。只有达成了一致，才可以更好将共识落实下去，不需要在工作过程中再统一思想，省去了很多麻烦。"田园五镇"的轮值联席机制具有很大的弹性空间，给了各镇较为充分的自由。有时候，条件不成熟、不具备，就不需要硬推某项工作，不会因为参与了联盟，而给自己很大的压力。

值得期待的"田园五镇"

"田园五镇"的红色阵地建设更加坚实。随着长三角一体化"三个百里"乡村振兴学院的揭牌成立,"田园五镇"的红色阵地将建设得更加坚实。在"田园五镇"这片土地上,既有毛泽东同志新仓经验批示展示馆,又有"三个百里"的提出地,并且相应地建设了1955创新学院和长三角一体化"三个百里"乡村振兴学院。这就意味着,"田园五镇"的建设更加注重党建引领和思想指导,更加注重对理论的领悟和阐释,增强行动的自觉性。"田园五镇"还会不断将本地的实践进行总结、提炼和推广,分享给前来学习的干部、青年。所以,从这个角度来讲,"田园五镇"所做的工作并不局限于五镇范围内,还有更大的试验和推广意义。

这里不只是一体化建设的示范区,还是共同富裕建设的示范区。上海市金山区第六次党代会报告中提出:"中部地区(廊下镇、吕巷镇、张堰镇)以长三角'田园五镇'为重点,努力打造跨省市党建引领乡村振兴共同富裕实践区。"浙江省平湖市曾在广陈镇召开全域党建联盟引领乡村组团式发展推进会,廊下镇山塘村、中华村、中民村、中丰村、中联村、友好村和广陈镇山塘村、龙萌村、港中村、泗泾村,十村共同发布马拉松示范带"十村党建联盟"首批共富项目,并签订共富协议书。这就意味着"田园五镇"的联动发展上升到共同富裕的层次。联动发展在起初阶段,主要关注的是如何获得更好的发展机会、如何让要素更便利地流动,现在则有了更高的要求。由"联"而"共",表面上是字词的变化,深层次上则是理念的变革。这就意味着,以后的发展更加注重区域之间的协调,更加注重群众的获得感、满意度。如果在同一行政区内,通过公共服务、转移支付等手段,可以缩小差距,不断实现共同富裕。在不同的行政区内如何实现共同富裕,则还没有现成的答案,需要两地进行共同的探索。这种探索具有很大的挑战性,也非常具有示范意义。

当前,"田园五镇"正在积极地筹划建设"共富体"。初步计划,每个镇出资 2000 万元组成母基金,进行项目投资。投资产生的收益将用于支持薄弱村的发展和集体成员的福利分红。在投资的过程中,五镇将实行政府托底收益率 4%,市场目标收益率 6% 的政策。同时,还要建立相关的风险防范和化解制度,以确保收益的稳定。共富体的建设是"田园五镇"梦想合伙的重要表现之一。首先,大家在实现共同富裕的目标取向上一致,缺乏这个共识就无法建立联合体。其次,在出资金额上也没有分歧,按照平等的原则,金额相同。再次,在共富体投资及相关制度的建设上,则充分发挥合伙的作用。比如,对于投资项目的选择,每个镇都可以充分调动自己的资源,提供好的方向,供大家进行讨论和选择。通过"田园五镇",广陈、新仓开辟了走向上海的渠道;廊下、吕巷、张堰也获得了利用浙江资源的机会。如果没有"田园五镇"这个平台和机制,五镇也都有在毗邻地区进行投资的机会,但机会相对较少,机制也不顺畅。在建立制度时,也可以将各镇的关系网络引介进来。这些合作伙伴也非常愿意参加此类的项目,这也是他们扩大"朋友圈"和开拓市场的方式。这些合作伙伴可能在初期只是与一个镇比较熟悉,在一个镇开展的业务比较多。如果后期合作比较顺利,则会将业务扩展到五镇乃至沪、浙地区。所以,这就是梦想合伙的魅力所在,有梦想和愿景的主体都可以发挥积极的作用。

在共富体建设的基础上,他们还制定了共同富裕先行区的规划。规划在完成之后会逐步地变成现实,这也是"田园五镇"值得期待的地方之一。五镇总能抓住机遇,不断地自我加压,承担先行先试的任务。在这个过程中,五镇会不断地吸纳新要素,出台新举措,保持积极奋进的姿态,建设更加美丽的"田园五镇"。

一个人无论多么优秀、多么强大,也大不过团队的力量。在长三角一体化发展上升为国家战略的大背景下，浙沪毗邻五镇创新思路，迈开新步，以抱团组队的方式，携手打造乡村振兴先行区，实属区域联动发展的一大创举。从各自为政，到抱团合伙，可以说"田园五镇"在全国范围内开创了毗邻地区协同发展的新模式。但组队容易，真正发挥出团队力量并不容易。况且五镇分属浙沪两地，政策、制度、规划等方面存在诸多差别。"田园五镇"不是简单的五镇相加，而是要通过大田园规划来做乘法，推动五镇体制机制上的优势聚合、产业功能上的优势互补、政策措施上的优势叠加，实现五镇整体优势和溢出效应的最大化，做成长三角乡村振兴一体化发展的棋眼，为整个长三角地区乃至全国乡村振兴及一体化发展提供经验与借鉴。在长三角一体化发展的大格局中，五镇率先行动，主动作为，展现担当。五镇协同发展的"盆景"将会逐步转化成为长三角一体化发展的亮丽"风景"。

"田园五镇"是国家战略的落实过程中，基层自发进行的自下而上的探索。这种探索是五镇在共同的目标指引下，充分利用各种政策、资源，以获得最大的发展。在此过程中，需要摒弃狭隘的级别思维、本位主义，为发展谋，为长远计。所以，这种发展模式需要有理想、有梦想，有为民谋福利之心，否则不能行稳致远。也许，这就是"田园五镇"的独特魅力。

1 "一带一廊"共建协议书及年度项目表

上海市金山区廊下镇
　　　　　　　　　　结对共建协议书
浙江省平湖市广陈镇

　　为深入贯彻党的十八大、十八届五中全会、六中全会和习近平总书记系列重要讲话精神，推进长三角区域化共建工作，搭建毗邻地区基层党委、政府全面结对共建平台，围绕廊下"田园马拉松特色小镇"与广陈"田园健康特色小镇"建设目标，形成"资源共享、党建共做、优势互补、协调发展"的基层工作新格局，经甲、乙双方协商，就结对共建活动形式和内容，签订如下协议：

一、原则目标

1. 按照"互联、互补、互动"的原则，发挥毗邻地区发展优势，深化区域化结对共建工作，以此作为两镇基层构建党建引领下的区域化共建新格局，不断推动毗邻基层党建、经济发展、社会治理等各领域工作双向开放、资源共享、优势互补、协调发展。

2. 按照"全覆盖、全方位、有组织、有重点"的原则，积极推动两镇党委、政府实施一批结对共建实事项目，实现金山廊下与平湖广陈两镇经济社会互惠互利、共同发展。

二、主要内容

将"廊下郊野公园"及田园马拉松小镇建设的特色优势和"田园小镇、水墨广陈"的建设特点有机结合，推动两镇在城镇开发建设、美丽乡村建设、乡村休闲旅游发展、生产型服务业发展、社会综合治理等方面优势互补，在基层发展与治理上开展全方位的交流与合作。

1. 开展基层单位结对共建活动。两镇可组织村、企事业单位、园区等职能对口的相关单位部门开展结对共建活动，形成上下联动，共同推进结对共建局面。双方在相互走访、调研中学习借鉴、优势互补，积累经济社会发展、社会管理服务等方面的经验，努力提高工作水准，不断加快经济社会发展的步伐。

2. 建立毗邻资源整合、产业融合的合作发展机制。两镇立足区位相邻、文化相通、定位相同的联合发展基础，共同挖掘双方文化渊源、乡村旅游等资源，开展项目开发合作，支持彼此产业发展和公共事业建设。双方要在旅游、资源、人才、管理等方面优势互补，在先进制造业、现代都市型农业、现代服务业及招商引资方面加强交流合作，推动双方经济社会又好又快发展。

3. 开展党建和人才工作交流互动。两镇可在农村党建、区域化党建、

"两新"组织党建等方面开展学习交流活动。统筹各方面资源，积极开展互动学习、挂职锻炼、教育培训、专题讲座、经验交流、扶贫帮困等党建联建活动，不断加强基层党组织建设（增强党组织的堡垒指数）和党员队伍建设（增强党员的先锋指数）。

4. 开展基础设施共建工作。加快两镇交通路网及公共交通建设，积极推进乡村旅游公共服务基础设施建设。合作推进乡村旅游公共服务型基础设施建设，在接壤的村建设相关配套设施。

5. 加强社会事业共建工作。加强两镇医疗卫生、文体宣传、教育发展等方面的交流与合作，在民生发展各个领域形成优势互补的共建格局，努力为两地百姓带来更多、更优的民生服务项目。

6. 两镇工会、共青团、妇联、科协、关工委以及行业协会、商会、新生代企业家联谊会等各类自组织广泛开展结对共建。通过项目化运作、定期式交流、定向性活动等方式促进两地群团工作和社会组织共同发展进步。

7. 廊下镇与广陈镇有关部门之间加强沟通，建立共建、合作关系。

三、工作要求

1. 组织双方有关村、企事业单位、园区，按照本协议确定的原则目标和主要内容，通过友好协商分别签署结对共建协议。

2. 双方主要领导和班子成员在协议帮扶期间至少走访 1 次，分管领导和具体负责部门每年走访不少于 2 次，加强交流和沟通，协调和督促双方结对单位积极落实协议内容。

3. 双方互相配合，彼此提供便利。

四、其他要求

1. 本框架协议自签订之日起生效，有效期限至 2021 年 11 月。

2. 协议未尽事宜，由结对双方进一步协商确定。

3. 本框架协议一式两份，结对双方各执一份。

中共金山区廊下镇委员会　　　中共平湖市广陈镇委员会

党委书记：　　　　　　　　　党委书记：

　　年　　月　　日　　　　　　年　　月　　日

金山区廊下镇
平湖市广陈镇　　**关于开展"毗邻党建"合作共建的框架协议**

（补充协议书）

为进一步落实 2017 年 2 月签订的合作框架协议各项目标任务，做亮廊下·广陈"一带一廊"项目品牌特色，用项目化推进"党建联心、文化联姻、发展联动、民生联建、平安联创、人才联育""六联"合作机制落到实处，特制定以下补充协议：

一、工作内容

经两镇推进联动发展共赢地工作成员单位充分对接，并经领导小组审核确定 2017 年共建项目 29 个（见附件）。

二、工作要求

1. 项目双方责任主体要加强交流互动，制定项目实施工作计划，按照时间进度抓好落实，确保年内完成全部合作项目，形成初步合作成效，为明年继续推进项目化合作机制积累经验。

2. 两镇推进联动发展共赢地工作领导小组办公室要加强交流沟通，协调和督促结对共建项目落实到位。

3. 两镇推进联动发展共赢地工作领导小组年终召开总结交流会，对 2017 年共建项目进行评估，并部署 2018 年合作共建项目。

三、其他要求

1. 本框架协议自签订之日起生效。

2. 协议未尽事宜，由结对双方进一步协商确定。

3. 本框架协议一式两份，结对双方各执一份。

中共平湖市广陈镇委员会　　　　　中共金山区廊下镇委员会

党委书记：　　　　　　　　　　　党委书记：

2017 年　　　月　　　日　　　　　2017 年　　　月　　　日

2017 年廊下·广陈"一带一廊"结对共建项目清单

序号	结对内容	项目名称	广陈责任部门	廊下责任部门
1	党建联心	师资配送	组织办	社区党建中心
		点亮微心愿		
		"主题党日+"活动		
		三支队伍培训		
		南北山塘活动型党支部		
2	文化联姻	中秋联谊活动	文化站	文体中心
		乡村田园马拉松赛		

序号	结对内容	项目名称	广陈责任部门	廊下责任部门
3	发展联动	商经济，汇发展	经发办	镇商会
		工业企业联谊交流		经发办
		农业技术合作与推广	农水中心	农技站
		半马联动发展带	规划、旅游	城建办
4	民生联建	河道治理	四位一体办	水务站
		特约门诊	卫生院	卫生院
		传统项目交流学习	广陈中学	廊下中学
		校园文化交流学习	广陈小学	廊下小学
		一日规范	广陈幼儿园	廊下幼儿园
5	平安联创	食品安全示范小镇	市场监管所	市场监管所
		社会治安联防	综治办 司法所 信访办	综治办 司法所 信访办
		水事安全联管		
		矛盾纠纷联调		
		突发事件联控		
		平安法治宣传联动		
		特殊人群关爱联手		
6	人才联育	农耕趣味运动会	总工会	总工会
		青年人才联谊会	团委	团委
		青春分享会		
		巾帼培训	妇联	妇联
		政协交流研讨会	政协联络室	统战干部
		干部挂职	组织办	党群办

2018 年廊下·广陈"一带一廊"一般项目

序号	结对内容	项目名称	责任部门	责任部门
1	党建联心	（1）"不忘初心跟党走　一带一廊满园春"团拜会	党建中心、党群办、综合工作党委	组织办
		（2）"乡村振兴战略"中心组联组学习		
		（3）乡村马拉松赛·党建欢乐跑		
		（4）"不忘初心牢记使命"七一主题活动		
		（5）"一带一廊"乡村振兴论坛		
		（6）"主题党日＋"活动		

。田园五镇。

（续表）

序号	结对内容	项目名称		责任部门	责任部门
2	文化联姻	（7）中秋联谊活动		文体中心	文化站
		（8）乡村田园马拉松赛			
		（9）稻草艺术节			
		（10）非遗钹子书文化传承			
		（11）孟坚诗词硬笔书法			
		（12）企业文化沙龙			
		（13）文创空间			
		（14）四区联动			
		（15）浙沪同心家园建设		统战	统战
3	发展联动	（16）"田园五镇"现代农业园区规划		联发办	联发办
		（17）商经济，汇发展		镇商会	统战
		（18）招商项目对接		经发办	经发办
		（19）鱼塘循环水生态养殖		农技站	农水中心
		（20）半马联动发展带		城建办	规划旅游
		（21）"明月山塘"景区化建设			村管站
4	民生联建	（22）南北山塘美丽河道治理		水务站	四位一体办
		（23）特约专家义诊		卫生院	卫生院
		（24）传统项目交流学习		廊下中学	广陈中学
		（25）校园文化交流学习		廊下小学	广陈小学
		（26）一日规范		廊下幼儿园	广陈幼儿园
5	平安联创	（27）食品安全分级培训		市场监管所	市场监管所
		平安驿站	（28）社会治安联防	综治办 司法所 信访办	综治办 司法所 信访办
			（29）水事安全联管		
			（30）矛盾纠纷联调		
			（31）突发事件联控		
			（32）平安法治宣传联动		
			（33）特殊人群关爱联手		
6	人才联育	（34）趣味运动会		总工会	总工会
		（35）农业青年人才联谊会		团委	团委
		（36）青春分享会			
		（37）"山塘情山塘物"		妇联	妇联
		（38）政协交流研讨会		统战干部	
		（39）干部挂职		党群办	组织办

2019年廊下·广陈"一带一廊"一般项目

序号	结对内容	项目名称		责任部门	责任部门
1	党建联心	（1）"一带一廊"乡村振兴论坛		党建服务中心	组织办
		（2）红色步道·情境党课			
		（3）乡村振兴联盟·旅居产业集群		综合工作党委	
		（4）非公党建联系点建设交流学习		市场监管所	
2	文化联姻	（5）节庆活动共同举办		文体中心	文明办
		（6）文化团队互动交流			
		（7）文化资源配送共享			
		（8）丰富北山塘舞台			
		（9）莲湘文化共享		廊下小学	广陈小学
		（10）纪律教育、警示教育共享		纪委	纪委
		（11）纪检干部培训班联办			
		（12）廉政文化共育			
		（13）文明共建"1+1"浙沪创城路同行		文明办	文明办
		（14）职工学堂		工会	工会
		（15）文体活动			
3	发展联动	（16）山塘河养护管理		水务站	治水办
		（17）农业技术共商共研		农技站	农发局
		（18）农业产业共联			
		（19）企业招商考察交流		经发办	经发办
		（20）商经济，汇发展		镇商会	镇商会
		（21）"明月山塘"景区化建设		山塘村 城建办	规划建设局
4	民生联建	（22）医疗卫生交流		社区卫生服务中心	卫生院
		（23）牵手教学，先锋行动		廊下中学	广陈中学
		（24）智慧课堂探索		廊下小学	广陈小学
		（25）送教上门		廊下小学	
		（26）传统项目交流学习		廊下幼儿园	广陈幼儿园
		（27）困难职工帮扶		工会	工会
5	平安联创	（28）食品安全分级培训		市场监管所	食安办
		平安驿站	（29）社会治安联防	综治办 司法所 信访办	综治办 司法所 信访办
			（30）水事安全联管		
			（31）矛盾纠纷联调		
			（32）突发事件联控		
			（33）平安法治宣传联动		
			（34）特殊人群关爱联手		

（续表）

序号	结对内容	项目名称	责任部门	责任部门
6	人才联育	（35）干部挂职	党群办	组织办
		（36）"两新"书记论坛	综合工作党委	
		（37）青春分享会	团委	团委
		（38）廊下广陈妇女产业联谊会	妇联	妇联
		（39）政协联组活动	政协	政协
		（40）劳模精神宣讲	工会	工会

2020年廊下·广陈"一带一廊"项目清单

序号	结对内容	项目名称	责任部门
1	党建联心	（1）打造毗邻党建展示馆	党群服务中心 组织办
		（2）毗邻党建引领乡村振兴示范点	
		（3）共庆七一	
		（4）马拉松示范带"十村党建联盟"实体化推进	
		（5）"两新"组织思政新课堂	
2	文化联姻	（6）沪浙新时代文明实践点	文明办 宣传部
		（7）长三角一家亲儿童驿站（明月山塘）联动项目	妇联
		（8）机关迎新趣味运动会	总工会
		（9）职工文化节	总工会
		（10）节庆活动共办	文体中心 文化站
		（11）"常青藤"文体走亲系列活动	
		（12）科协科普宣传	科协
		（13）清廉教育共享、清廉文化共育	纪委
3	发展联动	（14）廊下·广陈商会"亲·清讲堂"	商会
		（15）毗邻统战	统战
		（16）政协委员面对面：助力浙沪毗邻区域农旅产业联动发展	政协委组
		（17）招商推介	经发办 工发办
		（18）农创大赛	农技站 农发局
		（19）两地农民技能培训	
4	民生联建	（20）家庭医生履约慢性病管理	社区卫生服务中心 卫生院
		（21）传承非遗文化 做快乐莲湘娃	廊下小学 广陈小学
		（22）校园特色文化交流	廊下中学 广陈中学

（续表）

序号	结对内容	项目名称	责任部门
5	平安联创	（23）廊下·广陈毗邻地区公共法律服务	司法所 信访办 综治办 社会治理办
		（24）跨行政区域基层信访矛盾化解	
		（25）疫情联防联控	
6	人才联育	（26）"田园五镇"区域化妇联"家家幸福安康"轮值项目	镇妇联
		（27）青创客联盟	镇团委
		（28）青春分享会	
		（29）师德演讲　对话初心	廊下幼儿园 广陈幼儿园
		（30）食品安全工作交流	市场监管所 食安办

2021 年廊下·广陈"一带一廊"一般项目

序号	结对内容	项目名称	责任部门
1	党建联心	（1）开展党员教育情景教学活动	党群服务中心 组织办
		（2）深入推进基层干部领雁课堂	
		（3）首次开展非公党建联络点结对活动	市场监管所 食安办
		（4）举办一次以"节气·气节"为主题的交流活动	纪委
		（5）召开"两新"党务干部"学党史　忆初心　谈创业"分享会	综合工作党委 组织办
2	文化联姻	（6）开展以"农+依"为主题季度活动	妇联
		（7）开展青年与政协委员面对面活动	政协地区联络组
		（8）举办乡村振兴"工"学堂系列活动	总工会
		（9）清廉教育共享	纪委
		（10）开展沪浙新时代文明实践点活动	文明办
		（11）开展庆祝中国农民丰收节系列活动	郊野公园管理公司 文化旅游发展办
		（12）举办一次文化"英才"行动走亲互动交流	党群服务中心 文化站
		（13）配送优质文化资源进沪浙宅基	
		（14）联合举办农耕趣味运动会	机关工会
3	发展联动	（15）尝试村级中小型工程建设项目交叉联审	纪委
		（16）开展一次毗邻科技节主题活动	科协
		（17）开展一次绿色生态水生生物增殖放流行动	农发办
		（18）举办商会"亲·清讲堂"交流活动	商会
		（19）开展毗邻区域水稻水环境整治	农技站
		（20）开展食品产业招商交流活动	经发办　工发办

（续表）

序号	结对内容	项目名称	责任部门
4	民生联建	（21）开展课堂教学研讨	廊下小学
		（22）开展以打莲湘等为特色的文化交流	广陈小学
		（23）开展党员示范课实践交流	廊下中学
		（24）开展剪纸文化、稻草文化等特色文化交流	广陈中学
		（25）开展幼儿户外自主游戏观察与解读专项研讨	廊下幼儿园
		（26）举行幼儿定向运动展示与案例分享活动	广陈幼儿园
		（27）开展家庭医生履约慢性病管理	社区卫生服务中心 卫生院
5	平安联创	（28）深化协调联动机制	平安办　派出所 社会治理办
6	人才联育	（29）新建五家青邻之家	团委
		（30）举办一次两地农民技能培训	农发办

2022 年廊下·广陈"一带一廊"项目表

序号	结对内容	项目名称	责任部门
1	党建联心	（1）浙沪毗邻人大联络站	人大办
		（2）深化打造"陈下心"毗邻协商品牌	政协联络室
		（3）组建"田园五镇"纪检监察联盟	纪委
		（4）打造"清风廉韵"现场教学路线	
		（5）深化"清廉教育共享"工程	
		（6）庆祝建党 101 周年活动	党群办　组织办
		（7）广陈·廊下"两新"书记论坛	党群服务中心
		（8）深化打造"毗邻统战"2.0 版	统战办
		（9）非公党建助力产业联盟	市场监管所
2	文化联姻	（10）配送优质文化资源进浙沪宅基	党群服务中心 文旅办
		（11）共同合作完成一个精品节目	
		（12）举办浙沪乡村半程马拉松赛事	
3	发展联动	（13）乡村劳务公司共富项目	财政办 财政所
		（14）沪浙新时代文明实践站点活动	文明办
		（15）举办第三届全域旅游文化节	文旅办 郊野公园管理公司
		（16）毗邻商会联谊活动	工发办　商会
		（17）"中欧"种植交流会	农发办
		（18）"共饮一塘水"广陈塘毗邻协同治理	
		（19）县域风貌样板区（广陈一廊下毗邻线路）共建项目	村镇办　规建办

（续表）

序号	结对内容	项目名称	责任部门
4	民生联建	（20）满意消费长三角建设	市场监管所
		（21）家庭医生签约重点人群管理	卫生院
		（22）开展课堂、课程及特色文化研讨	广陈小学 廊下小学
		（23）学习活动互动交流（上半年）	广陈幼儿园 廊下幼儿园
		（24）集体教学活动互动交流（下半年）	
		（25）参悟党建	广陈中学 廊下中学
		（26）参悟教学	
5	平安联创	（27）深化平安创建协同	社会治理办 平安办
		（28）进一步优化沪·浙平安边界山塘工作站功能设置	
		（29）强化食品安全监管	市场监管所
6	人才联育	（30）"毗邻工建"品牌提升	工会
		（31）毗邻团建"青春分享会"项目	团委
		（32）"田园五镇"区域化妇联轮值项目再深化	妇联
		（33）开展毗邻科技嘉兴年（科学魔法秀）	科协
		（34）干部人才共培	组织办　党群办
		（35）举办一次两地农民技能培训	农发办 农业农村服务中心

2022年廊下·广陈"毗邻共富联合体"项目表 ①

序号	"共富联合体"名称	"共富联合体"内涵及目标	项目名称	责任部门
1	浙沪毗邻"明月山塘"共富联合体	打造南北山塘共富联合体	打造浙沪"法治小镇"	司法所
2			浙沪山塘党建品牌提升工程	组织办　党群办 党群服务中心
3			网络生态"毗邻哨"工程	文明办
4			争创国家4A级旅游景区"明月山塘" 景区跨省联合打造项目	文旅办 郊野公园管理公司
5			浙沪扫黄打非示范点	文旅办 党群服务中心
6			"英雄山塘"品牌打造	退役军人服务站

① 2022年除开展一般共建项目之外，两镇重点围绕两个共富联合体，向广陈镇龙萌村、廊下镇中华村及南北山塘两村集聚，形成党建、产业、文旅、治理、民生、美丽乡村建设等领域合作项目，集中各条线资源合力，打造两个精品共富联合体。

（续表）

序号	"共富联合体"名称	"共富联合体"内涵及目标	项目名称	责任部门
7	浙沪毗邻农创归谷共富联合体	打造龙萌村和中华村共富联合体	青创客"红色跑团"项目	团委
8			成立浙沪农创归谷联盟	组织办　党群办
9			青少年跨省研学路线	文明办
10			龙萌村商业街提升	文旅办 郊野公园管理公司
11			中华村乡村振兴示范村共创	龙萌村　中华村

2 "双融双带"党建引领合作共建备忘录

为进一步加强吕巷、新仓两镇间的交流互动，落实 6 月 22 日两镇党委签署的《结对共建协议书》相关内容，深入探讨合作共建具体项目，2017 年 9 月 29 日在新仓镇人民政府二楼大会议室举办了吕巷·新仓"双融双带"党建引领合作共建项目对接会。经过两镇参会人员分组交流，深入讨论，最后在党建共推等六个方面的具体合作项目达成了共识，现形成备忘内容如下：

一、党建共推方面

1. 组织两镇党员干部互动交流，开展村社区书记结对互访活动，搭建青年干部跨镇培养交流平台；

2. 互设党员教育培训基地，联合开展党务工作人员培训和入党积极分子培养等；

3. 加强农业产业党建合作，就"大党委制""葡萄树下的党建"等具体做法组织交流学习，组织青年"专业农民"中的党员开展农业沙龙活动，以党建引领共促农业交流发展；

4. 增强党建平台建设的经验交流，特别是就党群服务中心的建设管理、"巷邻坊""党员先锋站"的建设和作用发挥等加强交流，组织党员开展异地主题党日活动；

5. 组织党代表进行互访，扩大两镇合作交流在更广泛人群的知晓度和影响力，加强党代表常任制相关制度和运作模式的交流学习。

二、文化共生及旅游服务业发展方面

开展文化共生"258"工程：每年合作举办大型文艺活动 2 次；村与村之间的文艺交流 5 次；两镇之间文艺、阅读、展览上的互动 8 次，具体包括：

1. 合作制作一幅土布贴画长卷，长卷分党建、文化、平安、产业、人才及发展六方面，制作完成后的长卷在新仓镇芦川文化节及吕巷镇田野百花节上展出；

2. 举办一次舌尖上的美食节，通过挖掘、展示两地的民俗、特色小吃，促进两地居民群众的交流互动；

3. 举办一场两镇文艺精品合作展演，把两镇的一些文艺精品汇聚起来编成一台戏，在两镇轮回演出；

4. 举办一场两地视觉艺术展，把两镇的一些民间工艺品，如手绘草帽、瓦片画、土布展、麦秆画等收集起来，在两镇轮流展出；

5. 举办一场怀旧阅读会，利用农民读书会等载体，把两镇的一些民间文艺工作者聚拢起来举办怀旧阅读会；

6. 加强两镇"非遗"项目的交流，通过搭建平台，进一步深化吕巷镇列入上海市非遗项目保护名录的"吕巷小白龙"和新仓镇的国家级非遗项目"平湖派琵琶"的交流和互动。

三、平安共创方面

1. 建立以政法书记为组长的平安共创领导小组；

2. 共同确立以综治维稳、信访、司法、禁毒等为内容的平安创建工作；

3. 建立交流平台，每季度召开一次平安共创领导小组会议，每年召开一次整体联动治安防范联席会议；

4. 建立信息共享机制，及时通报相关信息，如公安警情、防范信息及社情民意等；

5. 相互积极配合，支持矛盾纠纷、排查调处，做到共同疏导，共同调解；

6. 对重点人员建立联合管控，双向管理机制；

7. 共同营造浓厚的舆论氛围，宣传政策、法律法规知识，实现两镇社会治理和社会平安的共建共创。

四、产业共建方面

1. 共同加强土地流转、资产管理、经济林种植技术等方面的培训，探索村级资产管理、村级集体经济发展、农村旅游结合发展等方面的新路子，适时由新仓选派 2 名农技人才到吕巷镇挂职锻炼交流；

2. 开展技术对接，相互邀请葡萄、桃子、蔬菜等方面种植能手进行授课培训，提高经济作物品质与质量，联合开展水果等产品品牌营销，并结合本地市场情况探索订单共享等共赢模式；

3. 结合吕巷施泉葡萄节、蟠桃节、十二水果采摘季和新仓石路桃花节、杉青港白鱼望娘节等活动，开展两地农产品展销对接，提高农产品知名度与销量；

4. 开展农业招商项目对接，新仓有土地优势，吕巷有信息和项目优势，两镇互补，共同做大做强农业产业。

五、人才共育及工业经济发展方面

1. 促进就业招聘、人才信息对接，加强信息互通；

2. 增进产业政策交流，探索工业线中层干部定期交流学习机制；

3. 加强招商信息及相关项目对接，对于对方匹配可落户产业优先推介；

4. 做好两镇企业上下游产品和信息交流，加强产业链配套对接工作。

六、发展共享方面

1. 体育同赛，开展体育爱好者、机关工作人员的体育交流；

2. 国家卫生镇同创，新仓镇已通过复审、吕巷镇处于新创阶段，两镇同努力，共创美好家园；

3. 教育互访，开展教育工作者之间的互访，共同探讨新型城镇化背景下的农村教育模式；

4. 规划对接，研究公共交通站点的建设，在与廊下镇确定公交停靠站点后，依托现有道路设置吕巷与新仓的公交站点；

5. 服务业共赢，打造吕巷水果公园→廊下郊野公园→新仓童车试驾中心→新仓古镇老街旅游精品线，通过旅游资源共享，交通优化，互为补缺，共同打造上海周边三日游精品旅游线路。

中共金山区吕巷镇委员会

中共平湖市新仓镇委员会

2017 年 10 月 9 日

3 "田园五镇""G5+"规划

长三角"田园五镇"乡村振兴先行区协同规划（纲要）①

党的十九大将生态文明作为中华民族永续发展的千年大计，坚持实施推进乡村振兴和区域协调战略。2019 年 5 月底，《长江三角洲区域一体化发展规划纲要》印发。长三角一体化发展将紧扣"一体化"和"高质量"两个关键，具有极大的区域带动和示范作用。

沪浙毗邻乡村地区，史有"控扼大海、襟带两浙"之说，上海市廊下镇、吕巷镇、张堰镇，和浙江省广陈镇、新仓镇地缘相近，资源丰富，是一衣带水的生命共同体，同时，优势互补、各具特色，需要形成合力、提升能级、共享共赢，走出一条以城镇为基本空间单元，打破行政边界，协同促进乡村振兴的路径。沪浙毗邻地区乡村振兴是上海城乡统筹发展、建设全球城市的客观要求，是超大城市疏解人口、吸引人才返乡创新、探索城乡融合空间新模式的积极探索。迈向卓越全球城市不仅需要有繁华都市体现的建设高度与发展速度，还需要有郊区田园散发的品质生活与人文魅力。在乡村振兴和休闲经济井喷的时代背景下，"田园五镇"直面沪杭苏多座超（特）大城市，不仅在 1 小时交通圈层内拥有近亿的客流规模，还是超大城市绿色食品、清新空气、优质水源的有力保障。

基于此，启动《长三角"田园五镇"乡村振兴先行区协同规划》，规划范围包括上海市金山区廊下镇、吕巷镇、张堰镇，浙江省平湖市广陈镇、新仓镇，国土总面积 255 平方公里。规划近期至 2025 年，远期至 2035 年。

本项工作以生态文明为原则、以乡村振兴为目标，以区域协同为重要路

---

① 本规划由廊下镇、广陈镇、吕巷镇、新仓镇、张堰镇和上海城策行建筑规划设计咨询有限公司联合编制，本文为文字缩略版本。

径，立足于构建"田园五镇"乡村振兴协同发展框架，统一发展目标，共绘一张蓝图，明确行动计划。有利于落实"统一规划、统一政策、统一标准、统一管控"的要求，破解协同发展中的突出问题，探索跨区域乡村振兴协同发展的新机制。通过区域协同合作，让都市"后花园"在"诗和远方"的憧憬中成为现实。

第一章　时代使命

一、"大保护"理念下的"湾区绿心"

江与海之间，流过一片田园。

在生态文明建设背景下，"共抓大保护、不搞大开发"是推动长江经济带发展的战略导向。生态绿色发展是长三角一体化坚持的共同理念。"田园五镇"位于浦南片区和杭嘉湖平原腹地接壤处。生态资源上，嘉兴地区水网密度高达 3.5 公里/平方公里，属全国之冠。金山中部地区三镇是金山生态田园和生态资源最丰富地区。五镇农林生态空间占比近 80%。2 片面积近万亩的大型片林、广陈水源保护地坐落两侧，4 横 4 纵条骨干河道通江达海，毛细水网纵横交错，对区域生态网络的构建和生态环境的持续改善意义重大。特别是受长江口潮汐水流的影响，黄浦江水流呈往复运动。汛期黄浦江水位居高不下，北排水量受限，浦南和平湖片区防洪除涝压力同时增大，提高"田园五镇"区域河网水系调蓄能力对区域水安全意义重大。

二、"双循环"背景下的"三个百里"

离都市不远，离田野很近。

在加快构建以国内大循环为主体、国内国际双循环相互促进的新发展格局的背景下，实施乡村振兴的重要性进一步体现。工农互促、城乡互补、协调发展、共同繁荣的新型工农城乡关系将进一步强化。农业作为保证人民基本生活与消费的"压舱石"的地位将更加夯实。乡村作为超大城市的稀缺资源和战略空间的作用将愈加凸显。"田园五镇"距上海主城区车程仅半小时，一小时车程服务圈内服务人口超过 8000 万、三大城市 GDP 总量全国排名前十，拥有三座国际机场、四座大型高铁站。范围总面积 254.7 平方公里，开发强度仅 20%，现状人口总规模仅约 24 万。五镇现状名优农品品牌集聚，乡村产业基础雄厚，创新驱动动力强劲，宜居乡村连点成线，田园文化源远流长。在新的起点上，将力争率先释放都市乡村的巨大振兴潜力。

三、"一体化"战略下的"沪浙金边"

"桥头堡"接轨"示范区"，金山相约"金平湖"。

金山区迈向长三角高质量一体化发展的桥头堡。作为国家新型城镇化的试点区以及全国农村产业融合发展的试点区，贯彻市委领导调研讲话精神，金山区将努力成为打响"上海制造"品牌的重要承载区、实施乡村振兴战略的先行区、长三角高质量一体化发展的桥头堡。

嘉兴市打造浙江省全面接轨上海示范区，平湖—金山共建产城融合发展区。2017 年 4 月 3 日，浙江省政府同意嘉兴设立浙江省全面接轨上海示范区。2019 年 6 月 14 日，《浙江省推进长江三角洲区域一体化发展行动方案》提出促进省际毗邻区域协同发展，共建平湖—金山产城融合发展区。

第二章　共同愿景

2035：全面建成长三角"田园五镇"乡村振兴先行区。

2050：成为世界一流品质的"新江南田园图景"（"G5+"）。

至 2050 年，成为世界一流品质的田园乡村样板区。走出一条政府

（Government）牵头、团队（Group）协作、以绿（Green）生金（Golden），
共建都市后花园（Garden）为内涵的"田园五镇""G5+"发展之路。"新江南
田园图景"向全球呈现。至 2035 年，长三角"田园五镇"乡村振兴先行区全
面建成。成为长三角乡村产业新高地、大湾区绿色生态滋养地、新江南田园
生活理想地、乡村振兴一体化发展试验田。

一、长三角乡村产业新高地

成为大都市的米袋子、菜篮子、后花园、乡镇经济转型升级的前沿地、
乡村新产业新业态的摇篮。

乡村产业不仅仅是现代农业，是以农业农村资源为依托，一二三产融合
发展的产业。五镇乡村产业发展基础较好，将秉承因地制宜、突出特色，市
场导向、政府支持，融合发展、联农带农，绿色引领、创新驱动的原则，发
挥联盟共建优势，巩固良性竞合关系，成为长三角乡村产业发展的新高地。

"田园五镇"现代农业优势明显，食品经济快速发展，特色制造业有序转
型升级。

二、大湾区绿色生态滋养地

锚固区域生态安全，厚植地域生态优势，提供品质生态产品。

诗意化平原水乡是"田园五镇"的共同生态基底。以广阔的农田、森林
为基础，共同构建蓝绿交织、林田共生的生态网络，加强跨界生态治理，锚
固区域生态安全格局。修复江河湖泊水生态系统，形成水城相依、水绿融合
的基本生态网络，把生态好风光融入大都市圈。提供生态休闲、旅居研学、
绿色农产品、优质生态产品，在怡人的农业风光和水乡文脉中植入创新功能，
实现更有活力、更可持续的高质量发展。

三、新江南田园生活理想地

为 30 万常住居民营建绿色田园、美好家园、幸福乐园，并着力培育和吸引 3 万以上乡村实用人才。

提升人居环境和公共服务品质，营建全年龄段人群共同向往的诗意乡村生活。着力培育创新创业，搭建孵化平台，培育新型职业农民，吸引青年返乡创业。培育科创土壤，吸引高级专业技术人才投入乡村振兴事业。

四、乡村振兴一体化发展试验田

将红色基因植入绿色发展，形成党建引领，多元主体共同参与的乡村振兴一体化发展机制。

2019 年 9 月，"毗邻党建"引领沪浙跨界协同治理的探索与实践被列为全国城市基层党建创新最佳案例。将发挥"毗邻党建"资源优势，把党组织的政治优势转化为助推区域发展、惠及民生难题、激发组织活力的发展趋势。借鉴长三角生态绿色一体化发展示范区经验，聚焦规划管理、生态保护、土地管理、要素流动、财税分享、公共服务政策等方面，探索行之有效的一体化制度安排。激发社会活力，实现多轮驱动。主动形成政府、市场、集体与村民、社会和公众的多元参与机制。

第三章　一张蓝图

一庭联五园、一廊串多点。

一庭：一个一体化建设的田园中庭。

五园：五个产城乡融合的田园城镇。

一廊：一条农业科创走廊。

多点：多个高质量一体化协同空间。

一、八分田园、两分镇村的国土空间格局

开发强度小于 25%，预留不超过 5% 建设用地，保障乡村文旅设施及新产业用地。

贯彻生态文明思想，生态农林空间与城乡建设空间比例保持 8∶2 的比例基本不变。探索存量转型提升路径。管控城镇开发边界内建设用地规模，避免城镇无序蔓延。优化建设用地结构，提升城乡人居环境质量。开展全域国土空间整治，推进建设用地减量和存量优化。一二三产融合与产业园区更相结合，田园小镇韵味与历史风貌区、老旧街区改造相结合，农民集中居住、乡村生活圈完善与撤制镇社区复兴相结合。统筹新增拓展区域的功能，注重新增设施的高品质建设，集约用地。

二、底线约束、生态优先的空间管制要求

永久基本农田约 17 万亩，生态红线 11 平方公里，结构性生态走廊约 100 平方公里，划定城市开发边界 41 平方公里。

永久基本农田保护——严格保护永久基本农田，依托土地综合整治，开展农田整理，提高耕地质量和数量，建设粮食生产功能区，控制重要农产品生产保护区，成为高效、生态都市现代农业示范基地。

生态红线保护——严格保护水源地水质，提升备用水源的应急保障能力。

结构性生态廊道——完善生态走廊建设，优先布局森林空间，优先完善区域绿道，引导沿骨干道路、骨干建设纵横连接的区域生态走廊。

城市开发边界——规划城市开发边界范围面积约 41 平方公里，约占五镇范围总面积的 16.2%。规划城镇开发边界内建设用地占规划建设用地总规模的 75%—80%。城镇开发边界内强化城镇建设用地集中布局引导，推行集约紧凑式发展，提高土地综合利用效率。

三、整合优化、高效提升的都市农业布局

保护粮食生产保护地块约 9.0 万亩、蔬菜生产保护地块约 2.5 万亩、特色农产品优势地块约 0.8 万亩。

在保护粮食生产能力，积极保障大都市生鲜蔬果、生猪等必需农产品自给能力的基础上，牢牢把握都市现代绿色农业功能定位，以满足超大城市市民需求为导向，优化"百里菜园""百里果园""百里花园"的都市农业布局。

粮食产业：以精品水稻种植为主导，形成广陈—新仓万顷粮田和廊下、吕巷、张堰 3 个万亩水稻生产基地的生产格局。

蔬菜产业：以 90 分钟配送距离可达，对生鲜程度要求较高的绿叶菜、色拉菜、蘑菇等为主导，优化布局"廊下万亩蔬菜保护镇生产基地 + 平湖上海市外蔬菜供应基地、新仓千亩芦笋园等蔬菜生产基地"等 X 个千亩生产基地布局。

水果产业：扩大蟠桃、葡萄、西甜瓜、树莓等品牌效益，形成吕巷水果公园 +X 个精品水果农园的布局。

花卉、园艺产业：针对都市景观绿化市场需求，培育若干个特色花卉、园艺作物生产基地。

畜牧、养殖产业：形成廊下奶牛、生猪养殖基地和平湖稻鱼、稻虾生态养殖基地为主的生产基地。

第四章　联动"创融绿新"的乡村产业

一、创建平台提升科技含量

围绕 4 大重点技术领域，依托 3 级服务网络，共建研发、成果转化、合作交流、创业孵化 4 大平台。

围绕智慧农业、生物种源、食品科技、生态循环等重点技术领域，赋能乡村产业高效发展。

与农科院、高等院校、国家重点实验室等建立多样化合作。吸引高水平院校和研究机构落地田园五镇。

融入区域创新协同格局，充分发挥区位、商务成本和环境优势，积极发展创新服务，注重中小企业培育孵化。通过科技园区的示范带动作用，建立与农户的衔接机制。

加强星创天地、科技企业孵化器、农创学院等创新创业载体平台与成果转化示范基地建设。

结合村庄公共服务设施提升，灵活复合推广科技超市、农业科技专家大院、科技小院、农科驿站等科技服务设施。

二、深化融合提升价值含量

建设 6 个一二三产深度交叉融合的乡村产业集聚区，培育多种乡村新产业新业态。

围绕农业内部融合、农产品加工流通、农业多功能拓展、产城乡融合等多种模式，依托既有优势产业，优化、延伸、整合产业链条，形成廊下大农区＋农产品加工业示范基地、廊下郊野公园核心区＋平湖农开区核心区、广陈农产品加工（农业先进装备）示范区及周边综合种养区、吕巷水果公园及产业园区、张堰工业园及环柘海湖（规划）区域、新仓大健康产业集聚区等乡村产业融合示范区。

三、统一标准提升绿色含量

成立绿色农产品公用品牌，研究制定"田园五镇"《绿色产业指导目录》和《项目准入标准》。

注册统一的"田园五镇"农产品品牌，提高产品的知名度、美誉度，并通过严格的品牌管理保障产品的品质。

五镇共同研究制定"田园五镇"《绿色产业指导目录》和《项目准入标准》并年度更新。"一个目录指方向",加快培育新动能,"一个标准管准入",从源头提升产业新增项目质量,统筹做好"生态美"和"产业优"的文章。

四、先发布局提升新特含量

五镇共策战略方向,差异化竞合,以高品质产业空间为载体,统筹精准招商,推动特新产业落地。

五镇共策产业方向,差异化竞合,推动新型产业落地。以特色园区、优质农业产业空间、乡村服务业空间为载体,吸引优质产业主体。通过整合优化,集中推出高标准设施农业空间(约4500亩)、近期可使用产业空间约2500亩、近期可使用乡村配套经营性建设用地约1000亩。创新开发机制,探索集体土地入市、点状供地等路径。通过国土空间总体规划和实用性村庄规划编制,进一步优化乡村经营性用地布局。

第五章　共连江海湖间的蓝绿珠链

一、蓝色珠链活水畅流

构建清水廊道和湖塘生态系统,湖、荡、湾、港、湿串联成链,形成江海之间最多样的活水空间。

形成韧性的骨干河道调蓄网络,提升防洪排涝能力,夯实区域生态安全格局。构建湖、荡、湾、港、岛、湿地有机布局,网状连通的诗意化平原水乡。实施以水源保护地、重要湖泊、生态湿地为主的生境修复工程建设。在水流速度较慢的支流与主干河道交汇处、大湖荡、绿廊、水源地周边建设自然湿地和人工湿地,提高水体自净能力,加强水文特征最丰富的张泾河、山塘河、广陈塘及连通湖荡水系的湿地建设。串联北至黄浦江,南接平湖东湖的蓝色珠链。因地制宜发挥湿地净化功能。

二、绿色廊道藏风聚气

建设以区域（郊野）公园为主的开放式林地系统，聚集活力生气，发挥森林综合效益。

加强结构性空间林地建设，并贯通周边重要区域级生态走廊。着重打造"看得见、进得去"的开放式林地景观，通过田林交织、田林共生，发挥森林和林地在大地景观中独一无二的作用。依托成片开放式片林建设区域（郊野）公园，促进森林旅游、林下经济、森林康养等特色产业发展，发挥森林和林地的综合生态效益。

三、双环碧道融文悠游

建设水绿文融合的双环碧道，引入丰富公共活动，提升游玩体验。

双环碧道串联起乡村居民点、周边农田、绿色开敞空间、重要人文节点，为人民群众提供农业灌溉、亲水游憩、健身休闲的公共开敞空间。分郊野段、村庄段、城镇段明确建设标准。在主要公共空间设置服务驿站，提供自行车租赁、文创零售、洗手间等复合功能。

第六章　共营全龄向往的理想生活

一、田园体验浓诗意

统筹布局 4 个田园体验圈，统筹布局本土特色、国际品质的公共服务设施，吸引外来体验人群。

以"差异化"和"精准供给"为原则配置特色鲜明的公共服务设施，分类引导田园特色化公共服务设施设置，与周边区域的主导功能相匹配。深挖特色精准发力，以自然生态、空间开阔、物产丰饶、文蕴深厚的田园特色为依托，提升设施能级，提供与城市喧嚣不同的差异化生活体验。

二、城镇服务提品质

整合提升 7 个城镇服务中心，大力提升公共服务设施品质并预留弹性，服务本地常住人口。

加强前港、干巷 2 个撤制镇社区的更新与复兴，辐射周边村庄。结合相邻片区产业发展，盘活存量，重塑集镇特色。

至 2035 年，教育、卫生、文化、体育、养老等社区公共服务设施 15 分钟步行可达覆盖率达到 99%。社区公共服务设施可根据实际需要，按规定转换使用功能，同时在用地供给上作适度的弹性预留，以满足未来常住人口的基本公共服务需求。

三、乡居生活享便捷

优化完善 X 个社区（村居）生活圈，提供步行可达、便捷实用、文蕴凸显的公共服务保障。

突出功能复合、便捷可达的特点。生活圈按照步行 15 分钟步行可达的空间范围；乡村地区可按照慢行可达的空间范围，结合行政村边界灵活划定。为靠近镇区或主要交通道路，具有一定规模地保留或规划新增相对集中居住点及居住社区，作为乡村生活圈的服务中心，提升公共服务和配套设施标准，对周边保留保护自然村庄形成一定辐射。

保护一批具有历史文化底蕴和风貌特色的村庄；保留规模较为集中，且区位、配套或文化风貌具备一定优势的自然村庄。

第七章 共链城乡一体的基建网络

一、快速网链接都市

快速接驳金山北站、金山枢纽及金山卫站、平湖枢纽，打通（延伸）6条跨界主次干道。

轨交：（1）金山市域铁路将向西延伸至平湖规划中的城际线，使铁路交通与城际线相衔接，打破地域交通边界，增速通达性。（2）沪乍杭铁路已选线开始建设。（3）上海市域轨交 R14、R12 已纳入市、区国土空间总体规划。

快速公交：重点建设 3 条跨镇公共交通快速线路以快速接驳、分流枢纽人流；（1）金山北——金山卫公交快速线路；（2）朱泾——独山港公交快速线路；（3）廊下——平湖公交快速线路；（4）按需开通 3+N 条公共交通快速线路主要在服务本地居民日常出行的同时，串联区域文化资源点，形成环线。

构建一镇一枢纽，整合对外和五镇之间公共交通服务。

二、风景道链接城乡

构建 6 横 8 纵风景道系统。

结合区域内既有林荫道和生态廊道，打造区域性风景道系统。风景道链接成网，人群能够通过风景道舒适、便捷地到达金山滨海地区、平湖、五镇城、乡、产业社区和重要资源点。

三、智慧网链接未来

五镇共建智慧服务平台。

信息咨询：旅游地图指南、标识解说服务、交通导引、自助导游、信息咨询、天气预报、人流信息等。

安全保障：农副产品灾害防控、绿色产品认证、供应链追溯、灾害天气预警、突发响应中心等。

生产生活：无限网络、智能家政、家庭医生、智能家教、生产环境动态监测、农科实验室等。

交通出行：智慧出行、海绵停车场、无人公交、无人机配送、感应路灯。

智慧旅游：云农科博览、VR 游览、智慧商店、智能翻译。

第八章　共荣与时俱进的田园文化

一、红色基因传承线路

以"传承红色基因、引领绿色发展"为主线，开展乡村振兴人才培育。

以新仓 1955 创新学院等载体为依托，串起从"红船精神，梦想起航"到"上海一大，坚定信念"，从"南社人才，孕育民主"到"新仓经验，合作共享"的红色路线。以实际工作与发展的需求为前提，量身定制个性化教学方案，将上海一大会址、嘉兴红船的建党初心，与南社人才培育、新仓经验等一系列红色基因，与现代农业、先进技术、前瞻理念串联起来，向广大党员干部讲好红色故事的同时，亲身体验绿色发展的乡村振兴创新模式。

二、蓝色乡愁追忆线路

以历史水路为脉络，以历史镇村为重点，开展历史文化保护和文化旅游活动。

以区域母亲河、古河道张泾河、山塘河、广陈塘、盐船河为脉络，追溯历史水路。

加强历史城镇与村落的整体保护，明确历史文化名镇名村、传统村落等历史镇村的保护管控要求。

积极探索历史文化遗产的合理开发利用。平衡历史文化资源的保护与开发利用，在坚守历史文化保护底线的基础上，合理开发各类历史镇村，开展文化旅游活动，活态传承，创新展示，抒写田园牧歌，与艺术时尚碰撞，将历史文化优势转化为经济优势。

三、绿色发展领跑线路

以田园马拉松线路为路径，串联绿色发展亮点，共策有影响力的节庆活动，成为对外展示窗口。

共策"田园节庆"，复兴乡村节庆文化。捕捉乡土田园与时令节气的耦合规律，构建感受物候变化、亲历田园氛围的四季活动体验。

共策"田园集市"，复兴乡村集市文化。依托特色街道或广场空间，定期轮换地点与主题，展销本土农产品、传统手工艺等，实现"一月一小集，一季一大集"。

第九章　行动指引

一、发展目标纳入市级发展规划

至 2025 年：基本建成长三角"田园五镇"乡村振兴先行区。

以"毗邻党建"为主线，深化合作机制；以产业联动为核心，共创区域品牌；以项目建设为抓手，实现共建共享；以文化活动为载体，促进合作共赢。

二、重大项目列入区级发展规划

近期重大项目指引："一区""多点""一径""一节"。

"一区"：田园中庭，创新融合发展集聚示范区（生物种源科技农业、智能信息技术农业、生态绿色有机农业）；"多点"：一体化示范项目，主要有共建公园（金山森活园区域公园）、共享研学（张堰高等教育园区提升）、跨界惠及五镇（健康食品产业集群）、共建共享优质医疗资源（特色门诊）、基地提升（青少年素质教育基地）；"一径"："田园五镇"生态绿色精品游径，依托生态走廊、道路，串联重要休闲景观、研学基地，形成五镇"蓝道""绿道"，纳入全市绿道规划；"一节"：长三角农业科技博览会，在"一月一小集，一季一大集"基础上，每两年筹办具有国际影响力的"长三角农业科技博览会"。

三、行动清单衔接镇级发展规划

重点行动项目清单（与各镇"十四五"规划衔接确定）。

重点项目的选取以协同为目标，从生态、产业、公共服务、基础设施、文化等方面着手，与各镇"十四五"规划衔接确定。将建立工程项目库形式以及通过五镇联席会议制度作为抓手落实。

4 "田园五镇"区域公用品牌产品授权目录（第一批）

以"田园五镇"长三角一体化先行区创新、引领、共建为核心，建立统领廊下镇、吕巷镇、张堰镇和广陈镇、新仓镇的区域公用品牌，积极推动"田园五镇"一二三产深度融合发展，着力构建涵盖农、文、旅、科的区域公用品牌体系，提升五镇共建的影响力和市场竞争力。

一、区域公用品牌授权使用地区

廊下镇、吕巷镇、张堰镇、广陈镇、新仓镇。

二、区域公用品牌授权使用范围（类别）

1. 农：农产品、特产；

2. 文：文创产品、非遗、匠人，并整理开发"田园五镇"的"乡土菜系列"；

3. 旅：民宿、研学、亲子、乐园、景区；

4. 科：农业农村领域的科技型企业。

三、区域公用品牌授权管辖

鉴于五镇暂没有区域公用品牌的常设管理机构，"田园五镇"区域公用品牌的授权与管理初期暂定按属地原则管理，即由各个镇负责推荐合格的产品向五镇联席会议申请区域公用品牌使用，并同时报备给"田园五镇"的其他兄弟乡镇。

四、第一批授权产品建议

建议由平湖市广陈镇、新仓镇和金山区廊下镇、吕巷镇、张堰镇，每镇选取一个当地代表性农产品（如"廊下蘑菇"）作为首批"田园五镇"区域公用品牌在 2020 "山塘论坛"上进行发布。

后期专业单位将协助各镇制定区域公用品牌农产品的准入标准，如产地要求、规模要求、执行标准、产品质量、产品商标和包装、溯源要求等。

附："田园五镇"区域公用品牌第一批推荐品牌

树莓（张堰）、蘑菇（廊下）、西瓜（广陈）、芦笋（新仓）、蟠桃（吕巷）。

特别注明：第一批各镇只推荐一个代表农产品授权作为区域公用品牌使用。

5 首届"山塘论坛"部分发言纪要

在论坛上，荷兰羊角村村长盖比（Gaby）以《乡村社区的专业培训服务乡村振兴战略》为题，把羊角村的酒店服务业、美食学、农业和可持续旅游业的深度融合，以及创造高品质乡村生活的经验进行了分享。

盖比出生在羊角村一个三代经营酒店的家庭当中，自外祖母开始就在羊角村经营酒店，由于家族文化的影响以及对酒店服务业的热忱，盖比成了一名酒店旅游业专家。

盖比说，外祖母小学因家贫辍学，后靠自学成才，于1958年开办羊角村酒店。她把自己的餐桌搬到后院，亲自下厨，带领周边农户一起接待客人，一开始主要是荷兰人，后来有比利时人、德国人。她不会说英语，因此面对第一位来自英语国家的客人，她拉着他们的手，带着他们到厨房让他们自己看想吃什么，然后她下厨做给他们吃，结果客人很满意。

从外祖母身上学到的最重要的是"行动起来"，职业教育就是要行动起来，职业教育是乡村振兴的关键。外祖母从羊角村开始，带来了来自荷兰、比利时和德国的客人。而我从2005年开始开拓中国市场，带中国客人到羊角村，现在更多国际客人都来了。我们有2020名居民，但每年接待超过100万游客，其中超过20万人来自中国。

荷兰的乡村发生了什么？羊角村是一个小村庄，大多数是家族企业，经验也会一代代传下去。我们的目标不是上市，而是考虑50年后，我们的孩子将会面对什么，因此我们需要发展农村。另一方面，人们需要反思空间。我们到生活节奏缓慢的乡下是为了静下心来思考。我们也需要个人成长。但是，从何开始？如何激励更多的年轻人在乡村地区发展？我想在乡村创造一些特别的东西，我想给年轻人一些经验，让他们找到在城市中没有的东西。要将年轻人带回乡村地区，最重要和最有价值的是由运营推动的良好教育。

　　盖比还谈道，酒店服务业、美食学、农业和可持续旅游业的深度融合是现今发展的主旋律。乡村发展不仅只涉及旅游业，酒店服务业、农业结合非常重要。从 2005 年开始国际推广，研究行业模范，找到解决文化差异的线索。另一个重要的事情是农业。没有农业就没有美食业。我们与当地农民合作，创建新的羊角村食品品牌。我们拥有自己的食物和蔬菜，例如乳制品、啤酒、土豆等。在营销方面，最重要的是分享。那我们分享什么呢？分享快乐的当地人！然后客人自然会来。我们应该让所有人意识到农民的价值所在。当地农民感到幸福很重要。

　　在演讲中，盖比提出了循环农业的发展模型：美食学的基础—安全优质的食品原料—零浪费生产—领先的农业概念—保护景观和生态多样性，融合可持续乡村发展模型。为促进农村可持续发展，我们要理解、应用和转换可持续农村发展领域的知识，探索可持续发展的旅游模式，开发可以提升人民福利，保护自然和文化遗产的关键意识植入体系。

　　国际服务业的坚实基础在于理解服务业的内外环境趋势，展示它们在战略决策中的地位。而运营管理驱动着本地和全球企业经济的可持续发展。羊角村学院的合作单位有戴尔逊高中职业教育（荷兰兹沃勒）；布雷达应用科学大学（荷兰布雷达）瓦赫宁根大学（荷兰瓦赫宁根）；最后，盖比提议所有人行动才能创造实际的成果！

　　演讲过后，现场企业家和"田园五镇"基层干部积极与盖比探讨交流，请教羊角村在运营管理中如何高效整合当地资源实现可持续发展以及在职业培训方面与"田园五镇"的合作点。

　　有人问盖比，从小村庄发展成全球网红村的 14 年中遇到的最大的困难以及下一步的发展计划。盖比说，当我们接待来自世界各地的客人时，最大的挑战是如何平衡，不仅要平衡市场活动，还要平衡经济发展和当地生活；当客人到来时，他们的活动成为当地活动的一部分，那么如何平衡文化差异呢？我们需要与来自不同文化背景的人合作。我们正在努力让客人理解差异并获得本地经验；同时我们要保持自己的身份认同，保持小规模而又具吸引力。当越来越多的人来这里时，如何使他们感受到乡村的魅力。我们将与下一代一起解决这一问题。

意大利博洛尼亚未来食品研究院的首席执行官安德里亚·马杰利（Andrea Magelli）针对"食物教育创新和创新社群构建如何产生巨大正向影响"进行专题分享。

未来食物研究院（FFI），总部位于意大利博洛尼亚，是一家非营利性组织，通过集合遍及全球的分部力量，致力于构建一个更平衡的食物系统。

未来食物研究院已经在三个洲组织了30余场食物创客活动，并且未来食物研究院还负责七国峰会（G7）及七国环境峰会上农业生产议题的内容指导工作。

2017年11月，未来食物研究院创立了位于博洛尼亚大学校区的未来食物都市酷食坊，为美食和社会创新提供创作空间和展示平台。

通过启迪世界一流的创新家深入研究价值链，FFI期待推进发掘产业潜能以及扩充专家储备，为实现这一目标，FFI通过实地调研、分析数据以及实践检验解决方案与多方区域性社区合作，构建全球合作网络。

FFI在教育方面的工作重心是食物创新计划，该教育项目是与西方最古老的大学——博罗尼亚大学以及位于帕洛阿托（Palo Alto）的未来食物研究院联合共建的二期硕士教育项目。

食品教育研究院旨在重新思考食物以塑造未来。激励并赋能个人、公司和社区，使其成为对经济繁荣，人类健康和世界可持续性产生巨大影响的食品创新者；构建了一个以食品行业的教育、创新和社区为中心的生态系统。

食物教育创新是如今的一大热门领域，也是中西方创客和投资人关注的焦点。未来食品研究院以独特的食物创新理念，用系统性的思维提出了"三农"问题的解决方法。

建构未来食物系统需要打通国际市场，找到更多的合作伙伴。出席论坛的"田园五镇"领导干部和企业家向安德里亚请教未来食品研究院如何吸引食品行业的创新创业者来实现多方合作，从而建立全球食品产业合作网络。

另外，面对听众对未来食品研究院在中国市场的布局以及所要寻找的合作伙伴的疑问，安德里亚介绍了未来食品研究院在亚洲国家如日本、中国等的发展现状及未来规划，并希望与"田园五镇"携手合作，共同推动现代农业的发展。

6 国际合作与交流

2018 年 6 月 17 日，荷兰哈斯大学校长托因（Toine）到访高桥蚂蚁创客小镇参观，与蚂蚁计划发起人于杰围绕农创科技、教育展开头脑风暴，共同搭建中荷农创之桥。

哈斯大学是一所一流的应用实践型大学，定位于农业商业管理、食品行业及生态环境领域，拥有登博斯（Den Bosch）和文洛两个校区。这是一所以现代农业为核心，培育应用型人才为理念的大学。这所大学创办至今 70 余载，先后多次被荷兰教育部评为"荷兰毕业工作率"最高学府。学校有 15 个本科课程，3700 名学生，500 名工作人员，每年培训企业人员 640 人。学校因材施教，挖掘每个学生潜能。以目标明确、可持续发展、实践性、国际性、因材施教为特点。在教育方面，大学小而精，师生以友相称，很多老师也是企业老板，企业—学生—大学之间合作紧密。在培训和咨询方面，我们提供学生很好的企业实践机会，也为企业提供定制化培训课程。总而言之，哈斯大学致力于担当农业商业管理、食品行业及生态环境领域的学术和研究伙伴。

哈斯大学目前在中国招生较少，对此校长认为这是教育理念差别所致。在中国大学都是研究型的，而哈斯大学是应用实践型，此类学校在中国往往是专科学校，没那么受重视，所以国内学生较少选择。哈斯大学培养的学生在应用实践上更有优势，学生毕业后底线是找到合适的工作，诸如公司管理职位，也可以选择农业创业。这也跟蚂蚁创客小镇的教育理念不谋而合，为双方合作奠定基础。基于共同的教育理念，于杰分享了蚂蚁计划 4.0 的目标，也在教育与产业合作方面探讨如何具体实施落地，以实现利益共享。

在教育合作方面，蚂蚁可与哈斯聚焦农创共建中国校区。中国现代农创网络将有利于哈斯大学全球招生，学生将来也能够在中国实习、培训、就业、创业。

　　虽然中荷之间农创交流很多，但纯粹的政府间交流较难落地，而对于民间合作，如何落地每次农创机会正是蚂蚁所擅长的。蚂蚁将成为哈斯在中国的紧密伙伴，通过土地、资本、人才等抓手，帮助荷兰农创企业落地中国扎根发展。

　　同时国内农创也在如火如荼地进行，乡村振兴战略正在开展。希望让中国农创企业通过链接哈斯进入荷兰，通过双方企业家深度交流，推动中荷农创产业落地。

　　总而言之，蚂蚁希望在每个国家找到能够落地的伙伴。希望与校长的深入沟通，双方能达成一致，立即执行，这也是蚂蚁精神。

　　2019 年 9 月上旬，于杰代表"田园五镇"飞赴欧洲学习考察。作为此次为期 14 天欧洲行的第三站，蚂蚁"雄兵"来到了熟悉的伙伴——荷兰哈斯应用技术大学，进行深入的合作交流。

　　本次考察中，蚂蚁计划与荷兰哈斯大学进行了又一次的讨论交流，围绕着农创教育，达成共识，在三个层面进一步确定双方的合作形式。

　　一是指向教育金字塔顶端，政企荷兰短训。从国家"乡村振兴"战略出发，面向中国政府部门的领导干部，开展赴荷兰的农创短训，学习考察农业强国荷兰的先进经验，启发中国"乡村振兴"战略的实践。同时，从现代农业发展角度出发，面向中国的农创企业家，赴荷兰短训，学习考察农创强国的一流技术与模式，为企业发展"取经问道"。

　　二是指向乡村振兴的核心，农创青年培训。人才是实现乡村振兴的核心。蚂蚁计划与具有丰富的人才培训经验的哈斯大学合作，开展农创青年荷兰培训班，通过教育解决人才问题，通过"点对点"的链接，更精准地为国储才。

　　三是中荷农创交流具象化，以上海为阵地。蚂蚁计划与哈斯大学梦想合伙，共建哈斯大学上海学习中心，支持双方开展更多的中荷农创短训合作，为中荷农创交流学习搭建舞台、拓展渠道。

当然，除了上述两个机构外，"田园五镇"还与瓦赫宁根大学和埃因霍芬理工大学建立了良好关系。

瓦赫宁根大学（Wageningen University）是一所研究生命科学的著名高等学府，始建于1876年。最近几十年，作为瓦赫宁根大学与研究中心（Wageningen UR）的一部分，它已发展为一个国际性的科研机构，下设植物、动物、环境、农业科技、食品和社会科学等，致力于推广科研成果，以向全世界提供充足和优质的粮食作物。大学为荷兰本土学生和留学生设置了本科课程、研究生课程及短期课程。教学计划遵循学士—硕士研究生—博士连续模式。

瓦赫宁根食品谷来自英文 Food Valley，最早是指在荷兰瓦赫宁根大学与研究中心为核心的一个地区，聚集有大量国际顶级的跨国食品公司、科研院所和1.5万名活跃在食品和与之相关专业发展研究的技术人员，但更多是参与食品制造的公司，从而形成引领国际食品行业的知识和科研中心，是荷兰食品及营养研究集群的所在地。

埃因霍芬理工大学是世界百强名校，位于荷兰科技中心埃因霍芬市，是荷兰乃至全欧洲最负盛名的理工科大学之一，其高质量的教学，科研在荷兰国内和国际上都享有极高的知名度，与代尔夫特理工大学携手在多个排行榜中位居荷兰前二，众多理工科专业实力在各大排行榜中稳居欧洲前十。埃因霍芬理工大学在许多领域对国家的发展皆有突出贡献，也在企业合作上受到国际认可，2017年泰晤士报全球大学排名（the World University's Ranking）发布的"全球25所与创新企业合作最紧密大学"排行榜中超过美国哈佛大学等位列榜单首位。

羊角村有"绿色威尼斯"之称（也有人称"荷兰威尼斯"）。"羊角村"这个名称得于当时一群挖煤矿的工人定居于那里，他们的挖掘工作使得当地形成了大小不一的水道及湖泊。而在每日的挖掘过程中，除了煤，他们还在地下挖出许多羊角，经过鉴定确认这些羊角应该是一批生活在 1170 年前后的野山羊。因此，他们便将那里称作羊角村，该名称一直保留至今。

羊角村土著盖比在村里经营着一家家族酒店与餐厅，该酒店开始于 50 年代外婆的经营，2005 年盖比从妈妈手中接过了家族经营的接力棒，也就是这一年她开始了勇敢的中国之行，把羊角村的美丽风光与年轻人憧憬的结婚照打包推荐给了中国的游客和消费者。盖比本科毕业于位于吕伐登的斯坦德酒店管理学院，硕士毕业于阿姆斯特丹大学，主修传播，在回归家族企业之前是缤客（Booking.com）的创始员工，带着互联网思维和对旅游业的前瞻性洞察，她敏锐地捕捉到了羊角村这个传统上被荷兰、德国、比利时、英国等周边国家游客热爱的旅游景点在经营上有着很强的季节性，如何能够克服这一障碍她开始了一系列基于对中国游客需求的调查与改进。

为了能够使中国游客有宾至如归的感觉，她将酒店内欧洲人喜欢的软床换成了中国人喜欢的硬床，添加了开水壶和泡面，制作了中文菜单、中文交通图，开设了微信公众号以及微信支付宝支付等一系列在欧洲乡村游具有开拓性的举措。

于是羊角村逐渐变成了中国游客荷兰游中的一个旅游目的地，在坚持本地特色与国际化经营中她是一个成功的先行者。企业的永续经营需要未来的人才培养，她已经在着手培养自己 5 岁的儿子，小朋友早已开始了中文学习，经常在酒店中与客人们打招呼互动，我们期待着这个中文叫鲲鹏的小朋友会在不那么久远的将来从妈妈手中接过她的接力棒，与现在只有 2 岁的妹妹罗敷一起携手把家族企业带入一个新篇章。

2019 年 5 月 5 日，荷兰羊角村村长盖比与蚂蚁乡创学院负责人于杰终于相识。双方一拍即合，从此开启合作之源，探讨合作，加强中荷青年双边交流。

响应乡村振兴及长三角一体化的国家战略，蚂蚁正与金山、平湖合作努力推进乡村振兴现代农创学院，培养投身现代农创产业需要的人才。同时，蚂蚁致力于搭建国际青年交流合作的桥梁，以上海为桥头堡，促进青年双向交流，目前已与荷兰哈斯大学、瓦赫宁根大学等建立合作关系。

当日下午，于杰陪同盖比到访浙江平湖广陈镇参观，了解农创小镇建设情况，并与广陈镇领导进行交流。各方人士就未来合作的可行性进行探讨，希望在农业合作方面加强交流，优势互补。

盖比表示中荷交流最重要的是双方青年人的交流，了解未来一代的想法十分重要。中荷文化差异需要我们通过切实有效的交流来明白双方行事逻辑和密码。通过国际交流，引进荷兰酒店旅游服务经验可以提高中国酒店服务管理的质量。借由中荷青年的交流也可以形成一种新的文化共识，促进双方联袂共创，走向未来。

深化合作，搭建中荷教育桥梁。为进一步推动与荷兰羊角村合作关系，2019 年 9 月 1 日，于杰代表"田园五镇"飞赴欧洲，走进荷兰羊角村拜访村长——盖比女士，双方围绕"合作共享，两地共建"的理念进行深度探讨。

共建酒店管理学院。作为拥有多年酒店管理经验的行业专家，盖比特别强调教育的重要性以及平等与实干精神。她认为社会最宝贵资源就是下一代，改变教育关系着下一代的成长。双方共建酒店管理学院，开展上海及羊角村两地培训，培养更多具有国际视野、拥有知名酒店或餐厅实践经历的优秀厨师与高端酒店服务从业者。

共建乡村振兴学院。与羊角村双方共建乡村振兴学院，开展干部培训和企业家培训，培训乡镇干部来到"田园五镇"，实地调研考察当地如何搞现代农业、食品加工业；同时也可以精准地到荷兰学习羊角村的餐饮理念。学好新模式，更好推动农业发展。

真正激发青年自觉投入农业工作的热情，为开展乡村振兴工作创造良好的社会氛围，真正激活农业资源，促进乡村振兴。

　　共享合作，为"田园五镇"赋能。届时，聚焦现代农业，"田园五镇"还会与盖比等国外嘉宾开展一对一产业对接会，落地政府干部和农创企业家国际短训班、农创青年国际班、国际大学的上海学习短训中心，搭建产业教育的国际化共享网络。

　　2020年10月15日，盖比到访长三角"田园五镇"考察乡村振兴建设，这已经是盖比女士第六次来到长三角"田园五镇"考察。于杰陪同。

　　盖比首先来到蚂蚁桃子学院，蚂蚁桃子学院是蚂蚁学院与天母桃园共同合伙成立的，通过"现代技术＋农创院校"有机结合，使现代农业科技化、技能化、现代化得以传播、推广，加速乡村振兴的发展。在这里，盖比体验到了上海最好的桃子。

　　在参观蚂蚁学院长三角总部中，盖比表示非常期待羊角村学院为长三角的乡村发展带来荷兰专业化的培训以及发展理念。"乡村是未来所在，而教育是乡村发展的基石。把专业化的培训和教育带到乡村，通过服务业以人为本的核心理念建立各产业间的紧密联系，才能最大程度激活乡村本地资源，创造可持续的发展价值。"在参观中，就乡村发展和乡村教育，盖比和于杰达成一致共识。

　　接着，盖比瞻仰了南湖红船，参观了南湖革命纪念馆，感受到了中国革命开天辟地的首创精神。"传承红色基因、引领绿色发展"是"田园五镇"开启"乡村振兴"战略的主线，这是具有中国红色文化特色的独特优势，盖比表示要学习乡村古镇，做好中荷乡村使者。

　　在2019年5月，蚂蚁计划与羊角村共建酒店管理学院，开展上海及羊角村两地培训，培养更多具有国际视野、拥有知名酒店或餐厅实践经历的优秀厨师与高端酒店服务从业者。盖比作为蚂蚁酒店管理学院院长，查看探讨酒店管理专业，就酒店管理专业的一系列问题进行了沟通和交流。

　　在国际农创方面，蚂蚁计划一直走在前列，与荷兰积极开展合作，蚂蚁计划与世界顶尖农业大学荷兰瓦赫宁根大学、哈斯大学、"田园五镇"共同设立长三角乡村振兴研究院和农创学院，共同培育高水平农业人才。

聚焦现代农业，蚂蚁计划与荷兰羊角村强强联手，与羊角村双方共建乡村振兴学院，开展干部培训和企业家培训，真正激活农业资源，促进乡村振兴，搭建产业教育的国际化共享网络。

后 记

　　这本书是在上海市发展改革委、长三角区域合作办公室和上海市委党校指导下产生的集体成果。一段时间以来，我对特色小镇充满浓厚的兴趣，专程拜访了作为上海市委党校教学基地的高桥蚂蚁创客小镇。在这里，我结识了蚂蚁计划的创始人于杰先生。他讲完创客小镇的故事后说，现又开辟了新的领域、有了更大的平台，正在积极参与建设沪浙毗邻地区的"田园五镇"。我被他的激情所感染，认为这是一件非常有意义的事情，值得关注、参与，最好能以著作的形式呈现建设的过程和成果。有了这个初步的想法之后，我向上海市发展改革委、长三角区域合作办公室和上海市委党校的领导进行了汇报，他们表示肯定和鼓励，并就如何开展研究提出了非常中肯的建议。市发展改革委阮青副主任还拨冗作序，为本书增色不少，在此深表谢意。

　　在于杰先生的带领下我走进了"田园五镇"。对于上海的廊下、吕巷、张堰三镇，我并不陌生，原来也去调研过；但这次有了新视角，也增进了对金山、上海的理解。我也曾在浙江的嘉兴进行调研，但没有到访平湖的广陈、新仓两镇，这次算是新相识。于杰先生说他主要做的事情就是"发现珍珠树典型、串联珍珠育人才、引介珍珠促振兴"。从这个角度来讲，他是将"田园五镇"串起来的一根重要的"丝线"。在他的介绍下，我拜访了廊下的沈文书记、吕巷的黄辉云书记、张堰的施文权书记、广陈的李夏岚书记和新仓的陆秀梅书记。向他们汇报了我的想法之后，他们表示欢迎，并给予了大力支持。

从"田园五镇"的实践者身上我看到了激情、创造和担当。五位书记讲起"田园五镇"的故事可谓是侃侃而谈、妙趣横生。他们是一群有想法、有办法的人，将发展不平衡不充分的地区打造成了"人民城市"的样板间。"田园五镇"是"无中生有"的，是他们通过自我加压演绎出来的精彩，将政策进行了创造性转化。五位书记让分管的领导与我对接，并提供了大量的文字资料。我在调研的基础上，对资料进行阅读、整理、书写，然后再发给他们审核，经过数次的反复，才有了这本著作。所以说，他们才是这本书的真正撰写者，而我只是编纂者。

在此要感谢上海市委党校科研处的周敬青处长，"高质量发展的政策体系与评估指标"创新团队首席专家李猛教授给予的大力支持！没有他们的支持，就没有本书的出版。上海人民出版社编辑的敬业精神和扎实的文字功底令人印象深刻，本书的及时出版离不开他们的辛勤付出，在此一并表示感谢！

由于本人学力尚浅，水平有限，对"田园五镇"的理解还不够深入，难免存在错讹、纰漏和不周之处，真诚欢迎各位的批评和建议。

李宽

图书在版编目(CIP)数据

田园五镇:长三角一体化中的乡村振兴/李宽著
. —上海:上海人民出版社,2023
ISBN 978 - 7 - 208 - 18351 - 3

Ⅰ.①田… Ⅱ.①李… Ⅲ.①长江三角洲-农村-社
会主义建设-研究 Ⅳ.①F327.5

中国国家版本馆 CIP 数据核字(2023)第 103405 号

责任编辑 沈骁驰
封面设计 零创意文化

田园五镇
——长三角一体化中的乡村振兴
李 宽 著

出 版 上海人民出版社
 (201101 上海市闵行区号景路 159 弄 C 座)
发 行 上海人民出版社发行中心
印 刷 上海商务联西印刷有限公司
开 本 720×1000 1/16
印 张 18
插 页 4
字 数 229,000
版 次 2023 年 9 月第 1 版
印 次 2023 年 9 月第 1 次印刷
ISBN 978 - 7 - 208 - 18351 - 3/D · 4146
定 价 85.00 元